高职高专经济管理类规划教材

新编旅游文化

The New Culture of Tourism

主　编　蔡敏华　刘秀峰

副主编　石洪斌　卢爱英　黄　玮　王显成

ZHEJIANG UNIVERSITY PRESS

浙江大学出版社

图书在版编目（CIP）数据

新编旅游文化 / 蔡敏华,刘秀峰主编. —杭州:浙江大学
出版社,2011. 6(2024.1重印)
ISBN 978-7-308-08840-4

Ⅰ.①新… Ⅱ.①蔡… ②刘… Ⅲ.①旅游文化—介绍—中国
Ⅳ.①F592

中国版本图书馆 CIP 数据核字（2011）第 134474 号

新编旅游文化

蔡敏华　　刘秀峰　**主编**

责任编辑	周卫群	
封面设计	联合视务	
出版发行	浙江大学出版社	
	（杭州市天目山路 148 号　邮政编码 310007）	
	（网址:http://www.zjupress.com）	
排　　版	浙江大千时代文化传媒有限公司	
印　　刷	浙江新华数码印务有限公司	
开　　本	787mm×1092mm　1/16	
印　　张	14.25	
字　　数	350 千	
版 印 次	2011 年 6 月第 1 版　2024 年 1 月第 5 次印刷	
书　　号	ISBN 978-7-308-08840-4	
定　　价	26.00 元	

前　　言

如果说秀丽山水是旅游的"形"，那么文化就是旅游的"神"。旅游从业人员肩负着传播中华民族传统文化和地方文化的重任。本书以学生能力培养为主线，根据学生职业能力发展的学习要求，按照源远流长的历史文化、多姿多彩的山水文化、巧夺天工的古代建筑、天人合一的园林文化、纯朴自然的民族风情、博大精深的饮食文化、神秘莫测的宗教文化、流光溢彩的旅游文学艺术等八个项目进行编写。在编写过程中本着前瞻性、创新性、实用性、趣味性、可操作性的原则，使本书具有以下特点：

1. 在内容上注重实际需要。参照国家旅游局制定的旅游从业人员职业标准，选择旅游职业能力培养密切相关的知识，将相关行业的新理念、新规范等纳入，使教材更贴近本专业的发展和实际需要。

2. 在编写体例上大胆创新。通过"专项旅游线路"、"学生讲坛"、"技能训练"等设计，使教学工作从以教师传授知识为主体转化为学生运用相关知识解决实际问题为主体，充分体现了职业教育教、学、做合一的特点；激发学生的主观能动性，进一步拓宽相关知识和能力，充分体现学生可持续发展的能力与职业迁移能力的培养。

3. 在知识结构上可读性强。书中配合妙趣横生的趣闻轶事、丰富多彩的知识典故、形象直观的图片资料，融知识性、趣味性、欣赏性、可读性为一体，便于学生课前自学，教师不必花大量时间进行知识的传授，将更多的时间用于活动的组织，技能的训练，从而将相关的旅游文化知识转化为技能。

本书由蔡敏华、刘秀峰任主编。编写成员为：嘉兴职业技术学院王显成（项目一），浙江旅游职业学院卢爱英（项目二），丽水职业技术学院蔡敏华（项目三、项目四、项目八），丽水职业技术学院刘秀峰（项目五），浙江树人大学黄玮（项目六），浙江商业职业技术学院石洪斌（项目七）。蔡敏华负责编写提纲并统稿。

由于旅游文化内容十分丰富，涉及面广，加之编者水平所限，疏漏与失误之处恳请各位读者批评指正，以便修订时改进。

蔡敏华

2011 年 6 月

目　　录

项目一　源远流长的历史文化

【学习目标】

● 知识目标

1.了解中国历史发展的基本脉络。

2.掌握中国古代主要思想流派。

3.掌握中国古代科技文化的主要成就。

4.掌握中国古代姓氏称谓、避讳、节气、干支、科举、官制等知识要点。

● 技能目标

1.能在导游讲解中熟练运用所学历史文化知识。

2.能运用所学历史文化知识提升导游讲解文化内涵。

3.能激发旅游者热爱祖国悠久历史与灿烂文化的情感。

【专项旅游线路推荐】

中原古都寻根之旅

第一天:杭州萧山机场出发飞抵郑州。午餐后游览登封市嵩山少林景区。少林寺坐落在嵩山的腹地少室山下的茂密丛林中,是少林武术的发源地,禅宗祖庭。宿:郑州市区

第二天:上午乘汽车抵古都洛阳。游览中国佛教发源地白马寺,世界文化遗产龙门石窟,我国唯一的冢、庙、林三祀合一的古代经典建筑关林。宿:洛阳市区

第三天:上午乘坐郑西高铁抵古都西安。郑西高铁是我国中西部地区第一条时速350公里的高速铁路。游览世界第八大奇迹秦始皇兵马俑博物馆,我国现存唯一的一处皇家御用汤池华清池,“西安事变”旧址五间厅。宿:西安市区

第四天:参观唐高宗李治和武则天合葬墓乾陵,汉武帝刘彻墓茂陵,释迦牟尼佛指舍利安置地法门寺。宿:西安市区

第五天:上午在西安市内参观明城墙,亚洲第一大音乐喷泉广场大雁塔北广场,钟鼓楼广场及回民小吃街,自由购物。午餐后西安咸阳机场返回杭州,结束愉快的旅程。

学习任务 1　中国历史概要

【学习导读】

中国是世界四大文明古国之一。先后经历了夏朝、商朝、西周、春秋、战国、秦朝、西汉、东汉、三国、西晋、东晋十六国、南北朝、隋朝、唐朝、五代十国、宋辽夏金、元朝、明朝和清朝等历史时期。其中在夏、商、西周和春秋时代，经历了奴隶社会发展的全部过程。从战国开始，封建社会孕育形成，秦朝则建立了中国历史上第一个中央集权的大一统封建帝国。此后，两汉王朝是封建社会迅速成长阶段，唐、宋时期经历了封建社会最辉煌的时代，至明、清两代，封建社会盛极而衰，并最终步入多灾多难的近代社会。

【知识储备】

一、远古文明

发展脉络：原始人→母系氏族公社→父系氏族公社

中国是人类起源地之一。已知中国境内最早的人类是距今 170 万年前的云南元谋人。距今 70—20 万的北京人已经学会使用天然火，已有简单的语言。距今 1.8 万年的北京山顶洞人进入了氏族公社阶段，已经能够制造石器和骨器，最重大的发明是他们已经学会人工取火。

距今约五六千年，进入母系氏族公社阶段，黄河流域的仰韶文化和长江流域的河姆渡文化为其杰出代表。仰韶文化以西安半坡遗址最为典型，尤其以在陶器上绘制彩色图案而异于其他文化遗存，所以，仰韶文化又被称为"彩陶文化"。河姆渡遗址发现的稻种，是目前世界确认的已知年代最早的栽培稻，证实中国是世界上最早种植水稻的国家。河姆渡人还最先建造了中国南方特有的干栏式房屋，最先发明了打井技术。

距今约四五千年，人类过渡到父系氏族公社阶段，以山东大汶口文化、山东龙山文化、浙江良渚文

西安半坡遗址·彩陶

化为代表。此时父权确立，手工业已从农业中分离出来，在贫富分化加剧的情况下，阶级对立出现，由此进一步导致原始社会解体，国家开始产生。

在我国古代传说中，有一些堪称时代代表的人物。如盘古开天地，女娲造人，有巢氏构木为巢，燧人氏钻木取火，伏羲画八卦，神农氏（炎帝）教稼穑、尝百草创医药，黄帝（轩辕氏）被誉为中华"文明之祖"，中华儿女亦称为炎黄子孙。所谓"中国五千年文明史"通常是从黄帝时代开始的。此后，尧、舜、禹时代，处于我国原始社会向奴隶社会过渡时期，他们都是通过部落联盟民主推选（禅让制）的方式担任首领的。

知识链接:北陵南祠

《史记·五帝本记》有"黄帝崩,葬桥山"的记载。黄帝陵在陕西黄陵县桥山,为古墓葬分类第一号,堪称"华夏第一陵"。黄帝祠宇在浙江缙云县仙都。仙都是黄帝铸鼎炼丹飞升之地,自古以来是南方祭祀黄帝的场所,与北方陕西的黄帝陵遥相呼应,形成中华民族祭祀黄帝的"北陵南祠"格局。

二、历代王朝

(一)夏商周时期

发展脉络:夏(公元前 21 世纪—公元前 16 世纪)→商(公元前 16 世纪—公元前 1046 年)→周【西周(公元前 1046 年—公元前 771 年)→东周(公元前 771 年—公元前 221 年)】

公元前 21 世纪,大禹的儿子启以"世袭制"取代了"禅让制",建立了中国历史上第一个奴隶制国家——夏。夏的最后一个国王是桀,他是历史上有名的暴君,东边的商部落在首领汤的率领下起兵伐桀。

公元前 16 世纪,汤灭夏建商。商朝前期多次迁都,中期盘庚将都城迁到殷(今河南安阳小屯村),从此稳定下来,从此商朝又叫殷朝。商朝基本上是王位世袭制,后期确立了嫡长子继承制,这也是后来周朝宗法制的主要基础。

公元前 11 世纪,周武王灭纣,建立周朝,将都城从丰邑迁到镐京,史称西周。西周实行分封制,把王族、功臣分封到各地为诸侯,建立诸侯国,扩大了国王的势力范围。周王朝还制定了礼和刑,来维护贵族内部的等级制度,镇压奴隶和平民。公元前 841 年发生了"国人暴动",动摇了西周统治的基础。公元前 770 年西周结束,周平王迁都洛邑,东周开始。

知识链接:蒋氏故居"丰镐房"名称由来

蒋氏故居丰镐房原名"素居",丰、镐都是西周京城,两城故址在今西安附近。

蒋介石的祖父辈有三兄弟,依次取名斯生、斯水、斯千,起房名依次为夏房、商房、周房。斯生生子名肇余,斯水无后,斯千生二子,长子肇海,嗣于斯水,次子肇聪,承接自己香火,三家房名依旧。

蒋介石的父辈,肇海无子,肇聪生介卿、介石二子,乃以介卿过继给肇海,为夏房,蒋介石继承周房。蒋介石之弟瑞青出世后,周房又一分为二,名丰房、镐房,乃取周文王建都丰邑(今西安市沣河西岸)、周武王建都镐京(今西安市沣河东岸)之意。瑞青夭亡之后,合称丰镐房,由蒋介石独撑门面。

东周又分为春秋与战国两个阶段,是我国奴隶社会走向解体,封建制度逐步孕育的变革时期。春秋时期,先后争当霸主的有:齐桓公、宋襄公、晋文公、秦穆公、楚庄王。历史上把他们称为"春秋五霸"。春秋晚期,吴国、越国先后争霸南方,吴王阖

司母戊大方鼎

间、越王勾践是春秋后期的霸主。经过春秋长期激烈的争霸战争,到战国开始,主要的诸侯国有齐、楚、燕、韩、赵、魏、秦等七国,历史上称之为"战国七雄"。战国时期,为了在战争中取得有利地位,各国内部还进行了变法运动,其中商鞅在秦国的变法最为显著,秦国的实力一跃而起,成为七国中的最强者,为日后统一六国打下了坚实的基础。

夏商周三代,青铜冶炼铸造业十分发达,因而被称为"青铜时代"。商代的司母戊大方鼎是迄今发现的最大的青铜器。

(二)秦汉时期

发展脉络:秦(公元前 221—公元前 206 年)→汉【西汉(公元前 202—公元 8 年)→东汉(公元 25 年—公元 220 年)】

公元前 221 年,秦始皇嬴政吞并六国,定都咸阳,建立了中国历史上第一个统一的、多民族的中央集权制王朝。秦始皇在政治上建"皇帝制",确立中央和地方行政机构(设三公九卿和郡县制),由他奠定的封建国家框架在以后的 2000 多年里一直被沿用;经济上统一度量衡和货币,修驰道、直道;文化上统一文字,焚书坑儒以加强思想控制;军事上派兵北击匈奴,修筑长城,南攻"百越"。

公元前 206 年,刘邦攻占咸阳,秦朝灭亡。之后,项羽和刘邦进行了将近四年的"楚汉战争"。公元前 202 年,刘邦建立汉朝,定都长安,历史上称为西汉。西汉初年实行休养生息的政策,社会经济从恢复走向发展。汉武帝时是西汉的鼎盛时期,经济繁荣、府库充实。在此基础上,武帝采取了积极的对外政策,派大将卫青、霍去病打击匈奴,保证了河西走廊的安全;又在西北边防屯田、修长城,并派张骞出使西域,打通了汉朝通往中亚的贸易通道。丝绸之路的开辟,大大促进了中西文化交流。汉武帝还采用董仲舒建议,罢黜百家,独尊儒术,设立太学,教授五经,使儒学获得了独尊地位。

西汉末年,王莽篡权,改国号为"新"。公元 25 年,刘秀利用农民起义,建立政权,定都洛阳,史称东汉。东汉中叶以后,外戚与宦官长期把持朝政,社会矛盾激化,豪强地主称雄,最终导致黄巾大起义爆发。此后,军阀割据,统一王朝名存实亡。

知识链接:丝绸之路复兴之旅　唤醒千年古道

2010 年 8 月 8 日,"丝绸之路复兴之旅"大型采访考察团从西安大明宫遗址公园出发。考察团历时 55 天,全程经过 8 个国家,跨越 15000 公里,经过西安、咸阳、宝鸡、天水、兰州、张掖、嘉峪关、敦煌、哈密、吐鲁番、喀什等国内的历史文化名城,然后经过霍尔果斯口岸出境,到达阿拉木图、塔什干、撒马尔罕、阿特劳、索契、伊斯坦布尔、雅典、巴里、威尼斯、佛罗伦萨、庞贝、罗马等著名城市。这次复兴之旅的起点和终点是长安和罗马,把这两座有着古老历史和悠久文化的东西方典型代表城市连接起来。通过这次大型媒体采访考察活动,旨在调动沿途、乃至世界各国政府、民众对丝绸之路和丝路申遗的关注和支持。(资料来源:《山西晚报》2010—08—25)

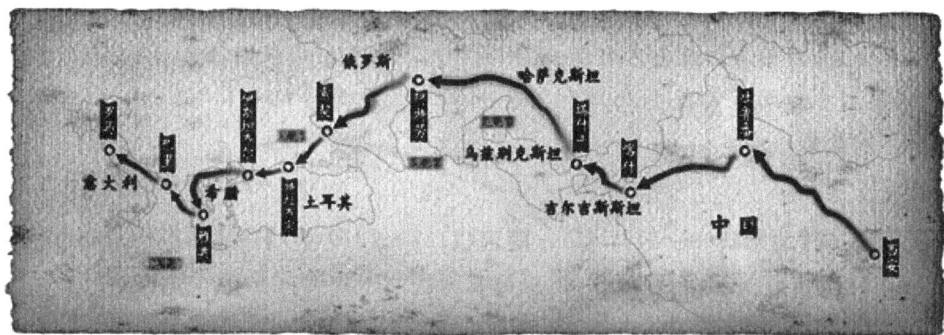

丝绸之路复兴之旅路线

（三）三国两晋南北朝时期

发展脉络：三国（220－280 年）→两晋【西晋（265—316 年）—东晋（317—420 年）】→南北朝（420—589 年）

经过混战，曹操统一了北方，但是不久遭到了孙权和刘备联军的抵抗。赤壁之战后，220年，曹操的儿子曹丕，废汉献帝，自称皇帝，国号魏，定都洛阳。221 年，刘备在成都称帝，史称蜀。222 年，孙权也称王，国号吴，定都建业（今南京）。至此，三国鼎立的局面形成。265年，魏国权臣司马炎废魏自立，建立晋朝，定都洛阳，史称西晋。晋先后经历了西晋与东晋。西晋维持着全国统一的短暂局面。东晋偏安江南，与北方的"五胡十六国"对峙。东晋灭亡后，相继出现了宋、齐、梁、陈四个王朝，称为南朝。而北方为北魏所统一，之后北魏分裂成东魏和西魏，不久分别被北齐与北周所取代，史称北朝。这一历史阶段叫"三国两晋南北朝"，又称"魏晋南北朝"。

（四）隋唐五代十国时期

发展脉络：隋朝（581－618 年）→唐朝（618—907 年）→五代十国（907－960 年）

581 年，杨坚建立隋朝，重新统一了中国，定都长安。杨坚之父杨忠，曾被北周封为"随国公"。杨坚袭此封爵，夺位后立国号为"随"，但其认为随有走的意思，恐不祥，遂改为"隋"。隋朝虽然短暂，却是承前启后的朝代。隋朝创立的三省六部制和科举制都为以后各朝代沿袭、改进。

618 年，李渊在长安称帝，建立唐朝。唐朝在文化、政治、经济、外交等方面都有辉煌的成就，是当时世界上最强大的国家之一。唐太宗时，出现"贞观之治"。此后政坛风云多变，并产生武则天改唐建周的历史。开元时期，唐朝国势登峰造极。安史之乱后，一方面形成藩镇割据的局面，同时又出现宦官专权与官僚势力激烈斗争的现象，使得唐朝很快走向衰落和灭亡。

唐朝灭亡后，中国又出现"五代十国"分裂割据的局面。"五代"是北方的后梁、后唐、后晋、后汉、后周；"十国"是南方的前蜀、吴、吴越、南平、楚、闽、南汉、后蜀、南唐和北方的北汉。

知识链接："唐人"称呼的来历

唐代，是中国古代最繁荣强盛的一个朝代，是当时世界上最发达的国家，与日本、朝鲜、印度、波斯、阿拉伯等许多国家建立了广泛的经济和文化联系。海外人对中国的一切均以"唐"字加称，如称中国人为"唐人"，称中国的字为"唐字"，称中国为"唐山"等等，这种情形延续至今。

唐朝灭亡后，由于唐朝对世界经济、文化的影响，外国人对中国人称为"唐人"的习惯一直未变，从宋元直至明清都是如此。至今老一辈的华侨仍喜欢自称"唐人"，称中国为"唐山"，至于华侨聚居的地方称为"唐人街"，几乎举世皆知。

（五）宋元时期

发展脉络：宋【北宋（960—1127 年）—南宋（1127—1279 年）】→元（1271—1368 年）

960 年，赵匡胤建立宋朝，定都开封，史称北宋。北宋没有完全统一中国，燕云十六州被北方契丹族建立的辽国占据，河西走廊被党项族建立的西夏占据，北宋为了维持边境和平，不得不向辽和西夏交纳岁币。后来，松花江流域女真族建立的金势力逐渐膨胀，1125 年，金、北宋联合灭辽。1127 年金灭北宋，俘虏了当时的皇帝宋钦宗和太上皇宋徽宗，史称"靖康之变"。同年，赵构称帝，在江南偏安立国，定都杭州，史称南宋。此后金与南宋多次交战，宗泽、岳飞等都是抗金名将。

此时，蒙古族迅速崛起，成吉思汗和他的子孙们发动了扩张战争，先后消灭西夏和金，1271 年忽必烈定国号为"元"。1279 年，元灭南宋。元朝疆域辽阔，实现了包括新疆、西藏及云南地区在内的全国大统一。元朝设行省制度统治全国，影响深远。元朝实行民族分化政策，但统一的元帝国也使民族融合进入了一个新的阶段。

（六）明清时期

发展脉络：明（1368—1644 年）→清（1644—1911 年）

1368 年，朱元璋建立明朝，定都南京。朱元璋通过废除丞相、建立厂卫特务机构、以八股取士和在地方设三司等措施，极大地强化了中央集权的封建君主专制。明朝的全盛是明成祖永乐时期。1405 年到 1433 年，郑和七次下西洋，密切了中国和亚非许多国家和地区的关系。郑和下西洋是我国也是世界航海史上的壮举，显示了明朝国力的强盛。明朝中期以后，我国东南沿海遭受倭寇的侵扰，戚继光等肃清倭寇，立下赫赫战功。由于宦官专权，特务横行，吏治败坏，明朝开始走向衰落。嘉靖帝时期，任用张居正为相进行变法，一度使形势好转，但此后魏忠贤的专政又加速了明朝的灭亡。李自成领导的农民起义推翻了明朝。1644年，东北的女真族入关，建立清朝。

知识链接：戚继光抗倭

戚继光是明代著名抗倭将领、民族英雄、军事家、武术家，山东登州（今山东蓬莱）人。嘉靖三十四年（1555 年）调浙江，任参将，积极抗御倭寇。他曾用"封侯非我意，但愿海波平"的诗句表达自己消除倭患的决心和志向。他治军有方，严格军事训练，排演自己创制的鸳鸯阵。由于将士英勇善战，屡立战功，被誉为"戚家军"。嘉靖四十年（1561 年），倭寇焚掠浙东，他率军在龙山大败倭寇。继之在台州地区九战九捷，扫平浙东。嘉靖四十四年（1565 年）又与俞大猷会师，歼灭广东的倭寇，至此东南沿海倭患完全解除。

戚继光在台州抗倭时，修建了桃渚军事古城，修葺了台州府城墙。创造性地发明了空心敌台，并在倭寇剿灭后，调任北方戍守万里长城，带去了在南方筑城的经验。

清朝前期是我国统一多民族国家的重要阶段。郑成功收复台湾，清朝设置台湾府。击败沙俄对我国黑龙江流域的侵略，这些斗争维护了国家的主权和领土完整。平定准噶尔部噶尔丹分裂势力,平定回部大、小和卓的叛乱,加强对西藏的管辖,使多民族国家的统一得到进一步巩固。

清朝也曾强盛一时,但它的发展并未逾越中国传统封建专制主义体制的轨道。经济上,仍然以农立国;文化思想上,提倡封建纲常礼教,屡兴文字狱;对外关系上长期闭关自守,盲目自大。1840年,英国发动鸦片战争,清政府最后同英国政府签订了丧权辱国的《南京条约》。鸦片战争之后,英、美、法、俄、日等国家不断强迫清政府签订各种不平等条约。自此,中国逐渐沦为半殖民地半封建社会。

三、中国近代史概述

中国近现代史从1840年开始到1949年结束。在中华民族空前危难之际,中国先后爆发了洋务运动、戊戌变法、义和团运动等。1911年孙中山先生领导辛亥革命,推翻了清王朝的封建统治,同时也结束了延续2000多年的封建君主制,建立了中华民国,中国历史翻开了崭新的篇章。

但革命的果实很快被封建势力的代表人物袁世凯窃取。袁世凯在北京建立北洋军阀政府,实行独裁专制,大量出卖国家主权,复辟帝制,激起全国人民的反对。袁世凯死后,中国出现军阀割据的局面,中华民族的灾难更加深重了。以孙中山为首的国民党和刚刚成立的中国共产党为挽救国家,依各自不同的指导思想与军阀展开了斗争并最终走向合作。

1931年,日本发动"九一八"事变,中国民族面临生存危机。张学良发动西安事变,迫使蒋介石接受共产党人的邀请,"停止内战,一致抗日",实现第二次国共合作。1937年,日本发动全面进攻中国的"七七事变",1945年日本宣布投降,中国人民艰苦卓绝的抗日战争取得最终胜利。1946年国民党发动全面内战,1949年国民党在大陆的统治瓦解,蒋介石带领余部逃往台湾。1949年10月1日,中华人民共和国成立,中国历史进入新的征程。

【学生讲坛】

1.“有志者,事竟成,破釜沉舟,百二秦关终属楚;苦心人,天不负,卧薪尝胆,三千越甲可吞吴。”请说出该联所反映的历史人物及相关故事。

2.西安,在其从古到今曾用名中,以“长安”最为著名。长安,意为“长治久安”,是中华文明史和地方文明史上最负盛名的都城。大唐芙蓉园是西安展示盛唐风貌的主题公园,以“走进历史、感受人文、体验生活”为背景。请结合此公园,说说唐代杰出的帝王和著名的官吏。

【技能训练】

[训练项目]介绍浙江省新石器时代典型文化遗址。

[实训目标]

1.能够通过图书、期刊、网络等途径收集古文化遗址资料。

2.掌握浙江省新石器时代典型文化遗址特色及讲解技巧。

[实训内容和方法]

1.5—6人一组,任选一处浙江新石器时代典型文化遗址,通过网络、图书资料或实地考察等方式收集相关资料,分析其特色,了解旅游开发现状。

2.撰写所选遗址解说词,并制作景点介绍展板(或PPT)。

3.对照展板(或PPT),介绍该文化遗址。

学习任务2　中国古代主要思想流派

【学习导读】

经过奴隶社会夏商周三代的积淀,春秋战国时期出现了不同学派及各流派群芳竞艳的局面,史称"百家争鸣"。这个时期思想领域出现了"诸子百家",主要有儒家、墨家、道家和法家,还有阴阳家、名家、农家、杂家、纵横家、兵家等"九流十家"。各派思想碰撞融会,同时由于政治需要,儒家在百家中脱颖而出,成为中国封建社会的思想主体,也就是人们常说的"从百家到一家"。

【知识储备】

一、儒家

儒家思想也称为儒教或儒学,是以"仁"为核心与"和"为贵的思想体系,是我国传统文化主体思想中的主流,对中国和东南亚各国,乃至全世界都产生过深远的影响。儒家的代表性人物有孔子、孟子、荀子、董仲舒、程颐、朱熹、王阳明等。

(一)孔子学说的主要内容

儒家的创始人是孔子。孔子生活于春秋末期,一生致力于宣传推行自己的主张,奔波于列国之间,备受艰辛。孔子开私人讲学之先风,培养了弟子三千多人。他所创立的儒家学说为历代帝王提供了治国的理论依据,为知识分子安身立命指出了一条道路,所以被帝王奉为"大成至圣先师",封为"文宣王",被封建社会尊为"圣人"。

1.孔子的"仁"学

"仁"是孔子学说的核心,也是儒家思想的核心。何谓"仁"? "仁者,爱人。"爱的范围由家庭中的父母兄弟开始推广到大众。怎么去爱? 首先是"亲亲",然后是"泛爱"。其方式是"己欲立而立人,己欲达而达人",即先人后己;"己所不欲,勿施于人",即推己及人。对个人来讲,只要做到"仁",就会做到忠、恕、孝、友、恭、敬、宽、敏、惠、智、勇、信(诚),以至达到"圣人"的境界。对家庭来讲,就会出现父慈子孝、兄友弟恭的和谐关系。对国家来讲,就实现了"仁政",即以仁德来推行政治教化,治理社会。

2.孔子的"礼治"观

"礼"是孔子学说中又一个重要内容。"礼"是社会制度和礼节仪式,是"仁"的外在表现。"礼"的功用是"整民"(治民),"政之舆"(推行政治统治的工具)。"道德仁义,非礼不成;教训正俗,非礼不备;纷争辩讼,非礼不决;君臣上下,父子兄弟,非礼不定"。礼涉及个人、家庭和社会的方方面面,要求做到不失礼、不越礼,以维护"君君、臣臣、父父、子子"的等级秩序。

3.孔子的认知、教育、修养观

孔子有一句名言:"生而知之者,上也;学而知之者,次也;困而学之,又其次也;困而不学,民斯为下矣。"又有"学而时习之,不亦乐乎"、"吾十有五而志于学,三十而立……"等话。由上可见,孔子主张人要勤奋学习,通过学习获得知识,在学习知识中寻找乐趣。

作为一位大教育家,孔子提出了"有教无类"、"因材施教"的教育思想。每个人的资质都是不一样的,所以对不同的人给予不同的、适合其实际情况的教育方式。同时,还有教育者应当为人师表、言传身教等论说,这些都是我国传统教育思想中的精华。

孔子的学说是"经世致用"的学说,提出了"修身、齐家、治国、平天下"的修养观。修身的具体方法,有"自讼"、"反省"、"慎独"等。孔子之后的继承者还有所发展,如曾子的"吾日三省吾身"、孟子的"尽心知性"、"养浩然之气",宋明理学家的"存理去欲"、"致良知"等。尤其孟子"天将降大任于斯人也,必先苦其心志,劳其筋骨,饿其体肤,空乏其身,行拂乱其所为。所以动心忍性,增益其所不能"一段话很有名。总之,这种把个人修养与远大目标的实现、个人品质与社会责任义务紧密结合的修养观千百年来一直为中国人所尊奉,是中国传统文化中的优秀成分。

（二）儒家流派的发展演变

1.孟子的"仁政"、"民本"、"性善"说

儒家发展到战国时代最著名的代表人物是孟子。孟子对儒家思想作了全面、深刻的发展。主要有:第一,把孔子提出的"仁政"学说发展为系统的"仁政"理论。他认为,"以德行仁"才能得天下,使人心悦诚服。第二,民本主义,提出"得民心者得天下,失民心者失天下"。人民、国家、君主的轻重次序是:"民为贵,社稷次之,君为轻。"第三,性善论,孟子提出了"人之初,性本善"的人性论。孟子在自我修养上提倡"富贵不能淫,贫贱不能移,威武不能屈"的精神,"乐以天下,忧以天下"的政治胸怀,以及前文所讲的"苦劳饿空乱"的生理心理锻炼,也是具有积极意义的。从唐宋以后,孟子的地位在儒家系统中不断提高,被称为"亚圣"。

2.董仲舒的今文经学与阴阳五行学说结合的谶纬说

汉武帝时,大儒董仲舒提出的"罢黜百家,独尊儒术"建议被采纳,从此开辟了2000年以儒家之学为统治阶级之学的时代。董仲舒在治讲今文经学中,把谶（预言吉凶）语与经学相结合,大讲"天人感应",先秦儒家思想的面目由此改变,被推上神学之途,同时孔子也从此被神化。

3.宋明理（心）学

自先秦儒学和两汉经学之后,儒学在宋明时期发展为"理学"。理学以儒道释三教合一为特征,把人的自我完善放在最主要的地位,强调"存天理、灭人欲",并提出了一系列的道德规范和修养方法。朱熹是理学的集大成者,其思想代表了理学的典型和成熟形态,在中国古代思想中影响巨大,其地位仅次于孔孟。

理学中的"心学"派主张"心即理"、"吾心即宇宙"、"心无外物"、"心无外理",其代表人物是明代的王阳明,他把心学发展到极致,是典型的主观唯心论。其"四句教"即"无善无恶是心之体,有善有恶是意之动,知善知恶是良知,为善去恶是格物",体现了其心学的主要思想。他的"破山中贼易,破心中贼难"是其"致良知"的一句名言。

二、道家

道家是春秋时期产生的学术派别之一,创始人是老子。战国时发展成以庄子为代表的学派,至魏晋时出现了以何晏、王弼为代表的"玄学"形式。

（一）老子的思想

老子建立了以"道"为核心的唯物主义思想体系,认为"道"是世界万物的本源。

老子在哲学上主静、取弱、居柔,因条件的改变而制动、胜强、克刚,体现了正与反斗争转化的辩证思想。

在社会上,老子主张回复到"小国寡民"、"鸡犬之声相闻,民至老死,不相往来"的自给自足的小农生产状态。

老子提出的"无为无不为"是其哲学上的思想方法。所谓"无为",指不要人为去干预"道"的运行,不要违背规律而动。这样,结果正好是因遵循"道"即遵循规律办事而获得成功——"无不为",即"有为"。

(二)庄子的思想

庄子是战国中期继老子之后最著名的道家学派代表人物,故常以"老庄"连称。庄子在很多方面深化了老子的学说。总体上讲,庄子思想的特点是:玄思奇想,旷达高越,追求个性,恣肆无羁。

庄子主张去"体道"而得"道",达到"天人合一"的最高精神境界。这一境界超越了时空的限制,突破了形骸的羁绊,进入精神的净化状态,是绝对的精神满足。所以历代封建知识分子都从这一角度到《庄子》中去获取精神寄托。在这一思想支配下,庄子主张"自恣适己"(自由放任,适己之意)。

知识链接:"庄周梦蝶"典故

庄周梦蝶,典出《庄子·齐物论》。大意是:庄周梦见自己变成一只翩翩起舞的蝴蝶,感到非常的愉快和惬意!不知道自己原本是庄周。突然间醒过来,惊惶不定之间方知原来是我庄周。不知是庄周梦中变成蝴蝶呢,还是蝴蝶梦见自己变成庄周?庄周与蝴蝶那必定是有区别的。这就叫做物、我的交合与变化。

虽然故事极其短小,但却渗透了庄子诗化哲学的精义,认为人们如果能打破生死、物我的界限,则无往而不快乐。

(三)魏晋玄学

东汉末至两晋是两百多年的乱世,统治思想界近四百年的正统儒家名教之学也开始失去魅力,士大夫对两汉经学的繁琐及三纲五常的陈词滥调普遍感到厌倦,于是老庄思想抬头,出现了玄学。玄学的主要代表人物有王弼、何晏、阮籍、嵇康、向秀和郭象等。

"玄"字出自老子《道德经》"玄之又玄,众妙之门",言道幽深微妙。玄学即"玄远之学",它以祖述老庄、综合儒道立论,以"三玄"(《周易》、《老子》、《庄子》)为主要研究对象。玄学家们用他们改造过了的老、庄思想来注解《周易》,对已经失去维系人心作用的两汉经学作了改造,建立起了"以无为本"的哲学本体论,大大推动了中国哲学的发展。

三、墨家

墨家是"诸子百家"中代表农、工等小生产者利益的学派,创始人是战国初期的墨子(名翟)。墨子的学说对当时的思想界影响很大,与儒家并称"儒墨显学"。

墨子反对儒家的"天命"和"爱有差等"的思想,提出"非命、兼爱"。墨子认为,"执有命是天下之大害",极力主张"兼相爱、交相利",不应有亲疏贵贱之别。他更有"摩顶放踵,利天下为之"的献身精神。墨子的"非攻"思想,体现了当时人民反对掠夺战争的意向。墨子提出

"非乐"、"节用"、"节葬"的主张,反对当权贵族的"繁饰礼乐"和奢侈享乐的腐朽生活。他意识到了劳动是人类生活的基础,提出强调重视生产和"赖其力者生,不赖其力者不生"的主张。在政治上,墨子主张改善劳动者和小生产者的社会地位和经济地位,提倡"必使饥者得食,寒者得衣,劳者得息,乱则得治",并且提出"尚贤"和"尚同"的观点,认为"官无常贵,民无终贱"。

墨学在先秦时期曾为一时之"显学",可是到了汉代就衰落不显了。但是,墨家精神并未失传,汉代以后的侠士是墨家"兼爱"精神的继承者。中国歌颂侠义精神的诗歌和侠士小说,其精神源头莫不与墨家思想有着密切的联系。墨家思想在中国民间的社会底层流传着,对中国文化的影响之大,并不亚于儒学和道学。

四、法家

法家是"诸子百家"中主张法治的学派。该学派强调"不别亲疏,不殊贵贱,一断于法",主张强化君主专制,以严刑峻法治民。其代表人物是韩非。

韩非是法家的集大成者,他将先秦时期李悝、吴起、商鞅的"法",申不害的"术",慎到的"势"结合起来,建立了法治思想体系。所谓"法"就是国家颁布的法律、法令,"术"是国君控制臣民的权术,"势"指国君掌握的权力。韩非认为国君要想统治国家,达到富国强兵的目的,必须同时拥有法、术、势,三者缺一不可。三者之中"法"是核心,必须做到"以法为本",主张"以法为教"、"法不阿贵"。"术"是必要的方法和手段,而"势"是国君控制权力的重要基础。

五、兵家

兵家在春秋时的代表人物是孙武,战国时的代表人物是孙膑。孙武著《孙子兵法》十三篇,孙膑著《孙膑兵法》。两书论证了古代的战争思想、战略战术原则,其中还有丰富的辩证思想。著名的三十六计就是从兵书中归纳发展而来的。

关于计谋(战略)的论述,可以说是中国古代兵家思想中内容最丰富的方面,它所揭示的许多带有规律性的原则,是至今仍必须遵守的。许多名言已成为脍炙人口的管理格言,诸如:"知彼知己,百战不殆","居安思危","有备无患","先计后战","远交近攻","攻其无备、出其不意","避实击虚","以众击寡","兵贵胜、不贵久","兵贵神速","兵贵其和,和则一心","三军可夺气,将军可夺心","密察敌之机,而速乘其利,复疾击其不意",等等。这些著名的兵家格言,与现代科学管理理论不仅基本精神一致,在语言上也有明显的渊源关系。

知识链接:三教九流

"三教"的说法起自三国时代,指的是儒教、释教、道教三种教派。河南嵩阳书院里有一尊三神像,在一个头上雕出了孔子、老子和释迦牟尼的面孔。"九流"的说法,最早见于《汉书·艺文志》,指的是春秋战国时代的儒家、墨家、道家、法家、名家、杂家、农家、阴阳家、纵横家等学术流派。后来,人们把宗教、学术中的各种流派统称之为"三教九流"。随着时间的推移,有时人们又把它作为贬义词,泛指那些在江湖上从事各种行当的人。

【学生讲坛】

1. 2006 年 3 月 22 日,时任俄罗斯总统普京造访少林寺时,曾对镇寺之宝"混元三教九流图"碑产生浓厚兴趣。结束参访后,少林寺赠送给普京的礼物中,有一份就是一座用黄水晶雕制的"混元三教九流图"雕塑模型。通过网络学习,讲讲"混元三教九流图"的故事。

2.世人皆知,孔子的家庙是在我国北方的山东曲阜,然而很少有人知道,在我国南方的浙江衢州,还有一处孔氏家庙。说说衢州南宗孔庙是如何形成的?

【技能训练】

[训练项目]制作儒家、墨家、道家、法家、兵家等思想流派展板。

[实训目标]

1.进一步掌握我国主要思想流派相关知识。

2.能结合所学知识,挖掘景点思想文化内涵。

[实训内容和方法]

1.5—6人一组,通过网络、书刊收集我国古代主要思想流派及其关联景观的图文资料。

2.讨论各思想流派的代表人物及其主要思想,分析其相关景观的特色。

3.小组协作完成我国古代主要思想流派展板(或PPT)。

学习任务3　中国古代科技文化

【学习导读】

中国古代科技进步,领先世界。其中数学、农学、医学、建筑、天文历法等方面都在世界上占有一席之地;尤其是中国古代科技的四大发明——造纸术、火药、指南针、印刷术更是对世界文明的发展和进步起了重要的促进作用。英国著名的科技史学者李约瑟称赞道:中国在公元3世纪到13世纪之间保持着一个西方所望尘莫及的科学技术水平,中国的发明和发现往往超过同时代的欧洲,特别在15世纪之前更是如此。

【知识储备】

一、天文历算

中国是世界上少数几个天文历法最发达的国家之一,天文学也是我国古代最发达的四门自然科学之一。我国古代天文学的成就大体可归纳为三个方面,即:天象观察、仪器制作和编订历法。

我国最早的天象观察,可以追溯到好几千年以前。无论是对太阳、月亮、行星、彗星、恒星,以及日食和月食、太阳黑子、日珥、流星雨等罕见天象,都有着悠久而丰富的记载,至今仍具有很高的科学价值。《诗经》中有中国历史上第一次有确切记载的日食记录。《春秋》留下世界公认的关于哈雷彗星的最早记录,比欧洲早670多年。战国时的《甘石星经》是世界最早的天文学著作,记载了120颗恒星的位置。1973年,我国考古工作者在湖南长沙马王堆的一座汉朝古墓内发现了一幅精致的彗星图,被认为这是迄今发现的世界上最古老的彗星图。《汉书·五行志》中有世界最早的太阳黑子记录。唐代名僧一行第一次测量出地球子午线长度。

我国古代在创制天文仪器方面,也做出了杰出的贡献。我国最古老、最简单的天文仪器是土圭,也叫圭表,用来度量日影的长短。东汉的张衡创制了世界上第一架利用水力作为动力的浑天仪,发明了世界上最早测定地震方位的仪器——地动仪。元代的郭守敬先后创制和改进了10多种天文仪器,如简仪、高表、仰仪等。

古人勤奋观察日月星辰的位置及其变化,主要目的是通过观察这类天象,掌握它们的规律性,用来确定四季,编制历法,为生产和生活服务。相传在远古时代就已经制定出我国历史上第一部历法《黄帝历》,到了夏朝又制定出以农历正月为岁首的《夏历》,这是现代农历的起源。到了商周时代,为了适应农业生产发展的需要,开始使用阴阳合历,设置闰月以调整历差。元代郭守敬集先代历法之大成,制定《授时历》,这是古代使用时间最长,也是最精确的历法。它以365.2425天为一年,与现行国际通行的公历(即格雷果里历)完全相同,但比之早了300年。

要制定精确的历法,就得精于计算,于是数学伴随着天文学而发展起来。中国古代数学的萌芽可追溯到4000多年前,据战国《尸子》记载:"古者,倕为规、矩、准、绳,使天下仿焉。"这说明当时已有"圆、方、平、直"等形状的概念。商代甲骨文的自然数已经使用十进制,而先秦的八卦学说是古老的二进制。秦汉是封建社会的上升时期,经济和文化均得到迅速发展。中国古代数学体系正是形成于这个时期,它的主要标志是算术已成为一个专门的学科,以及以《九章算术》为代表的数学著作的出现。《九章算术》是我国古代最重要的数学著作,它系统地总结了从先秦到东汉初年的数学成就,特别是其中负数的概念以及加减法运算法则,是具有世界意义的成就。南朝祖冲之第一次把圆周率精确计算到小数点后第七位,比西方领先约1000多年。

二、农学

自古以来,我国就有发达的农业。河南新郑裴李岗、密县莪沟和河北武安磁山以及浙江余姚河姆渡等新石器时代早期遗址的发掘证明,7000多年前,我们的祖先已经在黄河流域种植粟等农作物,在长江流域肥沃的土地上开田种植水稻。3000多年前的殷代甲骨文中,已经有稻、禾、稷、粟、麦、来(大麦)等农作物名称,还有畴、疆、甽、井、圃等有关农业生产土地整治的文字。我国第一部诗歌总集——《诗经》中有十多篇专门叙述农事的诗,说明周代的农业已经达到相当高的水平了。

从先秦时代开始,中国就出现农家学派和农书,流传至今的《吕氏春秋·上农》,就是他们的代表。到汉代则出现了《氾胜之书》和《四民月令》两部著名的农书。北魏时期出现了中国历史上最伟大的农学著作,这便是贾思勰所著的《齐民要术》,内容包括从农业生产到生活等多方面,被称为"中国古代的百科全书",是我国现存最早、最完备的农书。南宋陈旉的《农书》,是第一部反映南方水田农业技术的农书。元代王祯的《农书》,第一次系统地兼论南北农业技术,并首创了"农器图谱",以图文并茂的形式记载了两百余种农具的形制与功用,集中国传统农具之大成。明代徐光启的《农政全书》是一部集古代农学之大成的著作。

三、医学

中国古代医学,又称中医,自古远的夏商开始问世,一直延续至今,成为神州大地灿烂古文化中一颗璀璨的明珠和中华民族的骄傲。

商和西周时期,已有较丰富的医药学知识,在甲骨文中所见的疾病有数十种,包括眼、耳、口腔、肠胃等各种分科,同时在商代遗址中还出土了石砭镰等医疗用具等。战国时期我国医学就有很高成就,有了医学分科。扁鹊,又名秦越人,创造了"四诊法",以望、闻、问、切为基点,展开细致的医学诊治,成为我国有文字记载以来的第一位伟大的医学家。战国问世、西汉编定的《黄帝内经》是我国现存较早的重要医学文献,奠定了中医学的理论基础。

西汉马王堆汉墓帛书《医方经》记载了几百个药方。东汉的《神农本草经》,是我国现存最早的药物学专著。东汉末年的张仲景和华佗,是中国古代著名的医学家。张仲景的《伤寒杂病论》(分成《伤寒论》与《金匮要略》两部书)是后世中医的重要经典,为中医临床的辨症施治奠定了基础,后人尊张仲景为"医圣"。华佗擅长外科手术,被誉为"神医"。他发明的麻沸散,是一种从植物中提取的麻醉药,适用于外科手术。这一发明比西方早 1600 多年。同时,华佗还创造了"五禽戏",是通过模仿虎鹿猿熊鸟的动作形成的一种健身操。

唐朝杰出医学家孙思邈(581—682 年)著的《千金方》,记录了 800 多个药方,全面总结历代和当时的医药学成果,被尊为"东方医学圣典"。孙思邈被尊为"药王"。唐太宗李世民在位时创办了分科较细的医学学校,唐高宗时编修的《唐本草》,是世界上最早的、由国家颁行的药典。北宋的科学家宋应星写的《天工开物》,被斯大林称为中国 11 世纪的工艺百科全书,里面记载了可以用明矾等矿物质治疗眼科等复杂的疾病。

南宋时期宋慈的《洗冤集录》是我国第一部系统的法医学著作,比西方早 300 年,对法医学的发展有很大贡献。

明朝李时珍用 27 年的时间,对中国古代医学进行了一次完美的总结,写成巨著《本草纲目》,里面记载了药物 1800 多种,方剂 1 万多个,有图解有注释,考订详细,全面地总结了 16世纪以前的中国医药学,被誉为"东方医药巨典"。

四、四大发明

1.造纸术

中国是世界上最早养蚕织丝的国家。古人以上等蚕茧抽丝织绸,剩下的恶茧、病茧等则用漂絮法制取丝绵。漂絮完毕,篾席上会遗留一些残絮。当漂絮的次数多了,篾席上的残絮便积成一层纤维薄片,经晾干之后剥离下来,可用于书写。这种漂絮的副产物数量不多,在古书上称它为方絮。这表明了中国造纸术的起源同丝絮有着渊源关系。根据考古发现,西汉时期中国已经有了麻质纤维纸,但质地粗糙,且数量少,成本高,不普及。

东汉元兴元年(105 年),蔡伦在东汉京师洛阳总结前人经验,改进了造纸术,以树皮、麻头、破布、旧渔网等为原料造纸,扩大了纸的原料来源,降低了纸的成本,制造出质地较细、价格低廉、便于书写、用途广泛的纸,人称"蔡侯纸"。

2.印刷术

印刷术被称为"文明之母"。古代印刷术的发明大致可以分为雕版印刷术和活字印刷术两大阶段。

雕版印刷术是在古代刻石和印章的基础上产生的。大约在公元 3 世纪的晋代,随着纸和墨的出现,印章亦流行起来。东晋时道教徒把印章放大,以印制文字稍多的符咒。这实际上是一种以盖章的方式印刷文字的方法。与此同时,石碑拓印也在发展,把印章和拓印结合起来,再把印章扩大成一个版面,蘸好墨,仿照拓印,把纸铺到版上印刷,即为雕版印刷。刻印于 868 年的《金刚经》是我国发现最早的有确切年代的雕版印刷品。它原藏于甘肃敦煌千佛洞,1899 年被发现,1907 年被英国人斯坦因盗去,现存于英国伦敦不列颠博物馆。

北宋仁宗庆历年间(11 世纪中期),毕昇发明了活字印刷术。他用胶泥制成单字块,入火烧烤,使之坚硬,做成字模排列在铁板框里,然后涂墨印刷。这是排版印刷的开始,既经济又快捷,是人类印刷史上的一次伟大的技术革命。

我国雕版印刷术大约在 8 世纪传到朝鲜、日本,12 世纪传到埃及。活字印刷术在 14 世纪传到朝鲜,15 世纪传到欧洲,促进了世界各国文化的发展和交流。

3. 火药

火药,源于古代炼丹术,是古代炼丹术士在炼丹时无意中配制出来的。唐代名医、炼丹家孙思邈的书中提出将硫磺、硝石、木炭制成药粉用以发火炼丹的配方,这说明最迟在唐初就已经发明了火药。唐朝末年,火药已被用于军事。唐昭宗天祐元年(904 年),杨行密的军队围攻豫章,部将郑璠"以所部发机飞火,烧龙沙门,带领壮士突火先登入城,焦灼被体"(《九国志·郑璠传》)。这里说的"飞火",就是"火炮"、"火箭"之类。"火炮"是把火药制成环状,把吊线点燃后用石机抛出去;"火箭"则是把火药球缚于箭簇之下,将吊线点燃后用弓箭射出。到了宋代,战争接连不断,促进了火药武器的加速发展。北宋政府建立了火药作坊,先后制造了火药箭、火炮等以燃烧性能为主的武器和"霹雳炮"、"震天雷"等爆炸性较强的武器。南宋在公元 1259 年造出了以巨竹为筒、内装火药的突火枪。到了元代又出现铜铸火铳,称为"铜将军"。这些都是以火药的爆炸为推动力的武器,在战争中显示了前所未有的威力。

约在 13 世纪,火药经蒙古人传到阿拉伯,而欧洲人在与阿拉伯人的战争中学会火药的制造与使用,从而改变了欧洲历史进程。

4. 指南针

指南针是利用磁铁在地球磁场中的南北指极性制成的一种指向仪器。相传在黄帝与蚩尤作战时,黄帝就造指南车来辨认方向。春秋时,人们已经能够将天然磁石制成司南,战国时出现了精确度更高的司南,《韩非子》中就有:"先王立司南以端朝夕。"司南是利用天然磁石琢磨而成的,样子像只勺,重心位于底部正中,底盘光滑。使用时把长勺放在底盘上,用手一拨,使它转动,停下后长柄就指向南方。东汉王充《论衡·是应篇》记载了他的形状和用法。但是,用天然磁石琢磨而成的司南磁性较弱。到了宋代,人们发明了人工磁化金属方法,制造了指南鱼和指南针。南宋时,人们把磁针安装在刻有方位的罗盘上,使用更为方便。这是指南针发展史上的一大飞跃。

在 11 世纪时,指南针已是常用的定向仪器了。指南针的应用大大促进了航海事业的发展。据考证,公元 11 世纪末,指南针开始用于航海。大约在 12 世纪末—13 世纪初,指南针由海路传入阿拉伯,然后由阿拉伯传入欧洲。

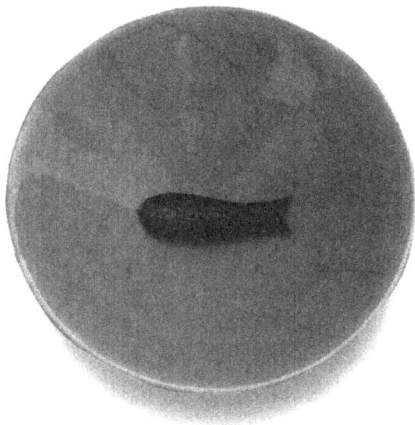

指南鱼模型　　　　　　　　　　　　　司南模型

五、水利工程

1. 都江堰

都江堰位于四川省都江堰市境内,是岷江中游一项大型引水枢纽工程,也是目前世界上历史最长的无坝引水工程。始建于秦昭王末年(约前256—前251年),秦国蜀郡太守李冰父子主持兴建。都江堰水利工程主要由鱼嘴、飞沙堰、宝瓶口三大主体工程构成,三者有机配合,相互制约,协调运行,引水灌田,消除了水患。成都平原因此富庶,成为"天府之国"。

鱼嘴是都江堰的分水工程,因其形如鱼嘴而得名,位于岷江江心,把岷江分成内外二江。西边叫外江,俗称"金马河",是岷江正流,主要用于排洪;东边沿山脚的叫内江,是人工引水渠道,主要用于灌溉。飞沙堰具有泄洪排沙的显著功能,当内江的水量超过宝瓶口流量上限时,多余的水便漫过堤堰而流入外江;如遇特大洪水的非常情况,它还会自行溃堤,让大量江水回归岷江正流。这条堤堰之所以取名为飞沙堰,是因为它与宝瓶口配合,能产生排沙作用。岷江从万山丛中急流而来,挟着大量泥沙、石块,如果让它们顺内江而下,就会淤塞宝瓶口和灌区。宝瓶口起"节制闸"作用,能自动控制内江进水量,是人工凿成控制内江进水的咽喉,因它形似瓶口而功能奇持,故名宝瓶口。

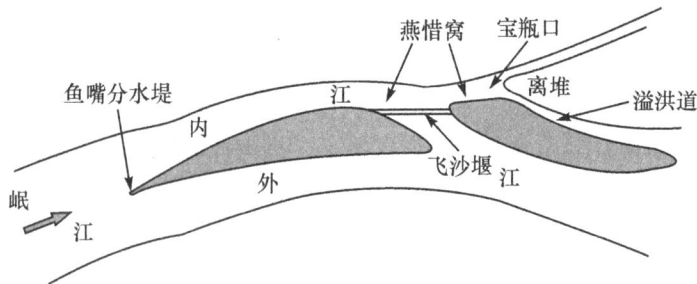

都江堰示意图

知识链接:都江堰岁修六字要诀"深掏滩,低作堰"

都江堰历久不废的一个重要原因是重视工程管理,严格执行岁修制度。相传李冰制作石犀,埋在内江中,作为每年治理时掏挖泥沙的深度标准。当时李冰所定的岁修原则是"深掏滩,低作堰",是说每年掏挖江底淤积的泥沙要深,使江水水量有适当的保证;飞沙堰的堤堰不能筑得较高,以免影响内江江水的外溢与泄洪,保证内江不发生洪灾。

2. 灵渠

灵渠又名湘桂运河、兴安运河,俗称陡河,在广西兴安县境内,有着"世界古代水利建筑明珠"的美誉。秦始皇吞并六国、平定中原后,北击匈奴,南攻"百越"。由于岭南山脉阻隔,湖南和广西之间道路崎岖,给运送粮草给养造成了困难。为尽速征服岭南,秦始皇下令史禄修建灵渠(前219年—前214年),初名秦凿渠,连接湘江和漓江上游,沟通长江和珠江两大水系,是内地和岭南的主要交通孔道。

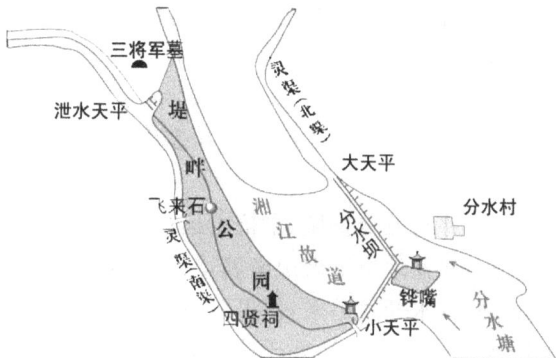

灵渠示意图

灵渠主体工程包括铧嘴、分水坝(大小天平)、南北渠、陡门、秦堤等。铧嘴又名铧堤,是劈水分流的工程,湘江上游之水"三七分派",即七分水经北渠注入湘江,三分水入南渠流进漓江。分水坝拦河蓄水,导湘江上游水入渠道,保证渠道里有足够的水通航;汛期,多余的水越过堤面泄入湘江故道,起平衡调节作用,故称其为大小天平。南、北渠是沟通湘漓二水通道,全长30多公里。陡门相当于现代船闸,被誉为船闸之祖,设置在渠道较浅、水流较急的地方,通过启闭,调节渠内水位,保证船只正常通航。秦堤是渠道保护性工程,是南渠从南陡门至兴安县城西大湾陡的一段堤岸。

3. 大运河

大运河是贯通我国南北的运河,无论是开凿时间之早,还是流经距离之长,都创下了世界之最。经过历代的修建开发,大运河形成了一条南起杭州,北至北京,贯穿南北的水上通道。全长约1800公里,流经北京、天津、河北、山东、江苏、浙江六个省市,贯通海河、黄河、淮河、长江、钱塘江五大水系,与万里长城共同成为中华民族的丰碑和民族精神的象征。

大运河肇始于春秋时期,在漫长的岁月里,主要经历三次较大的兴修过程。

第一次是春秋末年。当时统治长江下游一带的吴王夫差,为了北上伐齐,争夺中原霸主地位,在公元前486年,于现在江苏扬州西北的蜀岗上,修筑了一座邗城,并开凿了邗沟。邗沟自扬州向东北,经射阳湖到淮安入淮河,全长150公里,把长江水引入淮河,成为大运河最早修建的一段。

京杭大运河示意图

第二次是隋朝。隋朝建都长安,为了控制江南广大地区,使长江三角洲地区的丰富物资运往洛阳,于603年下令开凿从洛阳经山东临清至河北涿郡(今北京西南)长约 1000 公里的"永济渠";又于 605 年下令开凿洛阳到江苏清江(淮阴)约 1000 公里长的"通济渠";再于 610 年开凿江苏镇江至浙江杭州长约 400 公里的"江南运河";同时对邗沟进行了改造。

第三次是元朝。元以前的运河主要方向是由东南指向西北,由于元朝定都北京,便不再绕道洛阳,截弯取直,改运河方向为由南向北。元朝花了 10 年时间,先后开挖了"济州河"和"会通河",把天津至江苏清江之间的天然河道和湖泊连接起来,清江以南接邗沟和江南运河,直达杭州。而北京与天津之间,原有运河已废,又新修"通惠河"。这样,新的京杭大运河比绕道洛阳的大运河缩短了 900 多公里。

4. 坎儿井

坎儿井与万里长城、京杭大运河并称为中国古代三大工程,主要位于新疆吐鲁番和哈密两盆地。两盆地位于天山南麓,地下蕴藏着丰富的雪水。盆地有一定的坡度,凿渠将盆地北缘地下的雪水开发出来,便可进行自流灌溉。这里雨量极为稀少,全年只有几十毫米,而气候干燥,年蒸发量高达几千毫米,蒸发量是降雨量的 100 多倍,采用明渠灌溉,渠水多被蒸发,而蒸发对坎儿井的威胁极小。坎儿井是吐鲁番各族人民与大自然作斗争,开发大西北、利用自然和改造自然的一大功绩。

坎儿井,早在《史记》中便有记载,时称"井渠",由竖井(直井)、暗渠、明渠和蓄水池(涝坝)等几部分组成。竖井是穿凿、修理暗渠时掏挖人员的上下通道,又有出土、通风、采光等作用,还依靠它来确定暗渠的坡度和方向,井深从几米到几十米,视含水层深浅而定。暗渠是地下渠道,其作用为拦截地下水,并将它引出地面。明渠是地面的导流渠,将水引入农田,灌溉庄稼。暗渠同明渠接头有蓄水池(涝坝),既可蓄水用,又可减缓暗渠水流的冲力。

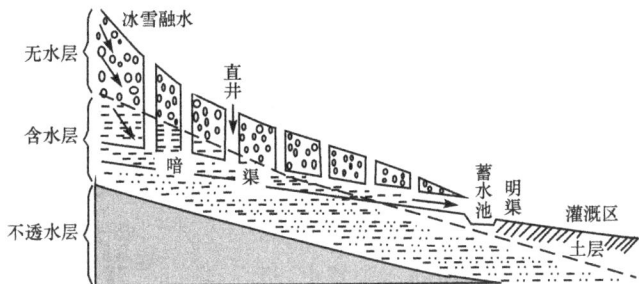

坎儿井示意图

【学生讲坛】

你的家乡或者学校所在城市有哪些重要水利工程? 请介绍其特色。

【技能训练】

[训练项目] 制作我国古代著名水利工程展板。

[实训目标] 掌握我国古代著名水利工程特色。

[实训内容和方法]

1. 5—6 人一组,通过网络、书刊收集我国古代著名水利工程的图文资料。

2. 讨论古代著名水利工程的特色。

3. 小组协作完成我国古代著名水利工程展板(或 PPT)。

学习任务 4　中国历史文化小常识

【学习导读】

中国是一个历史文化悠久的文明古国,许多的历史文化常识在今天依然闪烁着耀眼的光芒。每个人都有自己的姓氏,这些姓氏的产生都有不同的渊源;春夏秋冬四时里涵盖了二十四节气;天干地支在古代发挥了重要的作用;而阴阳五行八卦则应用于很多方面;科举制度是中国古代特有的选官制度,在中国历时 1300 多年,影响深远。

【相关知识】

一、姓氏称谓

(一)姓、氏

姓氏是一个人血统的标志。在先秦时期,姓和氏有不同的含义。"姓"的起源可以上溯到母系氏族社会。其作用是"别婚姻",即识别、区分氏族,实行族外婚。姓原本表示妇女世代相传的血统关系,由女性方决定,从目前已知的古老姓氏,如:姬、姜、嬴、妊、姒、妫等姓中均带有"女"字偏旁,就是母系氏族社会的痕迹。"氏"原为姓的分支,起源于父系氏族社会。其主要作用在于"明贵贱"。

战国以后,人们以氏为姓,姓和氏开始合而为一。到了汉代则全都叫做姓,并且自天子到庶民人人都可以有姓。这种用法一直延续到现在。

五代十国的吴越国,后期编写《百家姓》,由于宋已建立,宋朝皇帝姓"赵",吴越国的国王姓"钱",宋朝皇族妻妾姓"孙",南唐的统治者李煜姓"李",这就是《百家姓》的开场白"赵钱孙李"次序的由来。据统计,我国现存姓氏 3500 多个,而历史上出现过的有 22000 多个姓氏。

(二)名、字、号

1. 名

古人幼时取名以供长辈呼唤。《周礼》规定,人"生三月而加名"。为什么要满三月?古时婴儿易夭折,因此要三个月才庆贺并取名。

2. 字

字是古人成年后取的别名,与名相表里,又叫"表字"。古代男子到 20 岁成人,要举行冠礼,标志其人可立身于社会了,要另取一个字。女子未许嫁时叫"待字"闺阁,到了 15 岁许嫁时,举行及笄礼,也要取字。名和字在意义上一般是有联系的,字往往是名的阐释和补充。如,诸葛亮字孔明,"亮"与"明"是同义词;岳飞字鹏举,"飞"与"鹏举"意也相近。

3. 号

号,亦称别号。古人在名和字以外的别名,一般为尊称、美称,而呼人之号比呼其字更示尊重与客气。如,李白号青莲居士,陆游号放翁,秋瑾号鉴湖女侠。另有一类号叫"诨号"、"混名",即通常说的"绰号"、"外号",如梁山好汉"智多星"、"豹子头"、"母夜叉"等等,大都含亲昵、憎恶或开玩笑的意味。

古人在人际交往中,名具有"名以正体"的严肃性,一般用于谦称、卑称。上对下、长对少方可称名;下对上、平辈之间,称字不称名。在一般情况下直呼对方的名是不礼貌的。字具有"字以表德"之意,或以明志趣,或以表行第。因此,对人称呼常用字,字的使用率大大超过名。名人雅士的号则比字更加尊重、响亮。

知识链接:欧阳修与六一居士

北宋著名文学家、史学家欧阳修一生勤奋好学,在六十岁之后还是把读书、琴棋、饮酒看作是日常生活之必需。为此,他还自号六一居士。关于六一居士名号的由来,欧阳修在 63 岁那年写的《六一居士传》中讲得很明白,"吾家藏书一万卷,集录三代以来金石遗文一千卷,有琴一张,有棋一局,而常置酒一壶","以吾一翁,老于此五物之间,是岂不为六一乎?"

(三)谥号、庙号、年号

1.谥号

谥号是古代帝王及官僚死后,据死者生前事迹而加给的称号。帝王的谥号,由礼官拟议经继位皇帝认可;臣下谥号由朝廷赐予。谥号原寓褒贬同情之意。属于表扬的,有文、武、昭、穆等,如"经纬天地曰文"、"威强睿德曰武";属于贬意的有厉、灵、幽、炀等,如"好内远礼曰炀"、"杀戮无辜曰厉"等;属于表同情的有哀、怀、愍、悼等,如"恭仁短折曰哀"、"在国遭忧曰愍"等。谥号在宋以后就有褒无贬了。

朝廷重臣的谥号叫官谥,一般为 1—2 字。文臣的最高谥号是"文正",如司马光、范仲淹谥"文正";武臣的最高谥号是"武宁",如徐达谥"武宁"。刘基谥"文成",其故里浙江文成县因刘基谥号得名。

2.庙号

庙号是帝王死后,其继承者在太庙立室奉祀,并追尊以某祖、某宗的名号。始于商代,明确称谓于汉代。一般是每个朝代的第一个皇帝称"祖",如"高祖"、"太祖"、"世祖";之后的嗣君称"宗",如"太宗"、"高宗"等。庙号都用尊字,如唐武宗,讨伐割据的藩镇,断然灭佛,都与武相当;宋仁宗有些仁政,史载大臣唾沫星子沾脸不怒,故庙号仁宗。

3.年号

年号是皇帝用以纪年而设置的称号。年号始于西汉武帝即位之年的"建元"。新君即位,于次年改用新年号,叫"改元"。一个皇帝在位期间,遇到重大事件如祥瑞灾异等,也常改元,如武则天在位期间,用了 17 个年号。年号一般用两个字,也有用三四个字的,如"中大通"(南朝萧衍)、"天册万岁"(武则天)、"太平兴国"(宋太宗)等。

习惯上,对隋以前的帝王一般称谥号,如汉武帝、隋文帝,因为此间的谥号大都为一个字,最多两个字,使用方便;唐至元的皇帝通常称庙号,如唐太宗、宋太祖,由于此间谥号较长,年号较乱,而用庙号最便利;明、清两代的皇帝除明英宗两次即位当皇帝用了两个年号外,其余的均用一个年号,所以人们常以其年号来称呼当时在位的皇帝,如"永乐皇帝"、"嘉靖皇帝"、"康熙皇帝"、"乾隆皇帝"。

二、避讳

中国古代,人们言谈和书写时遇到君父尊亲的名字要设法回避,用别的词语来代替,这就叫避讳。避讳习俗起于周,成于秦,盛于唐,严于两宋,苛于清代。对帝王及孔子之名,众所共讳,称公讳、君讳或圣讳;此外,人子也不能直言父辈尊亲之名,称家讳或私讳。避讳之法,一般为改字、空字、缺笔、改读等,如因汉高祖刘邦,汉代改《论语》中"何必去父母之邦"为"何必去父母之国";唐太宗李世民,唐代把"观世音"改为"观音";康熙皇帝名玄烨,清代"玄鸟、玄武、玄黄"等"玄"改为"元","玄武门"改为"神武门","玄武大帝"改为"真武大帝";又如《红楼梦》中林黛玉的母亲名敏,因此她读书时,凡遇"敏"字皆念作"密"字,写字遇到"敏"字亦减一二笔。

知识链接:宁波(明州)名称的由来

唐玄宗开元二十六年(738 年)置明州。明州,以境内四明山得名,也称四明。南宋光宗绍熙五年(1194 年)明州为庆元府。元代为庆元路。明朝初,以庆元有庆贺元朝之意改为明州府。明太祖洪武十四年(1381 年)为避国号"明",取"海定则波宁"之义,改称宁波府。其名沿用至今。

三、四时、节气

(一)四时

欧阳修《醉翁亭记》:"风霜高洁,水落而石出者,山间之四时也。"四时即春夏秋冬四季。农历以正月、二月、三月为春季,分别称作孟春、仲春、季春;以四月、五月、六月为夏季,分别称作孟夏、仲夏、季夏;秋季、冬季以此类推。

(二)二十四节气

二十四节气是我国历法独到之处,最早出现于汉代。它表示了地球在轨道上运行的二十四个不同的位置,刻画出一年中气候变化的规律。一年四季共有二十四节气,二十四节气的划定是我国古代天文和气象科学的伟大成就。2000 多年来,它在安排和指导农业生产过程中,发挥了重大的作用。

知识链接:节气歌

"春雨惊春清谷天,夏满芒夏暑相连。秋处露秋寒霜降,冬雪雪冬小大寒。每月两节不变更,最多相差一两天。上半年来六、廿一,下半年是八、廿三。"

有人认为二十四节气从属农历,其实,它是根据阳历划定的。即根据太阳在黄道上的位置,把一年划分为 24 个彼此相等的段落。也就是把黄道分成 24 个等份,每等份各占黄经 15°。由于太阳通过每等份所需的时间几乎相等,二十四节气的公历日期每年大致相同:上半年在 6 日、21 日前后,下半年在 8 日、23 日前后。

四、天干地支

天干和地支合称"干支",分别为序数表达方式。

干支如同树干和树枝的配合,十天干和十二地支循环相配,称为"甲子"或"六十甲子",周而复始,用以纪年,也可以记录日、月。十二地支与十二种动物相配,构成十二生肖(属相)。

序数	1	2	3	4	5	6	7	8	9	10	11	12
天干	甲	乙	丙	丁	戊	己	庚	辛	壬	癸		
地支	子	丑	寅	卯	辰	巳	午	未	申	酉	戌	亥
生肖	鼠	牛	虎	兔	龙	蛇	马	羊	猴	鸡	狗	猪
时辰	23—1	1—3	3—5	5—7	7—9	9—11	11—13	13—15	15—17	17—19	19—21	21—23

以干支纪年萌芽于西汉。东汉时以政府命令的形式在全国通行。黄巾起义口号"岁在甲子，天下大吉"，说明当时民间已普遍流行这种纪年方式。近代史上"甲午战争"、"戊戌变法"、"辛亥革命"等重大事件也是用干支纪年来表示的。

纪年方式除干支纪年外，还有帝号纪年法和年号纪年法，前者如"周平王元年"、"鲁孝公二十七年"，后者如"永乐十八年"、"乾隆四十七年"。

由公元纪年推算干支纪年的方法是：因天干的周期是10，公元的个位数也以10为周期，故只要将公元的个位数加7（如和超过10，取个位），即天干序。如2003年天干是癸。因地支的周期是12，公元数加9的和再除以12，除不尽的余数（如除尽，余数当作12），即地支序。如2003加9除以12余8，2003年地支是未。

知识链接：寅吃卯粮

古代还用地支纪月，一年十二月对应十二地支。以正月为寅月，二月为卯月，依次类推。"寅吃卯粮"的成语出处：清代李宝嘉《官场现形记》第十五回："就是我们总爷也是寅吃卯粮，先缺后空。"意思是这一年吃了下一年的粮，比喻经济困难，入不敷出。现也用来借指超前消费。

五、阴阳五行八卦

阴阳五行是我国古代的一种自然哲学，也是中国古代哲学思维的起点。

"阴阳"原指向日为阳、背日为阴的日照向背，后扩展引申到相互对立、消长的两种现象、事物、联系等（如下表）。另外，古代以奇数为阳数，吉；偶数为阴数，不吉。

阳	日	天	君	男	夫	父	上	刚	动	暖	脏	强
阴	月	地	臣	女	妻	子	下	柔	静	寒	腑	弱

地理地名对阴阳的运用，山与水正相反。山南水北谓之阳，山北水南谓之阴。如：衡阳—衡山南面、江阴—长江南面、华阴—华山北面、洛阳—洛河北面、淮阴—淮河南面。汉阳因汉水改道，今在其南。

古代认为构成万物的基本要素是金、木、水、火、土五种物质，它们同时也代表了事物的五种基本作用、功能、属性和效果，称为"五行"。五行之间互相影响，形成"相生"、"相克"的关系，构成了世界万物的变化发展。

在五行之间存在着相生、相克的联系规律，所谓相生，即相互滋生、促进、助长之意；所谓相克，即相互制约、克服、抑制之意。生克是五行学说用以概括和说明事物联系和发展变化的基本观点。其关系如图：

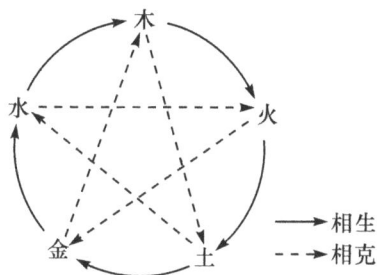

(实线为相生,虚线为相克)

阴阳五行思想通过空间和时间两个方面的渗透,在古代中国逐渐沉积为一种观念和思维习惯,如空间有五方,音乐分五音,色彩有五色,人体有五脏……

五行与五色、五方、五脏、五音相配表

五行	五色	五方	五脏	五音
土	黄	中	脾	宫
金	白	西	肺	商
木	青	东	肝	角
火	红	南	心	徵
水	黑	北	肾	羽

知识链接:北京社稷坛五色土

北京社稷坛在天安门广场的西北侧,与天安门东北侧的太庙相对,一左一右。古代以"社稷"代称国家。按"五行"中五方五色的配置,中央为黄,东方为青,南方为红,西方为白,北方为黑,所以必须用五色土覆盖于坛面,以象征"普天之下莫非王土"和祈求全国风调雨顺、五谷丰登。

八卦是《周易》中的八种符号,象征八种基本自然现象:乾卦象征天,坤卦象征地,震卦象征雷,艮卦象征山,离卦象征火,坎卦象征水,兑卦象征泽,巽卦象征风。

八卦及其符号

六、科举制度

科举制度是中国古代特有的选官制度。它正式开始于隋朝,发展于唐宋,完备于明清,于20世纪初废除,在中国历时1300多年,影响深远。下面以明清科举考试为例,简要介绍其常识。

明清科举:读书人→县试、府试(童生)→院试(生员)→乡试(举人)→会试(贡士)→殿试(进士)

(一)院试

又称郡试,道试,每三年举行两次,是参加过县试、府试后的童生取得生员资格的考试。由朝廷所派的各省学政主考。考中者称为生员,即秀才,才有资格"入泮",即进入府学、州学或县学读书。其中若干名享受口粮补贴,称廪生;超出限额者称增生,补贴待遇次或无。

(二)乡试

每三年一次在各省省城举行的具有秀才身份的人参加的考试,由皇帝任命的"主考"主持,考期在秋天,故称"秋闱"。考取者称"举人",已有做官资格,第一名称"解元"。

(三)会试

每三年一次会集各省举人在京城举行的考试,由礼部主持。考期在乡试的次年三月,故又称"春闱",也称"礼闱"。考中者称"贡士",第一名称"会元"。

(四)殿试

亦称"廷试",是皇帝在殿廷亲自对会试考中的贡士所进行的面试。按成绩分为"三甲"(即三等)。

一甲:三名,为"赐进士及第"。第一名称"状元",第二名称"榜眼",第三名称"探花"。三人同称"三鼎甲"。

二甲:若干名,均为"赐进士出身"。

三甲:若干名,均为"赐同进士出身"。

中进士后,除状元授翰林编撰,榜眼、探花授翰林编修,并选约十分之二优等的入翰林院为庶吉士外,其余任各部主事、内阁中书、御史以及地方知州、知县等官职。

如果某人在乡试、会试、殿试中均考取第一名(即解元、会元、状元),就叫"连中三元"。

知识链接:江南贡院

江南贡院位于南京市夫子庙文化风景区的贡院街附近,始建于南宋乾道四年(1168年),迄今已有800多年历史,是目前中国保持最好的古代科举考场。

最初,江南贡院只供府县学考试之用。明代开国皇帝朱元璋定都南京后,苏皖两省乡试及全国性的会试都在这里举行。江南贡院起初占地不大,后经明清两代不断扩建,鼎盛时期规模十分宏大,有号舍200644间,居全国各贡院之首。

明永乐年间,迁都北京后,江南贡院明清两代仍作乡试考场,与北京顺天贡院并称"南闱"、"北闱"。仅在清一代,共举行科考112科,其中在江南贡院乡试中举,后经殿试考中状元者江苏籍49名、安徽籍9名,共计58名,占全国状元总数的51.78%。明清两代名人唐伯虎、郑板桥、吴敬梓、施耐庵等都出自江南贡院。

七、古代官制述要

秦汉

设丞相(相国)以掌全国政务,太尉(国尉)掌军事,御史大夫掌监察兼秘书,合称"三公"。后改为太尉(又称司马、大将军,主军政)、司徒(主土地、户籍,相当于宰相)、司空(主工程等),又以尚书协助皇帝理政。大将军一度相当于宰相。军职为将军、校尉。地方设郡守(太守),或州牧,县令(一县万户以上)或县长(不足万户)。

魏晋南北朝

设三省:中书省管政务,尚书省主各部,门下省为顾问。将军成为荣称,不一定统兵(如王羲之为右军将军)。地方设州、郡、县三级。

隋唐

中央建立了以"三省六部"为主体结构的中央管制。中书省承皇帝指示决策,由门下省审议,皇帝认可后交尚书省执行,并分吏、户、礼、兵、刑、工六部。三省长官都居相位,后来有宰相实权的加"同中书门下平章事"(平章是商量处理的意思)。六部的长官,副职侍郎,下设各司,每司有郎中、员外郎与主事。

节度使本统领边防军队,后掌握地方财权政权,不少成为割据之藩镇。刺史本为监察郡守而设,唐成为实际上的郡守。开元后,地方增设道,成为道、州、县三级。

宋

宰相名称多变,如初期称同中书门下平章事,后又称左、右仆射,或太宰、少宰,或左、右丞相,副相为参知政事,军政归枢密院使。财政归三司使,三司是盐铁、度量(量入为出)、户部。因地方有路、州、县三级,路设安抚使主军政,或转运使主财政、监司,州设刺史。又派京官到各州、县,任知州(副职为通判,通判并有监察职能)、知县,成为实际上的州、县长官。

元

中书令为政务中枢长官,其次左右丞相,再次平章政事。枢密院使仍主军政。地方设行省,省以下设道、路、府、州、县等。

明

明初撤销中书省,废除丞相制度。永乐正式设内阁,入内阁者人称阁老,参与机要,官位不高。首辅的地位相当宰相。六部尚书正二品,直接对皇帝负责。皇帝有锦衣卫、东厂、西厂等特务机构。左右都御史掌监察。大理寺复审案件。

省级以布政使(藩台、方伯)管行政、民政,都指挥使管军政,按察使(臬台)掌管刑狱与官吏考核,合称"三司使"。中期以后常派大臣为总督(管一二省)、提督、巡抚,分别驾于三司使之上。省以下知府、知州、知县成为正式官名。

清

初期大致袭明。自雍正以后,设军机处,有军机大臣、军机章京若干人,协助皇帝处理机要事务,权力很大。内阁大学士正一品,办工处中书居东西两房,大学士居中,故人称中堂。

地方行政有的设总督(制台,管一二行政、民政、军政,两江总督管三省),有的设巡抚(抚台,管一省行政、民政),也有的督、抚都有,抚比督官低半级而职并行。督、抚成为以军职兼理民政和刑狱的定职(号称"封疆大吏"),布政使、按察使成为督、抚属官。道员(道台)成为省以下、府与直隶州以上的行政长官。

八、中国国名及有关省市名称的由来

（一）中国国名

"中国"一词,最早见于西周初,春秋已普遍使用。西周初,"中国"仅指中心区的国,即周天子的直属区和诸侯中的晋、郑、宋、鲁等国。秦始皇统一天下,所有的郡县都属"中国"。

明朝后期开始,来华的西方人大都用"中国"或"中华"而很少称明朝或清朝。清朝在对外交往或正式条约中,也自称"中国"。中国的疆域,历朝广阔不一,初定于康熙、雍正、乾隆三代。1912年,中华民国建立,仍简称中国。1949年新中国建立以来,中华人民共和国也简称中国。

（二）现行直辖市名称

北京:京是都城,历代称北京的有多处,今北京乃1403年明成祖朱棣宣布迁都于此而得名。中国历史上北京称为"北平"仅明初和民国定都南京的两段时间。

天津:燕王朱棣南下"靖难"时,在此起兵渡河,登基后于1404年称该"天子之渡津"为天津。

上海:宋代松江(今吴淞江)下游之南有支流上海浦,浦之西岸船多泊之,成上海镇。1292年元政府建上海县。

重庆:重庆历史上曾有过巴州、楚州、渝州、恭州之名。1189年,宋孝宗禅位给太子赵惇,为宋光宗。赵惇被封恭王,同年又继皇帝位,宋光宗为纪念这一双重喜事,改恭州为重庆。

（三）现行省、自治区名称

河北、河南之"河"乃黄河。山东、山西之"山"为太行山。湖南、湖北之"湖"乃洞庭湖。陕西因旧时位于陕原(今河南陕县一带)以西而得名。青海省因境内有青海湖得名。辽宁有辽河,取永久安宁之意而得名。黑龙江在清代因有黑龙江而得名。浙江因境内有钱塘江旧称浙江而得名。台湾、海南则由岛名而得名。此外,云南省因位于云岭之南,内蒙古因位于大漠以南之蒙古,西藏为藏族所居并位于中国西(南)陲而得名。

福建由福州、建州(今建瓯),甘肃由甘州(今张掖)、肃州(今酒泉),江苏由江宁(今南京)、苏州,安徽由安庆、徽州(今歙县)各分别取二首字得省名。吉林省则因清代境内建有吉林城而得名。贵州原有矩州(今贵阳),因方言读音误写为贵州而得名。

明朝由原设置的广南东路、广南西路,分别简化为广东、广西两省名。江西、四川分别由唐代设置的江南西道和北宋设置的川峡四路简化而来。宁夏则是取西夏故地安宁之意。新疆虽在汉代时设都护府,但对清朝而言则是新辟疆域,清光绪十年(1884)置新疆省。

【学生讲坛】

1.乾隆时,庋藏《四库全书》的七大藏书阁(北京故宫文渊阁、圆明园文源阁、避暑山庄文津阁、沈阳故宫文溯阁、镇江金山寺文宗阁、扬州文汇阁和杭州文澜阁)都用黑瓦,同时名称中间均为"氵"字旁(文宗阁除外)。请用"五行"观念说说如此命名的原因。

2.通过网络学习,讲讲元代科举中的民族歧视政策。

【技能训练】

[训练项目]介绍家乡的主要历史名人及其突出成就。

[实训目标]

1.能够利用网络、书刊资料等途径收集整理当地历史名人相关资料。

2.学会导游工作中历史名人的讲解技巧。

[实训内容和方法]

1.按生源所在地组合成 5—8 人的协作团队。

2.通过网络、书刊等,收集生源所在地主要历史名人资料。撰写历史名人解说词,要求突出其官阶及主要成就,并将其中的官职与现今官职进行比较。

3.小组交流,每位小组成员至少介绍一位历史名人。

★学习资源

1.蔡宗德,李文芬编著.中国历史文化.北京:旅游教育出版社,1998

2.姚延申编著.点击历史常识.北京:旅游教育出版社,2005

3.华夏历史网 http://www.hxlsw.com

4.中国历史网 http://www.zhls.org

5.中国古代科技馆 http://www.kepu.net.cn

项目二　多姿多彩的山水文化

【学习目标】

● 知识目标

1.熟悉主要地貌景观、水体景观的成因及特征。

2.掌握我国著名的地貌景观、水体景观特点及旅游审美内涵。

3.了解人对自然山水的解读。

● 能力目标

1.认知山水旅游景观的科学内涵。

2.能运用所学知识鉴赏山水美。

3.能激发旅游者热爱祖国大好河山的情感。

【专项旅游线路推荐】

黄山、千岛湖奇山秀水之旅

第一天：早上杭州乘车前往黄山风景区，步行或索道上山，至玉屏楼，观迎客松、天都峰，再登黄山第一高峰莲花峰，体会"会当凌绝顶，一览众山小"的成就。下莲花峰经百步云梯、一线天至天海景区，上行至光明顶，一览西海魔幻峡谷的奇特景观。宿：山上

第二天：早观日出，游览西海、排云亭、北海景区，观狮子峰、梦笔生花、笔架峰、姜太公钓鱼等景点。上行至始信峰，观十八罗汉朝南海，体会"真正妙绝，到此方知"的意境。游始信峰后步行下山，观茶道表演，感受徽州茶文化。宿：黄山市区

第三天：乘游船沿新安江顺流而下，"人行明镜中、鸟渡屏风里"。至千岛湖风景区，畅游"天下第一秀水"，感受"千岛碧水画中游"，船上品风味中餐，游温馨岛、猴岛、神龙岛。晚上车回杭州，结束愉快的旅程。

学习任务1　山岳文化

【学习导读】

山岳本属于自然物质世界，然而在传统文化中，山岳却被赋予自然物质意义以外的诸多含义，于是，山岳在人们的观念中便常显示为人文之符号。"仁者乐山"概括了中国人对山岳的基本态度。山岳文化有明显的时代和地域差异，但山岳文化也具有很多共性，如山岳崇

拜、山岳欣赏和山岳科学。

山是风景地貌的骨骼，是风景构成的基本要素。我国是个多山的国家，广义的山地面积占国土总面积的三分之二以上，而且构成山地的岩石类型齐全，在地球内外引力的共同作用下，形成各种类型的山地地貌，其景观千差万别，在旅游活动中发挥着各自的优势和作用。

【知识储备】

一、主要地貌景观的成因及特征

（一）花岗岩地貌

花岗岩属于岩浆岩中的深层侵入岩，岩性坚硬。

花岗岩表层岩石球状风化显著，形成巨大的"石蛋"造型，或浑圆多姿的巨石兀立形态。如海南的南天一柱、普陀山的磐陀石、华山的劈山救母石等。

当花岗岩露出地表并处于强烈上升时，流水沿垂直节理裂隙下切，形成石柱或孤峰，如黄山的妙笔生花。石柱、孤峰丛集成为峰林，如三清山的峰林景观。

花岗岩体中或边缘发育有断裂构造时，由于断裂带岩石破碎，抗风化能力变弱，或由于断裂的抬升，形成悬崖绝壁。如华山的仙掌岩。

流水沿花岗岩体中近于直立的剪切裂隙冲刷下切，形成两壁夹峙的一线天。我国许多花岗岩山岳，都有一线天景观。

著名的花岗岩地貌景观有山东泰山、崂

海南·南天一柱

山，安徽黄山、九华山、天柱山，浙江莫干山、天台山、普陀山，陕西华山、湖南衡山、江西三清山、河南鸡公山、辽宁千山、福建鼓浪屿、海南天涯海角等。

（二）丹霞地貌

丹霞地貌是在巨厚的红色砂砾岩层上，由内外引力作用发育而成的方山、奇峰、赤壁、岩洞等特殊地貌。丹霞地貌最突出的特点是"赤壁丹崖"，丹山与碧水交相辉映。由于 20 世纪 20 年代我国学者以广东省北部丹霞山为基地率先对这类地貌开展科学研究，因而被命名为"丹霞地貌"。

2010 年 8 月，"中国丹霞"入选《世界自然遗产名录》，它们分别是广东丹霞山、福建泰宁、湖南崀山、江西龙虎山（包括龟峰）、浙江江郎山、贵州赤水。此外，著名的丹霞地貌景观还有福建武夷山、安徽齐云山、重庆四面山、浙江方岩等。

江郎山·三爿石

（三）岩溶地貌

岩溶地貌又称喀斯特地貌,因欧洲伊斯的利亚半岛北部喀斯特高原而得名。

岩溶地貌发育在以石灰岩为主的碳酸岩层上,由于水和二氧化碳的作用,使碳酸岩层发生溶蚀形成石林、峰丛、溶洞、漏斗等地貌景观。碳酸盐溶解后生成的物质化学性质不稳定,很容易在空气中分解,释放出水和二氧化碳,还原成碳酸盐沉淀、堆积,形成溶岩瀑布、石灰华阶地、石笋、钟乳石等景观。

岩溶地貌景观分为地表岩溶景观和地下岩溶景观两类,著名的有广西桂林山水、云南路南石林、重庆武隆喀斯特、贵州荔波喀斯特、四川九寨沟和黄龙等。"中国南方喀斯

路南石林

特"由云南石林的剑状、柱状和塔状喀斯特,贵州荔波的森林喀斯特,重庆武隆的以天生桥、地缝、天洞为代表的立体喀斯特共同组成,于2007年6月被列入《世界自然遗产名录》。

知识链接:四川黄龙的石灰华景观

黄龙景区位于四川省西北部高原,以"黄龙四绝":彩池、雪山、峡谷和原始森林闻名于世,享有"人间瑶池"美誉。1992年被联合国教科文组织列入《世界自然遗产名录》。

黄龙景区的石灰华景观位居世界之首。石灰华,又称钙华,属喀斯特地貌,是发育在地表的石灰岩堆积地貌,呈白色或淡黄色。黄龙景区的石灰华景观有三大特征。一是石灰华景观类型齐全;二是当今世界规模最大、保存最完好的石灰华地貌景观;三是石灰华发育的过程完整,具有石灰华的现代形成期、衰退期和蜕化后期三个完整的演替过程景观。景区内巨型的地表钙华坡谷,呈梯田状

黄龙·石灰华彩池

蜿蜒于原始森林和石山冰峰之间,宛若金色"巨龙"腾游天地。

（四）流纹岩地貌

流纹岩属于岩浆岩中的喷出岩,火山喷发出的岩浆、火山灰等在流动冷却过程中,形成流纹状构造,因此得名。在岩体节理和裂隙特别发育的部位,易形成奇峰异洞、峭壁幽谷等丰富奇特的造型地貌。著名的流纹岩地貌景观有浙江雁荡山、神仙居等景区。

知识链接:流纹岩天然博物馆——雁荡山

雁荡山位于浙江省温州市东北部,是典型的流纹岩地貌,涵盖了陆上喷发流纹岩类中不同结构和成因的岩石,被誉为研究考察流纹质火山岩的天然博物馆。2005年被联合国教科

文组织列入世界地质公园。

雁荡山是我国十大名山之一，史称东南第一山，以奇峰、怪石、飞瀑、幽洞、深谷闻名于世。灵峰、灵岩、大龙湫被称为"雁荡风景三绝"。特别是灵峰夜景，灵岩飞渡堪称中国一绝。唐朝僧人贯休有"雁荡经行云漠漠，龙湫宴坐雨濛濛"的名句。号称"天下第一瀑"的大龙湫瀑布，高约197米，是我国单级落差最高的瀑布。

雁荡山·掌峰

（五）石英砂岩峰林地貌

石英砂岩峰林地貌是在夹有薄层砂质页岩的石英砂岩地层中，由于地壳稳定上升，岩石垂直节理发育，经长期风化和重力作用而发生断裂和崩塌，同时充沛的地表流水又对其进行强烈的侵蚀，而形成的密度和规模很大，千姿百态的砂岩石峰。

石英砂岩性质刚硬，反圆化性能强，无论什么造型，始终保留着锋利的轮廓，多以塔柱，排峰等形式出现。湖南武陵源景区，是世界上极为罕见的石英砂岩峰林地貌景观。

知识链接："奇峰三千"的武陵源

武陵源位于湖南省张家界市境内，由张家界世界地质公园和索溪峪、天子山、杨家界三个国家级自然保护区组成。1992年，被联合国教科文组织列入《世界自然遗产名录》。

武陵源以石英砂岩峰林地貌为主要特征。景区内有3000余座尖细的砂岩柱和砂岩峰，大部分都有200余米高。每当雨过天晴或阴雨连绵天气，山谷中生出的云雾缭绕在层峦叠嶂之间，云海时浓时淡，石峰若隐若现，构成了一幅雄、奇、幽、野、秀的天然画卷，有"天下奇峰归武陵"的美誉。

武陵源奇峰

（六）海岸地貌

海岸地貌主要是指海岸地带受波浪、潮汐、海流以及生物等作用而形成的地貌。根据海岸地貌的基本特征，可分为海岸侵蚀地貌和海岸堆积地貌两大类。侵蚀地貌是海岸在波浪、潮流等不断侵蚀下所形成的各种地貌，主要有海蚀洞、海蚀崖、海蚀平台、海蚀柱等。这类地貌又因海岸物质的组成不同，被侵蚀的速度及地貌发育的程度也有差异。堆积地貌是近岸物质在波浪、潮流和风的搬运下，沉积形成的各种地貌。著名的海岸地貌景观有台湾野柳、大连滨海、台州大鹿岛等。

知识链接:*海浪雕塑的野柳*

野柳地质公园位于台湾台北县万里乡,是一突出海面的狭长岬角,长约1700米,远望如一只海龟蹒跚离岸,昂首拱背而游,因此也有人称之为野柳龟。受造山运动的影响,深埋海底的沉积岩上升至海面,不同硬度的岩层在海蚀、风蚀等的作用下,形成蜂窝岩、豆腐岩、蕈状岩、姜状岩、风化窗等世界级的岩层景观,造就了千奇百怪的瑰丽景象,成为台湾最负盛名的地质公园。其中一块蕈状岩酷似女王头部,称为"女王头",是野柳地质公园的镇园之宝。

女王头

(七)雅丹地貌

"雅丹",维吾尔语原意为"陡壁的小丘"。9世纪末至20世纪初,瑞典人斯文赫定和英国人斯坦因赴罗布泊地区考察,在撰文中采用了这个词汇,于是"雅丹"一词就成了世界上地理学的通用术语,专指干燥地区一种风蚀地貌。雅丹地貌通常发育在干旱地区的湖积平原上,由于湖水干涸,黏性土因干缩裂开,盛行风沿裂隙不断吹蚀,裂隙逐渐扩大,使原来平坦的地面演变成许多不规则,具有顺盛行风向平行延伸的风蚀土墩和风蚀凹地(沟槽)的奇特地貌。

这种地质现象在新疆罗布泊东北发育很典型。新疆地域辽阔,四周环山,在南北两边都有较大的山口。大西洋和北冰洋的冷空气流经山口进入新疆北部,然后绕过天山东段,进入塔里木盆地,在沿途各地造成长时间的区域大风。风力是塑造雅丹地貌的最主要地质引力。著名的雅丹地貌景观有新疆克拉玛依乌尔禾风城、罗布泊白龙堆雅丹、罗布泊三垅沙雅丹等。

乌尔禾风城

(八)黄土地貌

黄土地貌是黄土堆积过程中遭受强烈侵蚀的产物。黄土具有多孔隙、垂直节理发育、透水性强、富含碳酸钙、易塌陷等特点。在流水作用、重力崩塌作用和风力吹蚀作用下,形成沟深、坡陡、沟壑纵横、地面支离破碎的黄土地貌景观。塬、墚、峁、陷穴、沟谷等黄土地貌景观均有较强观赏性。黄土塬是地面较平坦、沟谷不甚发育的大面积的原始黄土地貌;黄土墚是长条形的黄土高地,宽约数百米,长可达数公里;黄土峁是一种孤立的黄土丘,若干峁连接起来形成和缓起伏的墚峁,统称为黄土丘陵;黄土陷穴是由地表水下渗潜蚀作用形成,可深达 10—20 米,有的还呈串珠状分布;黄土沟谷的发育,使黄土地面被切割得支离破碎。

我国黄土分布主要集中在黄河中下游的陕西北部、甘肃中部和东部、宁夏南部、山西西部一带,即著名的黄土高原区域。黄土疏松、土层深厚、矿物质丰富,有利于耕作,盆地和河谷农垦历史悠久,是中国古代文化的摇篮。但由于缺乏植被保护,加上夏雨集中,且多暴雨,在长期流水侵蚀下,地面被切割得非常破碎。名震天下的陕西岐山县五丈原为典型的黄土堆景观。

黄土峁

知识链接:黄土高原的黄土从哪里来?

中国科学院黄土与第四纪地质国家重点试验室的科技人员,经多年研究,认为黄土高原的黄土主要是 250 万年以来逐渐“从天而降”,其形成过程是西来尘暴和东来湿气在黄土高原上空相遇交锋,以高空泥拦水、水截泥而自动附落形成的黄土沉积。这一研究成果通过对黄土性质、组成结构及形成过程的分析,揭示了自然环境演变的历史。

二、山岳景观举要

(一)五岳之首的泰山

东岳泰山位于山东省中部泰山市境内,古称“岱山”、“岱宗”,春秋时改称“泰山”。泰山之称最早见于《诗经》,“泰”意为极大、通畅、安宁。泰山主要为片麻岩和花岗岩组成的山体,主峰玉皇顶海拔 1532.7 米。

泰山同衡山、恒山、华山、嵩山合称五岳,因地处东部,故称东岳,以雄伟著称。依五行学说,东方属木,古人认为是万物交替、初春发生之地。因此,东方就成了生命之源,希望和吉祥的象征。受命于天的“天子”更把泰山看成是国家统一、权力的象征。历代诸多帝王为答谢天帝的“授命”之恩,也必到泰山封禅祭祀,使得泰山享有“五岳独尊”、“五岳之首”的盛誉。人们在尊崇泰山的同时,还把它当作辟邪祛灾的神祇,民间常见刻有“泰山石可当”的碑碣。

泰山是优美的自然风光和人文景观巧妙融合的风景名胜区,既有旭日东升、晚霞夕照、黄河金带、云海玉盘四大自然名景,又有众多人文奇观,以岱庙、石刻最具代表性。

岱庙,旧称“东岳庙”,又叫泰庙,主祀“东岳泰山之神”,也是古代帝王来泰山封禅告祭时居住和举行大典的地方。泰山岱庙与北京故宫、山东曲阜三孔、河北承德避暑山庄并称我国四大古建筑群。

泰山石刻可以说是中国文化史中的一枝奇葩。它不仅仅是中国书法艺术品的一座宝库,而且是中华民族的文化珍品。历代帝王到泰山祭天告地,儒家释道传教授经,文化名士登攀览胜,留下了琳琅满目的碑碣、摩崖石刻、楹联,泰山摩崖石刻是各名山之最。

1987 年 12 月,泰山以自然和文化双重遗产被列入《世界遗产名录》。

知识链接:封禅大典

帝王亲登泰山顶,筑坛祭天称为"封";再到附近的梁甫山设坛祭地称为"禅"。帝王通过这些活动祭祀天地之神,以求得统治地位的巩固。《史记·封禅书》详细记载了秦始皇泰山封禅的经过,汉武帝曾先后 7 次赴泰山封禅。封禅成了历代封建王朝十分重视的一项政治活动。历代帝王登山封禅去的都是泰山,惟独武则天独树一帜,登山封禅不封泰山而封嵩山。

(二)倚天拔地的华山

西岳华山位于陕西省华阴市境内,为花岗岩山体,由中(玉女)、东(朝阳)、西(莲花)、南(落雁)、北(五云)五个山峰组成。南峰海拔 2154.9 米,是华山最高主峰,也是五岳最高峰。五峰环耸,犹如一朵盛开的莲花,古时候"华"与"花"通用,故名华山。

华山壁立千仞,群峰挺秀,以险峻著称,自古以来就有"华山天下险"、"奇险天下第一山"等说法。唐时,在北坡沿溪谷而上开凿一条险道,形成"自古华山一条路"。

"千尺幢"的石阶宽仅容身,被称为太华咽喉,为登华山第一道险关。百尺峡是登华山第二道险关,两壁高耸,中间夹有一块从天而降的巨石,上刻"惊心石"三个大字。老君犁沟是第三道险关,这是夹在陡峭石壁之间的一条沟状险道,深不可测,有石阶 570 余级。传说太上老君见此处无路可通,就牵来青牛一夜间犁成这条山沟,在沟的尽头是被称为"猢狲愁"的陡壁。

此外,华山还有"崖路仅容趾,行则崖擦耳"的"擦耳崖"。苍龙岭在华山腰,坡度极为陡峭,路径宽仅一米,两旁为深谷。在山岩上摩刻"韩愈投书处"五字。传说唐代文学家韩愈游至此,为险境惊骇,以为不能生还,而投书求救。

华山的名胜古迹也很多,华山脚下西岳庙是历代帝王祭祀华山神的庙宇,创建于西汉,至今保存着明、清以来的古建筑群。因其形制与北京故宫相似,有"陕西故宫"之称。

(三)荟萃众美的黄山

黄山位于安徽省南部黄山市境内,秦时称黟山,唐天宝六年(747 年)改称"黄山"。相传因轩辕黄帝在此修身炼丹而得名。黄山主要为花岗岩山体,莲花峰、光明顶、天都峰为黄山三大主峰,海拔都在 1800 米以上,其中莲花峰最高,海拔 1864.8 米。

黄山集名山之长,兼有泰山之雄伟,华山之险峻,衡山之烟云,庐山之飞瀑,雁荡山之巧石,峨眉山之清凉,尤以奇松、怪石、云海、温泉"四绝"著称于世,其中最负盛名的是黄山松。黄山松多生长于岩石缝隙中,盘根错节,形态各异,显示出极强的生命力,已命名的多达近百株,其中迎客松已成为黄山的标志。

明代旅行家、地理学家徐霞客两游黄山,赞叹道:"登黄山天下无山,观止矣!"又留下"五岳归来不看山,黄山归来不看岳"的美誉。1990 年 12 月,黄山以自然和文化双重遗产入选《世界遗产名录》。

知识链接:黄山云海

黄山云海一绝在其云量之大,二绝在云雾变换之快,三绝在云日之多。形成黄山如此绝伦的云海景观的因素主要是:(1)黄山地处长江中下游平原西南,东临钱塘江口,来自太平洋的暖湿气流可以直达黄山;(2)黄山峰峦高耸,暖湿气流受阻,沿坡上升与冷空气发生激烈对流,水分遇冷凝结,成云致雨;(3)黄山及其周边地区多湖、多泉瀑,山上植被茂密,可以涵蓄大量降水,同时水面的蒸发、植被的蒸腾又给当地大气提供了大量的水汽补给。

(四)临江倚湖的庐山

庐山位于江西省九江市境内,又称匡山、匡庐。相传周朝匡氏七兄弟上山修道,结庐为舍,故名"庐山"。它地处长江边,鄱阳湖畔,属地垒式断块山。主峰大汉阳峰,海拔1473.4米。

庐山集风景名山、教育名山、文化名山、宗教名山、政治名山于一身,素有"匡庐奇秀甲天下"之美誉。这里常年被云雾所遮掩,每年雾日平均达190天,夏季凉爽宜人。清光绪以来庐山与浙江莫干山、河南鸡公山、河北北戴河并称为中国四大避暑胜地。庐山以瀑布名闻天下,尤以三叠泉瀑布著称。含鄱口,山势险峻,形似一天然豁口,口对远处的鄱阳湖,尽览湖天奇景。五老峰,五峰并列,如五老者相聚。香炉峰,瀑布高挂,李白在此写下:"日照香炉生紫烟,遥看瀑布挂前川。飞流直下三千尺,疑是银河落九天。"花径是白居易咏桃花之处,奇在"人间四月芳菲尽,山寺桃花始盛开"。白鹿洞书院居中国古代四大书院之首,朱熹在这里建立了严格的书院规章制度,成为中国古代教育的准则。东林寺是佛教净土宗的发源地,东晋名僧慧远在此活动了36年,使庐山成为佛教胜地。现存自1895年以来兴建的别墅600余幢,分属16个国家的建筑风格,堪称"万国建筑博物馆"。

1996年12月,庐山以文化景观遗产入选《世界遗产名录》。

(五)碧水丹山的武夷山

武夷山位于福建省武夷山市西北部,属典型的丹霞地貌,素有"碧水丹山"、"奇秀甲东南"之美誉。黄冈山是武夷山主峰,位于福建、江西两省交界处,海拔2158米。武夷山命名有不同说法,其中《武夷山志》记载:彭祖隐居此地。其有二子:一名武,一名夷,同居于此,武夷山因此而得名。

曲折萦回的九曲溪贯穿于丹崖群峰之间,如玉带串珍珠,将36峰、99岩连为一体,人称"三三秀水清如玉,六六奇峰翠插天"。武夷山良好的生态环境和得天独厚的地理位置使其成为许多动植物的"天然避难所"。1987年,武夷山被联合国教科文组织列入世界生物圈保护区内。

大自然赐予了武夷山独特和优越的自然环境,吸引了历代高人雅士、文臣武将,留下众多的文化遗存。有高悬崖壁数千年不朽的架壑船棺,有朱熹、游酢等鸿儒大雅的书院遗址,有堪称为中国古书法艺术宝库的历代摩崖石刻,有僧道的宫观寺庙及遗址。武夷岩茶,名扬海外,有"岩骨花香"之称,香、味两绝。"大红袍"、"武夷肉桂"、"武夷水仙"属佼佼者。

1999年,武夷山以自然与文化双重遗产被列入《世界遗产名录》。

安葬船棺的洞穴

知识链接:架壑船棺

"架壑船棺"是古时候聚居在武夷山一带古越族葬俗的遗物——一种形制奇特的棺枢。

船棺外形分两类：一类为两头翘起如船形；一类方形状如盒，俗称"函"。棺群始于夏末，历商周。它们因停放在离地面几十米，甚至上百米的峭壁上，加之旷日持久，风吹日晒，仍不朽不烂。在三千多年前生产力十分低下的情况下，武夷山的先民们是怎样把一具具船棺吊上悬崖绝壁间的洞穴里进行安葬的，至今仍然是个谜。

（六）清凉佛国的五台山

五台山有"清凉山"之美称，位于山西省五台县，由一系列大山和高峰组成，其中五座环抱高峰，峰顶平坦宽阔，"有如垒土之台"，故名五台山。五台山与四川峨眉山、浙江普陀山、安徽九华山并称为中国佛教四大名山，因其是文殊菩萨的道场，故在信徒心目中的地位最高。五台山是我国唯一兼有汉地佛教和藏传佛教寺院的佛教圣地，无论是在佛教历史方面，还是在佛寺规模方面，都是中国佛教的第一中心。著名的建筑有南禅寺、佛光寺、显通寺、菩萨顶寺、大白塔等。其中南禅寺内大佛殿是中国现存最早的唐代木结构建筑；显通寺始建于东汉永平年间，略晚于白马寺数年，所以有人把它列为中国的第二座古寺，是五台山历史最悠久、最负盛名的寺院；大白塔是五台山的标志性建筑。

2009年6月，五台山以文化景观遗产入选《世界遗产名录》。

（七）海天佛国的普陀山

普陀山位于浙江舟山群岛东南部海域，是观音菩萨道场，素有"海天佛国"、"南海圣境"之誉。

普陀山旧称梅岑，因西汉道士梅岑在此炼丹而得名。916年，日本高僧慧锷第三次来中国求法，从五台山请得一尊观音佛像回国，途经舟山莲花洋，因遇风浪受阻而登梅岑岛，留圣象于观音洞侧供奉，从此正式开辟佛教道场。梅岑遂依佛经改称"普陀洛迦"，其意为观音居住的地方。明万历三十三年（1605年），将宋代的"宝陀观音寺"敕为"护国永寿普陀禅寺"（今普济寺），人们便将此地正式命名为普陀山。

普陀山的自然景观是岛、海、山、树、石之景兼而有之，有人把它与杭州西湖作对比："以山而兼湖之胜，则推西湖；以山而兼海之胜，当推普陀。"普济寺、法雨寺、慧济寺是普陀山的三大寺，南海观音铜像为普陀山的标志性建筑。

（八）秀甲天下的峨眉山

峨眉山位于四川省乐山市境内，是著名的佛教名山和旅游胜地，有"峨眉天下秀"之美誉。峨眉山主峰海拔3079.3米，高出五岳，秀甲天下。其山势雄伟，角色秀丽，气象万千，素有"一山有四季，十里不同天"之誉。峨眉山为普贤菩萨道场，唐宋以后成为佛教名山。山上最大的寺院是始建于晋代的万年寺（普贤寺），山下最大的寺院则是始建于唐代的报国寺。此外，著名的佛教建筑还有普光殿、伏虎寺、清音阁、洗象池等。日出、云海、佛光、圣灯是峨眉山的"四大奇观"。

1996年，峨眉山—乐山大佛以自然和文化景观双重遗产入选《世界遗产名录》。

知识链接：峨眉佛光

佛光是大气中光通过折射、衍射，在太阳相对方向处的云层或雾层上围绕人影的彩色光环。佛光出现的条件为：太阳的高度不大；观测者的前方要有云雾，天空晴朗无风，云雾层稳定；太阳、观测者与云雾层排列在一条直线上，观测者位于中间。

佛光出现的次数、光环美丽的程度,因云雾日的多少、空气湿度的大小以及大气的稳定程度而不同。"峨眉佛光"之所以著名,是由于峨眉山云雾天数多、空气湿度高、风速小,因此佛光现象出现的次数最多,色彩也最鲜艳。最佳观景点在金顶的舍身崖。

佛光

（九）山峦清秀的武当山

武当山位于湖北省均县境内,是道教著名的七十二福地之一,"山峦清秀,风景幽奇",历代许多著名的道教名家都选择在武当山修炼,同时它也是举世闻名的武当拳的发祥地。

武当山的建筑始于唐代,大兴土木则是在明永乐年间。明成祖朱棣亲自主持修建,动用数十万民工,历时12年,建成了九宫、九观、三十六庵堂、七十二岩庙的大规模道教建筑群。现仍基本保持明初形成的建筑体系,建筑规模之大、规制之高,构造之严谨、装饰之精美,在我国道教建筑中是绝无仅有的。天柱峰顶端的金殿,建于明永乐十年(1412年),全部构件用铜铸成,是武当山最突出、最有代表性的道教建筑,也是我国现存最大的铜建筑。

武当山·金殿

1994年,武当山古建筑群以文化遗产入选《世界遗产名录》。

（十）状若龙虎的龙虎山

龙虎山位于江西省贵溪市西南部,相传东汉时道教创始人张道陵来此炼丹修道,有青龙、白虎镇守丹炉,后龙、虎相斗,化作两座大山,故名。据道教典籍记载,张道陵第四代孙张盛赴龙虎山定居,此后张天师后裔世居龙虎山,至今承袭63代,历经1900多年,备受历代帝王推崇,三十六代天师曾被元世祖忽必烈官封一品,所以天师府被称为"龙虎山中宰相家"。明代朱元璋则更对道教恩宠有加,甚至以仅次于孔子的礼遇对待张天师,而

龙虎山

龙虎山天师府的建筑规模是全国所有私家府第中唯一可与孔府相媲美的,故又有"北孔(孔夫子)南张(张天师)"之称。

龙虎山属丹霞地貌,是道教正一道发源地,还有百余座春秋战国以来的崖墓,文物资源丰富。"山水、崖墓、道教"为龙虎山三大特色。2007年,龙虎山被评为世界地质公园。2010

年,龙虎山作为"中国丹霞"组合之一,入选《世界自然遗产名录》。

(十一)雄险奇秀的三清山

三清山位于江西省上饶市境内,因山有三峰,名为玉京、玉华、玉虚,如三清(即玉清、上清、太清)列坐其巅,故名。三清山为花岗岩山体,主峰玉京峰海拔 1819.9 米。

三清山南北狭长,约 56 平方公里,由于长期地貌变化,形成了三清山别具一格的奇峰怪石、急流飞瀑、峡谷幽云等雄伟景观。"巨蟒出山"、"司春女神"、"观音听琵琶"是三清山的三大奇观。其中,"巨蟒出山"是其标志性景观,相对高度 128 米,由风化和重力崩解作用而形成的巨型花岗岩石柱,形似一硕大蟒蛇破山而出,直欲腾空而去。

三清山还是一座具有 1600 余年历史的道教名山,历代宫观建筑与雄险奇秀的自然景观融为一体,异彩纷呈,钟灵毓秀,故有"天下第一仙峰,世上无双福地"之誉。

2008 年 7 月,三清山以自然遗产入选《世界遗产名录》。

(十二)玉带绕碧峰的桂林山水

桂林,位于广西东北部,地处漓江西岸。桂林地区属岩溶地貌,独特的地貌与景象万千的漓江及其周围美丽迷人的田园风光融为一体,形成了独具一格、驰名中外的"桂林山水",并有了"桂林山水甲天下"的美誉。簪山、带水、幽

巨蟒出山

洞、奇石,历来被誉为桂林风景的四绝,其山水洞石浑然一体的景象组合,举世无双。烟雨、光影、植物、动物、田园、村舍、名园、古迹,则被称为桂林风景的八胜。

从桂林到阳朔 83 公里的漓江两岸,酷似一条青罗带,蜿蜒于万点奇峰之间,沿江风光旖旎,碧水萦回,奇峰罗列,深潭、喷泉、飞瀑参差,构成一幅绚丽多彩的画卷,人称"百里漓江、百里画廊"。唐朝诗人韩愈的"江作青罗带,山如碧玉簪"的诗句,是桂林山水的最佳写照。

【学生讲坛】

1.谈谈丹霞地貌景观、喀斯特地貌景观、雅丹地貌景观的欣赏。

2.峨眉山除了神秘的"佛光"之外,还有著名的"圣灯"景观,请说说这一景观的成因。

3.在五岳中,泰山既不是最高的,也不是最险、最美的,说说为什么泰山仍被尊为五岳之首?

【技能训练】

[训练项目]山岳景观导游讲解技巧。

[实训目标]

1.能够讲解山岳景观的科学成因。

2.能够赏析山岳景观的美学特色。

[实训内容和方法]

1.按生源所在地组合成 5—8 人的协作团队。

2.通过网络、图书资料,收集当地代表性山岳景观的图文资料。

3.分析其地理成因并赏析审美特色。

4.任选其中一个山岳景观创作一篇导游词。

5.小组选派代表在班上交流,介绍该山岳景观。

学习任务 2　水域文化

【学习导读】

水与文化有不解之缘,纵观世界文化源流,尼罗河孕育了灿烂的古埃及文明,幼发拉底河影响了巴比伦王国的盛衰兴亡,地中海沿岸是古希腊文化的摇篮,流淌在东方的两条大河——黄河与长江,则滋润了蕴藉深厚的中原文化和绚烂多姿的楚文化。"智者乐水",既反映了先哲对"水"的认知,又破译出"水"所蕴藏的无尽的文化内涵。

我国水域面积广阔,构成水体旅游资源的海滨、河流、湖泊、瀑布、涌泉等水体类型齐全、内涵丰富,是旅游资源中一道亮丽的风景。

【知识储备】

一、主要水体景观成因及特征

(一)温泉的成因及地理分布规律

地下水的天然露头称泉。按泉水的温度将其分为冷泉(<25℃)、微温泉(25℃～33℃)、温泉(34℃～37℃)、热泉(38℃～42℃)、高热泉(43℃～99℃)、沸泉(>100℃)等类型。热泉和高热泉常被称为"汤"。温泉形成的原因一般有两种:

一种是埋藏较深的地下水,受地热作用而升温。这种温泉的水温取决于地下含水地层的深度。在温带地区地壳常温层通常在地下 30 米处。在常温层以下,深度每增加 100 米,地温升高 3℃。这种温泉的分布主要取决于地下一定深度上有无含水层。因此,其分布的规律性不明显。我国内陆的温泉多属于此种类型。比较著名的有黄山温泉、华清池温泉、北京小汤山等。

另一种是受岩浆作用的地下水,这种温泉分布在地壳活动地带,即地壳板块的边缘地带,多与火山群或地热分布区相伴生,在世界陆地上集中分布在纵横两条地带上。纵向带为环太平洋带,著名的有东北的长白山温泉群、内蒙古阿尔山温泉以及福建、台湾沿海地区的温泉。横向带西起阿尔卑斯山系,经喜马拉雅山系横断山脉,一直延伸到东南亚。我国境内集中分布在西藏的狮泉河——雅鲁藏布江大断裂带和云南的腾冲地区。这种温泉的水温普遍较高,多在 70℃～80℃,有些甚至超过 100℃,以蒸汽的形式喷出。

知识链接:天下第一泉

历史上有"天下第一泉"之称的四大名泉是:镇江中冷泉(唐·刘伯刍命名)、庐山的谷帘泉(唐·陆羽命名)、北京玉泉(清·乾隆命名)、趵突泉(清·乾隆命名)。此外,无锡惠山泉、杭州虎跑泉、苏州观音泉也都在名泉之列。济南有七十二泉,"家家泉水,户户垂杨",有"泉城"之誉。

（二）湖泊的成因及典型代表

湖泊是大陆上天然洼地蓄水而成的水体。按照湖泊的形成原因,可分成以下几类:

1.构造湖:由地质构造运动所产生的地壳断陷、凹陷和沉陷等所产生的构造湖盆,经贮水而形成的湖泊。构造湖一般具有十分鲜明的形态特征,即湖岸陡峭且沿构造线发育,湖水一般都很深,如云南滇池、洱海,台湾日月潭。

2.火山口湖:由火山喷火口休眠以后积水而成。其形状是圆形或椭圆形,湖岸陡峭,湖水深不可测,如白头山天池深达373米,为我国第一深水湖泊。

3.堰塞湖:由火山喷出的岩浆、地震引起的山崩和冰川与泥石流引起的滑坡体等壅塞河床,截断水流出口,其上部河段积水而成的湖泊。黑龙江镜泊湖是我国最大的火山熔岩堰塞湖。

4.岩溶湖:也叫喀斯特湖,主要是由石灰岩地区的溶蚀洼地积水而成的湖泊,一般湖底有地下水与之相通,如贵州省威宁县的草海。

5.冰川湖:由冰川的刨蚀或冰碛作用形成的凹地积水而成的湖泊,如博格达山北坡的新疆天池。

6.河成湖:由于河流摆动和改道而形成的湖泊。它又可分为三类:一是由于河流摆动,其天然堤堵塞支流潴水成湖,如鄱阳湖、洞庭湖、洪泽湖。二是由于河流本身被外来泥沙壅塞,水流宣泄不畅,潴水成湖,如苏鲁边界的南四湖(微山湖、昭阳湖、独山湖、南阳湖)。三是河流截湾取直后废弃的河段形成牛轭湖,如内蒙古的乌梁素海。

7.海成湖(潟湖):由于泥沙沉积而将海湾与海洋分隔开,形成湖泊,通常称为潟湖,如宁波的东钱湖、杭州的西湖。

8.风成湖:因沙漠中沙丘间的洼地低于潜水面,经其四周沙丘渗流汇集而成的湖泊,如敦煌附近的月牙湖。

9.人工湖:即水库,在水利工程上它又属于“蓄水”设施。

（三）瀑布的成因及典型代表

瀑布是从河床纵断面断裂处或悬崖上倾泻而下的水流。在水景中,瀑布属于声、形、色并茂的动态景观。瀑布的成因归纳起来大致有以下几种类型:

1.在软硬岩层交互出现的河床中,由于岩石对流水侵蚀的抗蚀力的不同,在软硬岩石交界处,水流的差别侵蚀形成河床纵剖面上的岩坎,这是河流瀑布形成的主要原因,如黄果树瀑布。

2.由于断层的不均衡升降运动,造成河床纵坡面的天然不连续所形成的瀑布。这是山地瀑布形成的普遍原因。这种瀑布又由于河流所处位置的不同,分为地上瀑和地下瀑两种。地上瀑,如庐山、黄山、雁荡山的瀑布。地下瀑只形成在石灰岩分布区,为地下暗河水的跌落,如贵州龙宫瀑布、浙江金华冰壶洞瀑布。

3.由于火山的喷发物、漫溢的熔岩流、地震崩塌物或泥石流等阻塞河道,形成天然“堤坝”,使上游河水水位提高,从天然“堤坝”溢出,形成瀑布,如黑龙江镜泊湖的吊水楼瀑布。

4.在第四纪冰川分布区,由于冰川运动对地表不均衡的刨蚀作用,造成沿途地表起伏跌宕,后来河流沿冰川谷地发育,在起伏悬殊的岩坎地带形成瀑布,如跨美国、加拿大两国的尼亚加拉瀑布。

（四）地表水景自然色彩的成因

水本身无色，自然界丰富的水色是由于它自身的物理性质、所在的地理环境以及水生植物和水中所含泥沙与矿物结晶体的颜色等诸多原因造成的。

纯净的水体对阳光的光波具有吸收和散射的物理作用。其对光波吸收的强度与光波的长度成正比，散射的强度与光波的长度成反比。自然水体所呈现的色彩与其水深密切相关。当水体很浅，不足以体现它的吸收与散射作用时，水是无色的透明体。当阳光射入较深的水体时，三原色中的红色光波首先被全部吸收。此时水色表现的是水体对剩余的两原色黄、蓝光波所构成的绿色系光波散射的结果，绿色的深浅度视水深由浅向深变化。这个变化的过程就是黄色的光波被逐渐吸收、削弱的过程。当黄色的光波也被全部吸收后，水体散射的就只有蓝色的光波了。

纯净水面还具有一种独特的物理性质，就是像镜子一样，对周围物体的成像作用，倒映出影像的色彩。这种色彩的体现与观景的角度密切相关，只有在你能看到水中的倒影时才能看到。

红海的颜色是密布海面的浮游藻类颜色，河流的色彩则是其所携带的泥沙的颜色。

知识链接：九寨沟水色成因

九寨沟位于四川省阿坝州南坪县境内，得名于沟内有九个藏族村寨，以雪峰、湖泊群、林莽、瀑布群、钙华滩流为特色，有"童话世界"之誉。1992年，九寨沟以自然遗产入选《世界遗产名录》。

九寨沟水下沉积大量含有钙、镁、铜等金属离子的多钟钙化矿物质，水中还生长多种藻类和苔藓，加之阳光和云层的折射和散射，使绿、蓝、紫等波长较短的光更易于散射，在这些化学、生物和物理现象的综合作用下，九寨沟的水往往呈现出蓝、绿色为主的缤纷色彩。

九寨沟的五花海有"九寨沟一绝"和"九寨精华"之誉，池水含有各种碳酸钙质，在阳光照射下，呈现出墨绿、水蓝、翠黄、浅红等斑斓色彩，水下沉木、藻类、植物，与岸上的丛林、青山幻化出五光十色的童话世界，故得名五花海。

（五）钱塘江潮汐景观的成因

国际地理学界将钱塘江与南美亚马逊河、南亚恒河并列为"世界三大强涌潮河流"，以钱塘江涌潮最为壮观，被誉为世界一大奇观。每年农历八月十八是钱塘江大潮的最佳观赏时间。钱塘江大潮成为世界奇观的原因，大致有以下几点：

1. 天文原因

地球上的潮汐现象是日、地、月间的万有引力，地球自转产生的离心力共同作用于庞大的海水流体所产生的水面周期性升降现象。在三大天体中，由于月地间距离小，所以引潮力主要发生在月地之间，太阳只是在特殊时期对月球的引力起到加强作用。因此，一年间，海水水面的升降现象存在着三种周期，即日周期、月周期和年周期。

一昼夜间有两次高潮和低潮，当月亮处于天顶或天底（即穿过地心另一端地面的天顶）时，海水开始上涨；当月亮处于地平线两端的天际时海水开始降落，此为日周期。

一个月间有两次大潮和小潮。两次大潮分别出现在朔、望日（即农历初一和十五），由于此时日、月、地三者处于一条直线上，太阳的引潮力与月球的引潮力叠加。因此，高潮水面为全月最高点,称大潮;低潮水面为全月最低点,称小潮,此为月周期。

由于地球携带着月球在黄道上围绕着太阳公转,轨道呈椭圆形,黄道春分、秋分两点处于椭圆短轴两端,地球运转到此时,距离太阳近,因此太阳叠加给月球的引潮力大,如月大潮恰在此前后出现,称为分点大潮(小潮)。分点大潮是全年高潮潮高最高的,分点小潮是全年低潮潮高最低的。分点潮潮差最大,因此,一年有两次最大潮和最小潮,分别出现在春分和秋分前后,此为年周期。农历的八月十八恰在秋分的前后,是最大潮发生的季节。

2. 地文原因

喇叭形的湾或河,湾(河)口向内,水道宽度迅速缩窄,入侵海水在两岸的约束下只有一个发展空间的方向,就是向上。海水注入杭州湾,那儿的钱塘江河口宽达100公里,但钱塘江在六和塔附近的上游,宽度却不足2公里。如此悬殊的河道宽度差异使潮波上溯受到约束,能量相对集中,潮差明显增大,是潮墙形成的重要原因。

钱塘江位于长江南面,由于沿岸横向海流的作用,把长江泄入海中的大量泥沙,不断地带到杭州湾来,在钱塘江口形成一个体积庞大的"沙坎"。当潮水向钱塘江口内涌去时,被沙坎挡住了潮头,就形成了后浪推前浪、一浪叠一浪、汹涌澎湃、势如千军万马排山倒海的天下奇观。这是钱塘江大潮能形成世界著名大潮景观的个性原因之一。

3. 气候水文原因

由于天文原因,一年应出现两次最大潮,即上面所讲的分点潮。那么,钱塘江为什么只出现一次,即农历八月十八的秋分点大潮呢?这与钱塘江流域及其河口海面地带降水的季节分配密切相关。根据我国东部季风区锋面雨带的活动规律,春分时节,雨带还停留在大陆南面的南海海面。钱塘江江水补给主要来源于流域内的降水,因此春分时节江水

八月十八潮　壮观天下无

水量不大。九月后,锋面雨带迅速从北方撤回长江以南地区。由于雨量的丰沛,江水流量很大,江口也因丰沛的雨量而升高,向下奔腾倾泻入海的江水与倒灌的海水彼此顶托,这不仅更加助长了潮面升高的幅度,同时增加了汹涌澎湃的壮观气势。这是个性原因之二。

4. 人文原因

人文原因包括三个方面,第一是护堤工程。钱塘江口两岸自古是江南富庶的鱼米之乡,为保护已开垦的良田不被倒灌的海水淹没,历代人民沿江两岸修筑了高高的护堤,加强了对倒灌海水的约束,助长了景观的气势。第二是"上有天堂,下有苏杭"的古城杭州的美誉对观潮游客吸引力的叠加。第三是悠久的观潮文化对现代人的影响。根据史书记载,钱塘观潮至迟于东汉形成,观潮风俗出现在东晋,出名于南北朝,唐时十分盛行,宋代观潮最盛,各代的著名诗人为后人留下大量的观潮佳作。宋代大诗人苏东坡曾如此咏叹钱江潮:"八月十八潮,壮观天下无"。这是个性原因之三。

二、水体景观举要

(一)海滨胜地

我国海岸线总长度3.2万公里,其中大陆海岸线北起中朝边境的鸭绿江口,南到中越边

境的北仑河口,全长 1.8 万公里;岛屿海岸线 1.4 万公里。海滨处于海陆之间,属于陆地的延伸部分。蓝天、阳光、海水、沙滩(4S,即 Sky、Sun、Sea、Sand)被称为最具吸引力的旅游资源。我国著名的海滨旅游胜地有北戴河海滨、青岛海滨、厦门海滨、三亚海滨等。

北戴河海滨地处河北省秦皇岛市。这里气候宜人,二十里长、曲折平坦的沙质海滩,以滩缓、沙细、浪小、潮平著称。海蚀地貌发育,各种形态的岩石,栩栩如生。

青岛海滨位于山东半岛南部,以青山、碧海、绿树、红瓦著称。城市依山就势,鳞次栉比的优美建筑成为青岛独占鳌头的风光特色。作为第 29 届奥运会帆船比赛的举办地,更使青岛增添魅力。

厦门海滨位于福建省东南,有"海上花园"之誉,栖息着成千上万的白鹭,形成了厦门独特的自然景观,又因为厦门的地形就像一只白鹭,因此被人称为"鹭岛"。岛、礁、岩、寺、花、木相互映衬,侨乡风情、闽台习俗、异国建筑融为一体,四季如春的气候更为海的魅力锦上添花。

三亚海滨位于海南岛最南端,自东到西有亚龙湾、大东海、天涯海角三大海滨浴场,四季可浴。亚龙湾海滨被誉为"不是夏威夷,胜似夏威夷"。这里海水洁净,椰林依依,具有无限的诗情画意。

（二）秀美河流

长江三峡

长江三峡是瞿塘峡、巫峡、西陵峡的总称,西起重庆市奉节县的白帝城,东至湖北省宜昌市的南津关,全长 193 公里,是世界著名的大峡谷,历来有"山水画廊"之称。

瞿塘峡是三峡中最短的一个,以雄伟险峻著称,有"夔门天下雄"之称。巫峡绵延曲折,奇峰突兀,峭壁屏列,是三峡中最可观的一段,宛如一条迂回曲折的画廊,处处有景,景景相连,以幽深秀丽著称。特别是巫山十二峰,千姿百态,其中神女峰最高。神女峰宛如一位少女,婷婷玉立于云雾缥缈之中,时隐时现,给人间留下了许多神奇的传说。西陵峡,是长江三峡中最长的一个,整个峡区由高山峡谷和险滩礁石组

夔门天下雄

成,以滩多水急著称。世界最大的水利枢纽工程三峡工程就位于西陵峡中段的三斗坪。

三江并流

三江并流位于云南西北部的横断山脉纵谷地区,金沙江、澜沧江、怒江并肩在崇山峻岭中奔流 170 多公里,形成世界上罕见的"江水并流而不交汇"的奇特自然地理景观。其间澜沧江与金沙江最短直线距离 66 公里,澜沧江与怒江的最短直线距离不到 19 公里。

三江并流地区处于东亚、南亚和青藏高原三大地理区域的交汇处,是世界上蕴藏最丰富的地质地貌博物馆。4000 万年前,印度次大陆板块与欧亚大陆板块大碰撞,引发了横断山脉的急剧挤压、隆升、切割,高山与大江交替展布,形成世界上独有的三江并行的自然奇观。三江并流地区被誉为"世界生物基因库"。由于三江并流地区未受第四纪冰川的覆盖,加之

区域内山脉为南北走向,因此这里成为欧亚大陆生物物种南来北往的主要通道和避难所,是欧亚大陆生物群落最富集的地区。

2003年,"三江并流"以自然遗产入选《世界遗产名录》。

(三)风景名湖

鄱阳湖

鄱阳湖是中国第一大淡水湖,位于江西北部,长江南侧,与洞庭湖、太湖、洪泽湖、巢湖并称我国五大淡水湖,鄱阳湖位居第一。鄱阳湖上烟波浩渺、水草丰美,名山秀屿,比比皆是。经过漫长的地质演变,鄱阳湖形成南宽北狭的形状,南部最宽处达78公里,北部仅宽3-5公里,犹如巨大的葫芦系在万里长江的腰带上。

鄱阳湖流域历史上曾发生过许多威武雄壮的英雄事迹,如周瑜操练水师、朱元璋与陈友谅鄱阳湖水战、太平军"湖口大捷"等。鄱阳湖是古代从北方进入江西的唯一水道,发生在鄱阳湖上的文人轶事和民间传说则更是难以胜数。唐代诗人王勃在《滕王阁序》中的名句"渔舟唱晚,响彭蠡之滨",描述的正是鄱阳湖上的渔民捕鱼归来的欢乐情景。宋代诗人苏轼在《李思训画长江绝岛图》诗中写的"山苍苍,水茫茫,大孤小孤江中央",描写的正是鄱阳湖的胜景。2011年6月,杭州西湖以文化景观遗产被列入《世界遗产名录。》

洞庭湖

洞庭湖是我国的第二大淡水湖,跨湖南湖北两省,北连长江,南纳湘、资、沅、酆四水,号称"八百里洞庭湖"。唐代大诗人孟浩然曾写道:"八月湖水平,涵虚混太清。气蒸云梦泽,波撼岳阳城",形象地描写了洞庭湖的浩瀚气势。

洞庭湖最大的特点便是湖外有湖,湖中有山。君山,原名洞庭山,是湖上的一个岛屿。相传4000年前,舜帝南巡,死于苍梧(今九嶷山),他的两个妃子娥皇和女英闻讯赶来,悲痛欲绝,攀竹痛哭,泪血滴在竹子上,竟成斑竹。二妃因悲恸而死于君山并葬此。因二人也叫湘妃、湘君,故后人将此山改名为君山。关于洞庭湖的传说,引起了游人的许多联想。屈原在流放沅湘之时,曾写下《湘君》、《湘夫人》,借仙侣的爱情表达对楚国的留恋。

岳阳楼位于岳阳市古城西门城墙之上,下瞰洞庭,前望君山,气势雄伟,自古就有"洞庭天下水,岳阳天下楼"之美誉。

太湖

太湖位于江苏、浙江两省交界处,长江三角洲的南部,江南水网中心,是中国东部近海区域最大的湖泊,也是我国的第三大淡水湖。太湖沿岸围绕着苏州、无锡等城市。

太湖是吴越文化的发祥地,有"包孕吴越"之称。如今,太湖沿岸的许多名胜与吴越历史有关,如马迹山,即原吴越激战之夫椒山;盘龙湾据说是范蠡和西施曾经隐居过的地方。无锡水上公园蠡湖,以真水假山闻名遐迩,相传范蠡、西施泛舟于此。

湖岸山峦起伏,湖中岛屿错落。位于无锡的鼋头渚,是横卧太湖西北岸的一个半岛,因巨石突入湖中形状酷似神龟昂首而得名。鼋头渚是观赏太湖风光的佳地,为太湖风景的精华所在,故有"太湖第一名胜"之称。郭沫若有"太湖佳绝处,毕竟在鼋头"的诗句赞誉。

杭州西湖

杭州西湖位于杭州市城西,是在12000年以前形成的"潟湖"。古老的神话中有"西湖明珠自天降,龙飞凤舞到钱塘"的说法,西湖才有了"明珠"的雅号。"西湖"的名称最早始于唐朝。到了北宋,诗人苏东坡在《饮湖上初晴后雨》中赞美西湖说:"欲把西湖比西子,淡妆浓抹总相宜。"于是,西湖又多了个"西子湖"美称。历史上有过不少贤人治理西湖的记载,其中数唐白居易、北宋苏东坡、明杨孟瑛、清李卫和阮元的功绩最为显著,并在西湖上留下白堤、苏堤、杨公堤和湖中三岛的胜景。2011年6月,杭州西湖以文化景观遗产被列入《世界遗产名录》。

西湖三面环山,东面濒临市区。它以秀丽的湖光山色和众多的名胜古迹闻名中外,历史上除有"钱塘十景"、"西湖十八景"之外,最著名的是南宋定名的"西湖十景"和1985年评出的"新西湖十景"。

泸沽湖

泸沽湖为川滇两省界湖,纳西族摩梭语"泸"为山沟,"沽"为里,意即山沟里的湖,是一个远离嚣市、未被污染的处女湖,有"高原明珠"之誉。每逢晴天,蓝天白云,倒映湖中,水天一色,景象奇丽。泸沽湖不仅水清,而且岛美。这里有秀丽的山光水色、古老原始而又神秘的民族风情、原始的宗教文化、如痴如醉的歌舞之乡,是旅游者的天堂。

日月潭

日月潭,位于台湾南投县,是台湾省最大的天然湖泊,卧伏在玉山和阿里山之间。潭中有一个小岛,远看好像浮在水面上的一颗珠子,故名珠仔岛,现在叫光华岛或拉鲁岛,形成"青山拥碧水,明潭抱绿珠"的美丽景观。以此岛为界,北半湖形如日轮,南半湖状似上弦之月,因名日月潭。

日月潭

白洋淀

白洋淀位于河北省中部,是中国海河平原最大的湖泊。白洋淀水域辽阔,风景秀丽,气候宜人,是河北省避暑胜地。这里四季景色分明,春天,芦苇出水,满淀青翠;夏天,菱叶灿灿,荷花吐艳;秋天,芦花纷飞,稻谷飘香,鸭鹅成群,小舟穿梭往来,渔歌此起彼落;冬天,地冻冰封,一片碧玉,如明镜镶嵌在冀中的原野上。

瘦西湖

瘦西湖位于扬州市北郊,为我国著名的湖上园林,一泓曲水宛如锦带,如飘如拂,时放时收,较之杭州西湖,另有一种清瘦的神韵。清代钱塘诗人汪沆有诗云:"垂杨不断接残芜,雁齿虹桥俨画图。也是销金一锅子,故应唤作瘦西湖。"瘦西湖由此得名。名园胜迹散布在窈窕曲折的一湖碧水两岸,俨然一幅次第展开的国画长卷,形成"两岸花柳全依水,一路楼台直到山"的格局。

千岛湖

千岛湖

千岛湖,位于浙江省淳安县境内,是1959年建造我国第一座自行设计、自制设备的大型水力发电站——新安江水力发电站而拦坝蓄水形成的人工湖。因湖内拥有星罗棋布的1078个岛屿而得名。四周群山连绵,林木繁茂,鸟语花香,生态环境佳绝。湖中岛屿,姿态各异,交相辉映,以"千岛碧水画中游"的美丽景色而著称。

(四)飞泻瀑布

黄果树瀑布

黄果树瀑布位于贵州省安顺市镇宁布依族苗族自治县境内的白水河上。这一地带以黄果树瀑布为中心,以瀑布、溶洞、地下湖为主体,素有"天下奇景"之称。这里是典型的岩溶地区,长期的河道变迁、袭夺、暗河塌陷、河流下切,致使河床级级跌落,形成了多种多样的瀑布。黄果树瀑布由18个风韵各异的大小瀑布组成,享有"中华第一瀑"之盛誉。

壶口瀑布

壶口瀑布位于晋陕峡谷黄河中,以排山倒海的独特雄姿著称于世,是世界上最大的黄色瀑布,也是伟大中华民族的象征。"黄河之水天上来,奔流到海不复回",唐代著名诗人李白脍炙人口的佳句,勾画出了大河奔流的壮观景象。

黄河流至壶口一带,水面一下子从300多米宽收缩为50米左右,在20—30米的落差中翻腾倾涌,声势如同在巨大无比的壶中倾出,故名"壶口瀑布"。《书·禹贡》载:"盖河漩涡,如一壶然。"其两大著名奇景"旱地行船"和"水里冒烟",更是罕见。

诺日朗瀑布

诺日朗瀑布位于四川省九寨沟,藏语中诺日朗意指男神,也有伟岸高大的意思,因此诺日朗瀑布意思就是雄伟壮观的瀑布。瀑布落差20米,面宽达300米,是我国最宽的瀑布,如银河飞泻,声震山谷。

诺日朗瀑布

德天瀑布

德天瀑布位于中越边境广西大新县,亚洲第一大跨国瀑布。瀑布三级跌落,最大宽度200多米,落差70余米。德天瀑布雄奇瑰丽,变幻多姿,碧水长流,蔚为壮观。

德天瀑布

知识链接:水的文化欣赏

水从文化的角度欣赏,是力量、温柔、纯洁和无私。

①力量。水的力量是一种崇高美,以其恢宏大气的场面、一往无前的执著、摧枯拉朽的气势,显示出无与伦比的力量。例如黄河壶口瀑布。

②温柔。水的温柔给人以愉悦。弯弯的小河、潺潺的流水、平静的湖面、幽绿的池潭,给人一种甜美、安逸的审美享受。温柔的水景,体现了水深邃的文化内涵。例如西湖平湖秋月、三潭印月。

③纯洁。清洌纯净的泉水,给人一种高尚的纯洁美,仿佛内心的杂质被滤去,变得格外宁静、清爽,同时也会让游客产生联想,启迪人生。

④无私。老子认为"上善若水,善利万物而无所争",即表达了水之善与无私。

【学生讲坛】

1.谈谈浙江武义温泉资源的旅游开发情况。

2.史上有"天下第一泉"之争,你认为谁才是"天下第一泉"。请排除历史传说,用相关史料证明。

3.中国人往往赋予山水以人的特征,如用沉稳来形容山,把灵动赋予水。谈谈自己对山水的理解。

【技能训练】

[训练项目]水域风光导游讲解技巧。

[实训目标]

1.能够讲解水域风光的科学成因。

2.赏析水域风光的美学特色。

[实训内容和方法]

1.按生源所在地组合成5—8人的协作团队。

2.通过网络、图书资料,收集当地代表性水域风光的图文资料。

3.分析该水域风光的地理成因并赏析审美特色。

4.小组选派代表在班上交流,介绍该水域风光。

★学习资源

1.韩欣编.中国名山.北京:东方出版社,2008

2.韩欣编.中国名水.北京:人民出版社,2008

3.纪江红编.游遍中国.北京:华夏出版社,2008

4.中国国家地理网　http://www.dili360.com

5.中国风景名胜网 http://hyxh.iscenes.com.cn

项目三　巧夺天工的古代建筑

【学习目标】

● 知识目标

1. 掌握中国古代建筑的材料、结构、布局、装饰及其主要陈设的特征。

2. 了解中国古代建筑风水文化基础知识,掌握风水形势宗的基本理论。

3. 掌握中国古代建筑的主要类型及其代表性建筑的特色。

● 能力目标

1. 能运用古代建筑知识去辨别古建的结构、布局、装饰、等级方面的特征。

2. 能运用风水形势宗的理论辨别著名古都、皇宫及帝王陵墓的风水文化。

3. 能运用所学知识鉴赏著名中国古代建筑景观的艺术特色和文化内涵。

【专项旅游线路推荐】

寻徽商文化·赏徽派建筑之旅

第一天:抵黄山市,参观世界文化遗产地——西递徽派建筑古村落。该村落至今仍完好保留着明清民居300余幢,街巷布局依然如旧,风貌古朴,建筑典雅,被国内外建筑专家赞誉为"明清民居博物馆";自由参观被誉为"现代清明上河图"的屯溪老街,品尝安徽特色小吃,购买安徽特产。宿:黄山市市区

第二天:上午乘车赴徽商的起源地——歙县,游览"棠樾牌坊群"。该牌坊群由7座牌坊组成,以忠、孝、节、义的顺序相向排列,是明清时期建筑艺术的代表作。下午参观徽园、许国石坊、斗山街和渔梁古埠。徽园集徽州古建三绝(古民居、古祠堂、古牌坊)于一体,许国石坊是我国唯一的一座八脚牌楼,斗山街集古民居、古街、古雕、古井、古牌坊于一体,渔梁古埠是徽商盛兴数百年的重要水路码头。宿:歙县市区

第三天:上午乘车赴绩溪龙川村,参观胡氏宗祠。该祠始建于宋,被誉为江南第一祠,素有"木雕艺术博物馆"和"民族艺术殿堂"之美称。下午结束愉快的旅程,返回温暖的家。

学习任务 1　中国古代建筑材料和结构布局

【学习导读】

建筑被誉为"人类历史文化的纪念碑",是人类文化的结晶,是地方文化、民族文化的体

现。中国古代建筑艺术是中华文明之树中特别美丽的一支,以其独特的取材、别具风格的造型艺术和巧妙的布局在世界建筑史上占有重要地位。

【知识储备】

一、中国古代建筑的材料

古代中国是"木建筑的王国"。在距今七千年的河姆渡文化遗址,人们便发现了木制构件的遗痕,千百年来一直以木结构为主。为什么中国古代建筑会采用木构建筑而非石构建筑?这个问题令西方建筑学家迷惑不解。

中国古代建筑的"大当家"——木

中国人崇尚人对自然的感受,追求人与自然的和谐,而不是改造自然。于是,中国古代建筑体现"天人合一",并以有生命的木材为建筑材料来追求大自然的"灵气"。

同时,木材的易加工性和易更换性,赋予了建筑新陈代谢的生命力。古人在自然中悟出人生哲理,认为人生是"轮回"的;人生在世,只是其中的一个轮回,时空无涯,人生有限。因而,梁思成先生在他的《中国建筑史》一书中就说过,"不求原物长存之观念",是中国古代以木结构为特色的原因之一。建筑作为"身外之物","今生可用足矣",而陵墓等地下建筑则可以采用石造,以追求永恒和不朽。

既然中国建筑最初选择了木头作为"大当家",自然走上了与西方石结构建筑截然不同的道路。用一位西方人的话来说就是:"我们(西方人)占据了天空的一角,而他们(中国人)却占据了广阔的大地。"

建筑材料的先驱——土

和木材一样,泥土也是建筑材料的先驱之一。从古代与建筑有关的文字可以看出,"室"、"堂"等汉字下面,都有一个"土"字,似乎意味着早期的房屋是建在土台之上的,事实也的确如此。有考古材料证实,商、周、秦、汉时期,重要建筑的高大台基都是夯土筑成。我国古代的夯土技术非常发达,除了用作墙壁、台基等房屋建筑之外,还用于长城。我们今天所熟悉的长城基本都是砖石的,不过那已是明代重修的长城,秦代的长城是用夯土建筑的。和木材一样,夯土在中国古代建筑中占有重要地位,因此,古代土、木并提,称大规模的建筑活动为"大兴土木"。

不同凡响的配角——石、砖、瓦

在西方建筑史上地位显赫的石材,在中国古代建筑中多趋于配角。中国古代有意识地使用石材,始于封建时代初期,当时主要把它用于陵墓之中。后来,石材又被广泛应用在佛塔等高层建筑上。由于石材表面可进行细致的雕饰,因此基座、陛石、石柱等处成为美化建筑装饰的突出部位。

中国古代砖的应用始于战国时期。早期主要用于建造墓室,后来则主要用于砌筑墙壁。质量最高的是城砖,因坚固方能御敌。砖结构是除木结构以外,中国古代建筑采用最多的建筑方式。而在很多木结构建筑当中,也有不少是砖、木混用的。

知识链接:金砖

金砖是砖的特殊品种,用于皇宫地面,原称"京砖",因铺砌后以桐油漫浸,干后磨平,金光闪闪,愈久愈亮,击之有金属之声,故称"金砖"。在故宫的重要宫殿中都铺设有这样的砖。

现在我们看到的太和殿金砖是清康熙年间铺设的,至今依然光亮如新。金砖产地在苏州郊外。因为苏州土质细腻、含胶状体丰富、可塑性强,制成的金砖坚硬密实。而且苏州靠近大运河,运输方便,可以从水路直达北京。

瓦是屋顶施工当中必不可少的材料,鉴于屋顶在中国传统建筑中的特殊地位,瓦的作用自然不容小看。瓦产生于西周初期,发明以后,因其长处,很快就取代了茅草,成为覆盖屋顶的主要材料。瓦的表面施琉璃釉的称琉璃瓦,唐代以后大量使用,明清更是无一宏大建筑不用琉璃瓦。琉璃瓦的颜色有严格的等级规定:皇帝黄色,王公绿色;故宫除文渊阁用黑色,皇子读书处用绿色,其余都用黄色。天坛祈年殿等建筑用宝蓝色,象征蓝天。靠屋檐处用以滴水的瓦,顶端下垂的特定部分称瓦当。筒瓦、覆瓦的瓦当多圆形,平瓦、仰瓦的瓦当多半圆形、荷包形、灵芝形等。瓦当是古代建筑用瓦的重要构件,是绘画、工艺和雕刻相结合的艺术,具有保护木制屋檐和美化屋面轮廓的作用。

瓦当

二、中国古代建筑的结构

中国古代建筑的"三分法",即台基、墙身、屋顶三部分之中,庞大的屋顶始终是其精华所在,而富有民族特色的斗拱、柱子、大门、建筑小品等,也充分展现了中国建筑的巨大魅力。

房屋的脊梁骨——木构架结构

中国古代建筑主要采用木构架结构,由木柱、木梁搭架来承托屋面屋顶,而内外墙不承重,只担负分割空间和遮风避雨的作用。"墙倒屋不塌",这句古老的谚语概括地指出了传统结构体系的特色。这种框架结构的优势可使房屋的功能、性能有很大灵活性,可做成四面通风、有顶无墙的亭,也可做成四面有墙的居室、宫殿;或将墙壁切成不同的厚度,满足生活在不同地方的人们的不同需求。木构架结构形式最主要的是抬梁式和穿斗式。

抬梁式　也称叠梁式,是最重要、应用最广泛的一种木结构方式,即在地面上先立柱,柱上架梁,梁上又抬梁,每两组平行的梁之间安置与梁成垂直角度的檩,这些檩上排列若干椽子,从而形成完整的木构架。大型的府第及宫殿、庙宇大多采用这种结构。

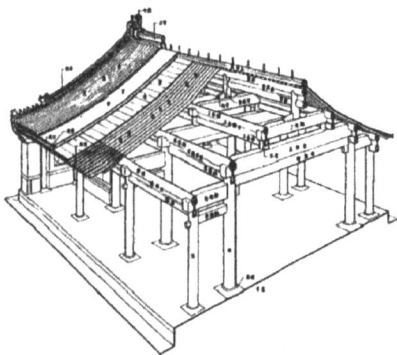

抬梁式构架

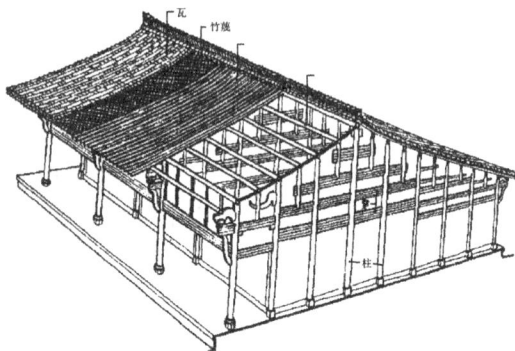

穿斗式构架

穿斗式　即在地面上立柱,但柱上不架梁,而是直接安檩。柱子的间距较密,柱与柱用数层穿枋串通连结,组成构架。这种结构较省木材,尤其是不需要什么大型的柱材。从地域上看,我国南方建筑多用这种结构。

扎根于大地的部分——台基

台基是房屋的地面基础,用以承托建筑物,并使其防潮、防腐,同时可弥补中国古建筑不甚高大雄伟的欠缺。台基大致有四种:

普通台基　用素土或灰土或碎砖三合土夯筑而成,常用于小式建筑。

较高级台基　较普通台基高,常在台基上边建汉白玉栏杆,用于大式建筑或宫殿建筑中的次要建筑。

更高级台基　即须弥座,又名金刚座。一般用砖或石砌成,上有凹凸脚线和纹饰,台上建有汉白玉栏杆常用于宫殿和著名寺院中的主要殿堂建筑。

最高级台基　由几层须弥座相叠而成,从而使建筑物显得更为宏伟高大,常用于最高级建筑。

太和殿台基

"墙倒屋不塌"的功臣——柱子

在中国古代建筑中起承重作用的主要是柱子,墙壁只是起到隔断作用。柱子除了支撑整个屋顶外,也是构成建筑基本单位"间"的要素,四根柱子组成的立体空间就是一"间"。建筑的迎面间数称为"开间",或称"面阔"。建筑的纵深间数称"进深"。开间越多,建筑等级越高。

柱子下面的基座叫柱础,往往是石制的,其作用是防止柱身下沉和木柱朽烂。柱础花色很多,有的还施雕刻,明代多覆盆式,清代多圆鼓式。

知识链接:雀替

雀替,又称为"插角"或"托木"、"牛腿",位于柱与枋(或梁)相交处,具有稳定和装饰的功能。雀替从力学上的构件,逐渐发展成美学的构件,就像一对翅膀在柱的上部向两边伸出,使得柱头部分的装饰问题得到了很好的解决。所有雀替都漆或雕刻得很华丽,给人印象很深,大有无雀替不成中华建筑之感。

雀替

中国古代建筑的独特语言——斗拱

斗拱是中国古代建筑最精巧、最华丽的部分,一般置于柱头和额枋(又称阑头,位于两檐柱之间,用于承托斗拱)、屋面之间,用来支撑荷载梁架、挑出屋檐,兼具装饰作用。宋代称"铺作",因为是层层相叠铺设而成;清代称"斗科"或"斗拱"。斗拱的主要构件是:斗(方形木块)、拱(弓形短木)、昂(斜置长木)。斗拱层数越多,建筑等级越高。同一时代的建筑,有斗拱的级别高于无斗拱的,斗拱多的又高于斗拱少的。

斗拱最初是由于木结构建筑的实际需要才诞生的,它其实是柱子与梁架之间的过渡构件,主要作用就是扩大梁枋和柱头的接触面,从而加强柱头与梁架的联系,以承托中国古代建筑那高大厚重、出檐深远的屋顶。唐宋以前斗拱的结构作用十分明显,布置疏朗,用料硕大;明清以后,斗拱的装饰作用加强,排列丛密,用料变小,远看檐下斗拱犹如密布一排雕饰品,但其结构作用仍未丧失。

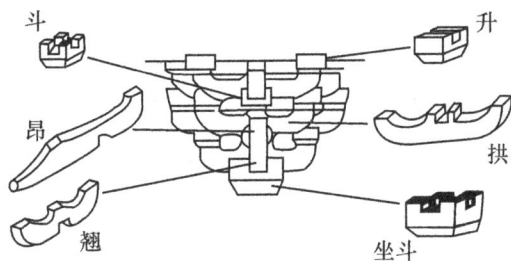

斗拱的主要分件

建筑之上的美丽冠冕——大屋顶

大屋顶是极具中国特色的标志物。它以屋顶出檐并向上仰翻的弧形造型,展示出独特的形态之美——飞檐翘角。它的功能除此之外,更重要的是可以防止雨水急剧下流,还能通过斗拱挑起出檐更好地采光通风。这种大屋顶造型,贯穿于我国古建筑发展的始终,并且派生出形态多样的大屋顶。

庑殿顶 四面斜坡,有一条正脊和四条斜脊,屋面稍有弧度,又称四阿顶。

歇山顶 是庑殿顶和硬山顶的结合,即四面斜坡的屋面上部转折成垂直的三角形墙面。歇山顶由一条正脊、四条垂脊、四条戗脊组成,所以又称九脊顶。

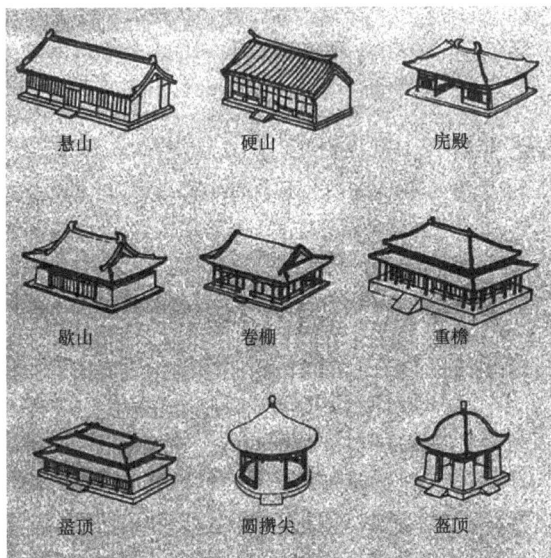

悬山顶 屋面双坡,两侧伸出山墙之外,屋面上有一条正脊和四条重脊,又称挑山顶。

硬山顶 屋面双坡,两侧山墙同屋面齐平,或略高于屋面。为了有效防止火灾蔓延,硬山顶建筑往往把山墙造得高大,称封火山墙。其上缘呈阶梯状逐级折下者,称叠落山墙,又因其形如马首侧面,也称马头山墙;顶部如观世音菩萨所戴头巾状,称观音兜山墙。

封火山墙

观音兜山墙

攒尖顶 平面为圆形或多边形,上为锥形的屋顶,没有正脊,由若干屋脊交于上端。一般亭、阁、塔常用此式屋顶。

卷棚顶 屋面双坡,没有明显的正脊,即前后坡相接处不用脊而砌成弧形曲面。

盝顶 为梁架结构,多用四柱,加上枋子抹角或扒梁,形成四角或八角形屋面。顶部是在平顶的屋顶四周加上一圈外檐。

根据建筑物屋顶重檐大于单檐的原理,所以屋顶形式的等级大小依次是:重檐庑殿、重檐歇山、重檐攒尖、单檐庑殿、单檐歇山、单檐攒尖、悬山、硬山。

知识链接:钩心斗角

钩心斗角一词最早出自杜牧的《阿房宫赋》:"覆压三百余里,隔离天日。骊山北构而西折,直走咸阳。二川溶溶,流入宫墙。五步一楼,十步一阁;廊腰缦回,檐牙高啄;各抱地势,钩心斗角。"一句,来形容阿房宫建筑漫回钩心、垒砌斗角的统一均齐、对称严谨之美,形容阿房宫宫殿的交错与精巧。

中国古代建筑的"面子"——大门、影壁

大门 大门是建筑的出入口,所处的位置特别明显,比较有讲究。和屋顶一样,大门也是房屋主人身份的一种象征。门扇是大门最重要的部分,古代最常见的是两扇(汉字"門"就是两户相对),上有门档,下有门槛,两旁有门墩,又称门枕石、抱鼓石。所以有门档户对(现代人异化为"门当户对")之说。

门上安有门钉,本为固门,发展到后来,成为古建筑大门上的一种特有装饰,并显示等级,如皇宫门钉为横竖皆九,王公贵族为横七(或五)竖九。门扇的中央,一般还有兽面形的门环,称"铺首"。古代俗语"兽面衔环辟不祥",可见,铺首是含有驱邪意义的传统门饰。此外,门色以红、绿、黑区分等级,门质以铜、锡、铁、木区分等级。门上的小屋顶称为"门头"。门头不但用来遮阳挡雨而且也有很强的装饰作用,使大门显得更为气派。

门钉与铺首

知识链接:午门

午门是紫禁城的正门,因其正处在子午线上而得名。午门平面呈"凹"形,以聚生气。门上建崇楼五座,正楼九开间,象征"九五至尊"。正楼为重檐庑殿顶,东西四座重檐四角攒尖方形亭楼,仿佛朱雀展翅,俗称"五凤楼"。共有五个门洞,当中是正门,正门左右侧各有一门,另外左右还有两个掖门。中央正门等级最高,供皇帝出入,此外皇后成婚入宫时经过一次,殿试后的前三名状元、榜眼、探花在放榜后可由此门出宫,被认为是极大的荣誉。在清代,文武大臣出入左侧门,宗室王公出入右侧门。左右掖门平时不开,皇帝在太和殿举行大典时文武百官才由掖门出入。

影壁 古建筑向南的正门要开得又大又宽,以表示不凡的气派。这样,对于注重封闭和内向的古建筑来说,就显

北京四合院影壁

得过于暴露了,于是古人就在门外或门内造一堵墙来作为屏蔽,以"隐其内室屏障视线",所以影壁,含"隐蔽"之意。又因常建于南面,最能受到阳光的照射,又称照壁。有影壁的建筑,往往是显赫人家,令人肃然起敬,人们到此要下马,整理衣冠,所以是"肃墙"。时间一久,肃墙长草,所以也称"萧墙"。后来人们对宫廷多祸事,称为"祸起萧墙"。

影壁具有装饰观赏作用,还与风水有关。风水讲究导气,气不能直冲厅堂或卧室,否则不吉。避免气冲的方法,便是在房屋大门前面置一堵墙。为了保持"气畅",这堵墙不能封闭,故形成影壁这种建筑形式。

三、中国古代建筑的布局

中国传统思想里,"天圆地方"、"尊卑有序"、"中庸平和"等观念代表其精髓。在建筑布局方面,这些观念得到最直观的体现。

庭院式的组群布局——建筑布局的法则

中国古代建筑以群体组合见长,平面布局有一种简明的组合规律,即以庭院为单元,组合成各种形式的建筑群,左右延伸扩展、轴线对称,营造出宏伟壮丽的艺术效果。这种布局是最便于根据宗法和等级观念,使尊卑、长幼、男女、主仆之间在住房上也体现出明显差别。

这种平面布局有别于西方建筑和现代建筑。西方建筑和现代建筑都是沿着由小到大、由低到高的方向发展,最终以高大的体量取胜,而中国古代建筑采取由单体建筑到建筑群落、由小群落到大群落的数量扩展方式,以深广的数量取胜,"庭院深深深几许"形象地说明了这种布局特征。

德国科隆大教堂高达 157 米

庭院是中国古代建筑群布局之灵魂,由屋宇、围墙、走廊围合而成的内向封闭空间。庭院反映出中国传统的文化观念,即封闭性和内向性,只有在高墙围护的深深庭院之中,才具有安全感和归宿感。庭院是房屋采光、通风、排泄雨水的必需,也是进行室外活动和种植花木以美化生活的理想解决办法。北方为求得充足日照,庭院开阔;南方则要避免炎炎烈日,而加强室内通风效果,于是庭院小巧精致,成为"天井",这样可增强室内的通风效果。

知识链接:天井

中国古代建筑布局示意图

江南多雨,民居多采用"天井院"住宅形式,四周的房屋连结在一起,之间围成一个小天井。天井起着采光、通风、聚集和排泄雨水以及吸除烟尘的作用。天井四周房屋屋顶皆向内坡,雨水顺屋面流向天井。这种将雨水集中于住宅之内的做法,被称为"四水归一"、"肥水不外流",对于将水当作财富的百姓来说,这是大吉大利的事。

皇家的尊严——宫殿建筑的布局

严格的中轴对称 我国自古以来就有"尚中"的思想,认为帝王只有居于四方之中,才能"中立不倚",进一步才能动静不失其时,以不变应万变,最后达到万寿无疆的境界。所以古代"王者必居土中"的观念是十分强烈的。天子居中心至尊之位,这种观念主要是受儒家中庸思想的影响。此外,古人也认为,天子居中,便于国家的治理。古代的帝王,选择都城的中心建宫殿。宫殿建筑采取严格的中轴对称的布局方式,主要建筑不仅华丽,而且必须布局在中轴线上,次要建筑体量小,布局在中轴线两侧。中轴线纵长深远,更显示了帝王宫殿的尊严华贵。

左祖右社 中国的礼制思想,有一个重要内容,即崇敬祖先、提倡孝道,祭祀土地神和粮食神。有土地才有粮食,"民以食为天","有粮则安,无粮则乱","风调雨顺,国泰民安"。左祖右社,正是体现了这些观念。左祖是在宫殿左前方设祖庙(也称太庙)。祖庙是帝王祭祀祖先的地方。右社是在宫殿右前方设社稷坛。社为土地,稷为粮食。社稷坛是帝王祭祀土地神、粮食神的地方。

前朝后寝 这是宫室(或称宫殿)自身的布局。大体上有前后两部分,一墙之隔。前朝是帝王上朝治政、奉行大典之处,后寝是帝王和后妃们生活居住的地方。

围合的小天地——民居建筑合院式的布局

中国传统民居,基本上都是遵循着组合的内向原则而刻意布局的。合院式民居就是其中的代表,它对外只有一个门,关起门来自成天地,具有很强的私密性,非常适合独家居住。这种布局在南北向的主轴线上建正厅正房,左右布置厢房,形成东西向次轴线。由这种一正两厢组成的院子就是"三合院"、"四合院"的合院式民居。根据需要沿轴线可形成多进院落。

【学生讲坛】

1.谈一谈"大兴土木"、"墙倒屋不塌"、"飞檐翘角"等词反映了中国古代建筑的哪些特色?

2.根据欧阳修《蝶恋花》词中"庭院深深深几许"的字句,说说中国建筑的组群布局。

【技能训练】

[训练项目]中国古代建筑构件和等级制度赏析。

[实训目标]

1.能够赏析中国古代建筑各种构件特征和作用。

2.能够辨别中国古代建筑的等级。

[实训内容和方法]

1.2人一组,网上查找中国古代建筑屋顶、台基、斗拱、门等构件图片。

2.分析每类构件的特征、作用及中国古代建筑等级制度的体现。

3.每组结合中国古代建筑各种构件的图例写一份分析材料。

学习任务 2　中国古代建筑装饰和陈设

【学习导读】

在以木结构为主体的中国古代建筑中,装饰占据非常重要的地位。一座建筑不单纯是工程技术,同时也是一种综合艺术,在综合艺术中要体现雕刻、彩画、壁画、色彩以及各种装饰。中国古代建筑上的装饰,大多是以结构构件经过艺术加工而发挥其装饰作用的,木结构外露结构从不遮蔽(以便木料通风、维修),经过细工处理的木框构件,本身就已经是了不起的雕刻,再在上面进行有节制的装饰,更是锦上添花。梁枋、斗拱、檩椽,都是结构与艺术的完美结合。宫殿外的华表、石狮、日晷、嘉量、吉祥缸、鼎式香炉等陈设,与建筑物相配合、陪衬,使宫殿建筑艺术更显辉煌。

【知识储备】

一、中国古代建筑的装饰

"雕梁画栋"是中国古代建筑装饰特色的真实写照。古建筑那些繁琐富丽的彩画、雕塑、藻井,让人大开眼界,叹为观止。

和玺彩画

旋子彩画

线条与色彩的艺术——彩画

彩画是古代建筑最重要的装饰手段,原是为了木结构的防潮、防腐、防蛀,后来才突出其装饰性。彩画可分为三个等级。

和玺彩画　是等级最高的彩画。画面由龙和凤的图案组成,间补以花卉图案。两边上下用两个《　　》框住,并且沥粉贴金,金碧辉煌,十分壮丽。常用于宫殿主要建筑。

旋子彩画　等级次于和玺彩画。画面用简化形式的涡卷瓣旋花,有时也可画龙凤,两边用《　　》框起,可以贴金粉,也可以不贴金粉,一般用于次要宫殿或寺庙中。

苏式彩画　等级低于前两种。画面为山水、人物故事、花鸟鱼虫等,两边上下用两个《　　》或者一个《　　》

苏式彩画

或(   )框起。苏式彩画是从江南的包袱彩画演变而来的,常用于住宅、园林。

知识链接:色彩等级

中国古代建筑装饰的色彩使用上,有明确的等级限制。最高贵的是黄、红色,用于帝王、贵族的宫室;青、绿次之,用于百官的宅邸;黑、白、灰最下,民居只用这类颜色。

"鬼斧神工"——雕刻

雕刻是中国古代建筑中除彩画之外最常用的装饰手法,有木雕、砖雕、石雕之分。木雕装饰纯粹是为了居室的美化,明清两代是建筑木雕大发展的时期,如明代建成的徽州民居木雕装饰已经用得相当普遍,就连室内的落地罩也是由繁复精美的木雕所构成。

明清建筑中还大量使用砖雕。石雕主要用于建筑物的台基、栏杆、柱础、柱身等石制构件上。雕刻的题材内容十分丰富,有动植物花纹、人物形象、戏剧场面及历史传说等。

白木雕花窗

知识链接:何谓"南雕北画"?

自古以来,"雕梁画栋"也有地域之分。"雕梁"在南方流行,因为彩画怕湿,阴雨连绵对彩画不利。彩画的色与粉受潮,易于变色、褪色,甚至使彩画脱落,所以南方普遍采用雕刻。北方干燥,"画栋"很少受气候的影响,所以彩画绘制得比较多。

"顶"级的装饰——天花与藻井

天花即天花板,起挡尘、隔热与美化装饰作用。

藻井是天花板上的一种装饰。名为藻井,含有五行中以水克火,预防火灾之义。藻井一般在寺庙佛座上或宫殿帝王的宝座上方,在平顶的凹进部分,有方格形、六角形、八角形或圆形,上有雕刻或彩绘,常见的有"双龙戏珠"。

屋脊的装饰——螭吻、仙人走兽

螭吻(鸱吻)　装饰于屋顶正脊两端的吻兽。螭呈龙形,头上无角,传说是龙的九子之一,它张开大口稳重而有力地吞住大脊。其背上插有一把扇形宝剑;一个是防螭吻逃跑,取其永远喷水镇火之意;二是传说妖魔鬼怪最怕许逊(晋道士)这把扇形剑,在这里是取避邪的用意。

仙人走兽　装饰于屋顶的垂脊和戗脊上。前面骑着似凤非凤、似鸡非鸡的人是"仙人"。仙人后面依次排列的是龙、凤、狮子、天马、海马、狻猊、押鱼、獬豸、斗牛、行什,俗称"走兽"。

太和殿的藻井

太和殿的走兽

　　螭吻和仙人走兽在古建筑中起到三个作用：一是灭火压邪，二是固定屋脊和脊瓦，三是标志建筑物的等级。例如故宫太和殿的螭吻尺寸最大，它的走兽达 10 个。其余等级的建筑上的走兽则依次递减成奇数，即 9、7、5、3、1 件走兽，而且是减后不减前。

二、中国古代建筑的陈设

华表

　　华表起源于古代的"诽谤木"。相传从尧舜时代开始，统治者就习惯在交通要道竖立木牌，让人在上面写谏言，名曰"诽谤木"，以示帝王虚心纳谏的决心。到了汉代，"诽谤木"就发展演变为通衢大道的标志物，因这种标志物远看像花朵一般，所以称为"华表"。再到后来，华表逐渐成为宫殿、桥梁、陵墓前设置的小型装饰建筑品。最有名的华表当数矗立在天安门前的一对。

天安门前的华表

故宫铜狮

门狮

　　古代主要建筑大门前都有一对门狮，约始于元，行于明，盛于清。门狮有辟邪的作用。又因为狮是兽中之王，所以又有显示"尊贵"和"威严"的作用。按照中国文化的传统习俗，成对门狮系左雄右雌。爪下为球，象征着统一环宇和无上权力，必为雄狮。爪下踩着幼狮，象征着子孙绵延,必定是雌狮。在中华大地还有北狮、南狮之分。北狮雄壮威严,南狮活泼有趣。还有所谓"三王狮",即狮子所蹲之石刻着凤凰和牡丹。

四灵

中国古代建筑的雕刻常与吉祥"四灵"有关。四灵出自《礼记》,是麒麟、凤凰、龟和龙。四灵除了龟以外,其他三种都是传说中的动物。

麒麟的身子像鹿,遍体披着鳞甲,它的头上长着独角,脚像马蹄,尾像牛尾。麒麟是传说中有德性的仁兽,历代帝王都把它看作是太平盛世的象征。在北京的故宫和颐和园等皇帝的住地和花园里都能见到铜铸或石凿的麒麟。

凤凰的形象非常高贵,它头顶美丽的头冠,身披五彩的羽毛,是综合了许多美丽的鸟类和动物的特点,想象出来的鸟中之王。凤凰是中国传说中的瑞鸟,它标志着吉祥、太平和政治的清明。凤凰还常和其他吉祥物配合成纹图,如"龙凤呈祥"、"凤麒呈祥"等,也是吉祥如意的象征。

龟是四灵中唯一存在的动物,也是所有动物中寿命最长的寿星。人们不仅把龟当作健康长寿的象征,也认为它具有预知未来的灵性。在古代,每当重大活动之前,巫师都要烧龟甲,然后根据龟甲上爆裂的纹路来占卜吉凶。所以,人们都称龟为"神龟"、"灵龟"。

龙是中国最大的神物,也是最大的吉祥物。龙同凤、麒麟一样,也是人们想象出来的动物,它长着牛头、鹿角、虾眼、鹰爪、蛇身和狮子的尾巴,通身还长满了鳞甲,是由多种动物复合而成的。在人们的想象中,龙不但能在陆地行走,也能在水中游弋、在云中飞翔,充满了无穷的神力。几千年来,封建帝王把它当作权力和尊严的象征,普通百姓也认为它是美德和力量的化身,是吉祥之物。龙作为"四灵"中最大的吉祥物,逐渐成了中华民族的象征。

鼎式香炉

鼎式香炉叫做香炉鼎,是古代一直沿用至今的一种礼器,燃以檀香和松枝,能辟邪,又求吉祥,象征帝王权力。有盖为鼎,无盖为炉。

对铜鼎的拥有和使用,是奴隶主身份等级差别的标志之一。在周代,就有所谓"天子九鼎,诸侯七鼎,卿大夫五鼎,元士三鼎"等使用数量的规定。随着这种等级、身份、地位标志的逐渐演化,鼎逐渐成为了王权的象征、国家的重宝。统治者往往以举国之力,来铸造大鼎。秦代以后,鼎的王权象征意义逐渐失去。以后,伴随着佛教在中国的传播,鼎的形式得以延续。后代的鼎通常安放在寺庙大殿前,既是装饰物,又是焚香的容器,故称之为香炉鼎。

故宫乾清宫前的鼎式铜香炉

日晷

日晷也称"日规",是我国古代计时器。它利用太阳的投影和地球自转的原理,借指针所生阴影的位置来显示时间。宫殿陈设日晷,与嘉量相配象征国家统一。

故宫太和殿前的日晷

故宫太和殿前的嘉量及石亭

嘉量

中国古代标准量器。全套量器从大到小依次为：斛（古代一斛十斗）、斗（一斗十升）、升（一升十合）、合（一合二龠）、龠（音 yue 越）。含有统一度量衡的意义，象征着国家统一和强盛。

吉祥缸

吉祥缸是指置于宫殿门前盛满清水以防火灾用的水缸。古时又称之为"门海"，以比喻缸中水似海，可以扑灭火灾，故又被称为"吉祥缸"。

据《大清会典》记载，北京故宫有吉祥缸 308 口。但世事沧桑，由于各种原因，如今只剩下了 231 口了。这些吉祥缸分为铁缸、铜缸和鎏金铜缸 3 种，以铜缸居多。古时，每年到了冬天给缸套上棉套，上覆缸盖，下边石座内燃炭火，防止冰冻。

轩辕镜

圆球，铮亮，悬宫殿御座上。相传此镜为黄帝所造，后来的皇帝悬挂此镜，以示自己为轩辕氏黄帝的正统继承者。传说不是正统的皇帝坐上宝座，轩辕镜就会掉下来。

象征物、图案

在古建筑中，人们常将几种不同的图案配合在一起，或富有寓意，或取其谐音，以此寄托美好的希望和抒发情感。如：

故宫太和殿轩辕镜

鲤鱼、莲花——连年有余，蝙蝠、云——福从天来，金鱼、海棠——金玉满堂，石榴——子孙满堂，蝙蝠、桃、灵芝——福寿如意，松、鹤——延年益寿，象、万年青——万象更新，象驮宝瓶

(或瓶载万年青)——太平有象,瓶插三戟——平升三级,双柿或双狮、灵芝——事事如意,狮配以长绶带——好事不断,芙蓉、桂花、万年青——富贵万年,牡丹、水仙——富贵平安,芙蓉、桂花——夫贵妻荣,柏、柿子、如意——百事如意,竹子、花瓶——祝报平安,母猴背小猴——辈辈封侯,鹿、鹤、花瓶——六合太平,古琴(1)、白菜(2)——一清二白,猴子骑在马上——马上封侯,猴子摘取官印——封侯挂印,猴和鹊、鹿、蜂在一起——爵禄封侯。

【学生讲坛】

1.说说江南四合院与北方四合院的不同之处。

2.谈谈为什么中国古代建筑装饰艺术形成了"南雕北画"的格局?

3.说说龙生九子的故事。

【技能训练】

[训练项目]中国古代建筑图案的象征意义。

[实训目标]

1.能够通过图书、期刊、网络等途径收集古建筑资料。

2.能够运用所学的知识赏析中国古代建筑图案的象征意义。

[实训内容和方法]

1.5—6人一组,通过图书、期刊、网络等途径查找中国古代建筑代表性装饰图案。

2.分析各种图案的象征意义,制作PPT演示文稿。

3.每组推荐一位同学,结合PPT,介绍各种装饰图案的象征意义。

学习任务3　中国古代建筑风水

【学习导读】

中国风水文化由来已久,相地之法大约起源于原始聚落的营建,商周时期出现专业的"卜宅""相宅"活动。春秋战国时期,阴阳、五行学说相继盛行一时,奠定了建筑风水文化的理论基础。汉代产生"图宅术"和"图墓术"之后,建筑风水文化逐渐成为一门独立学科。中国传统建筑风水,实际上就是关于如何考察地质、地形、地貌、环境和景观的学科,讲究的是人居内环境与生态外环境的有机结合,体现了国人对"天人合一"哲理的不懈追求。当然,在封建社会中,建筑风水难免掺杂一些迷信,我们要取其精华、弃其糟粕。

【知识储备】

一、风水文化概述

风水术又称堪舆术,是一种从古代沿袭至今的择吉避凶的术数。许慎《说文解字》:"堪为天道,舆为地道"。古人认为,宇宙和人体均是由"气"所生,因而星辰、五谷和人的祸福均与气有极大的关系,正所谓"有气则生,无气则死,生者以其气"(《管子·枢言》)。因此,古人一定要选择生气旺盛的地方居住或埋葬。风水学的理论,正是以阐释"生气"而构架的。

（一）风水文化起源和沿革

中国风水文化，有着非常悠久的历史。据现有资料推测，相地术大约起源于原始聚落的营建。到了殷周时期，已开始有了文字记载相地活动。周武王灭商后，为了镇抚东方，开始营建洛邑。在营建洛邑之前，就命周公相地，《尚书·洛诰》载："召公（武王之弟姬奭）既相宅，周公（武王之弟姬旦）往营成周，使来告卜。"可以说，商周是风水的孕育时期。

秦汉是风水术形成时期。此时兴起的阴阳五行学说和易学理论为风水提供了理论与方法。特别是东汉时期的谶纬神学影响，在建筑中各种禁忌与迷信盛行。如"起宅盖房必择日"，"太岁头上不能动土"已成为阳宅建筑中的规则。此时，阴宅风水理论也渐渐形成，"死人归阴，生人归阳"的认识，葬人不仅要选风水宝地，而且要选良辰吉日的观念，已普遍存在，成为风水术的内容。据司马迁的《史记·日者列传》中所述那时的堪舆家（就是后世的风水先生）几乎都是专职。秦汉时期还出现了有关风水的专著，如《堪舆金》、《宫宅地形》、《图宅术》、《葬历》等。

魏晋南北朝时期，是风水术迅速发展的阶段。这一时期，战乱频繁，人们普遍感到难于把握自己的命运，于是风水观念趁虚而入，三国时魏国著名方士管辂，以占筮、相术、相墓著称于世。这一时期，南北文化和外来文化处于大融汇状态，玄学的兴盛和山水美学的发展，把风水理论向前大大推进了一步。这一时期产生了大量的风水著作，如管辂的《管氏地理指蒙》，南北朝王微的《黄帝宅经》等。

隋唐时期，相地活动与风水术日益风化，风水术侧重于看坟地，迷信色彩十分严重。唐代不论是官人还是庶人，只要死了，都要择地择日下葬，这成为一种很普遍的习俗。唐代还设有司天监，监里的官员都懂风水术。

宋代，在宋徽宗的大力倡导下风水术大盛。明清时期，风水术开始在社会上泛滥，不仅帝王之家重视风水，民间也普遍讲究风水，尤以士人为重。

（二）风水形势宗的理论

自明清以来，民间流行的风水理论，大致分为两个流派：江西形势派和福建理气派。前者重视考察山川形势起止向位，以江西一带的风水先生为主；后者重视阴阳五行八卦生克，以福建一带的风水先生为主。两家之说盛行于世，而形势宗流传较广。

形势宗主张所谓的"寻龙捉脉"，即指考察山川形势，有龙、穴、砂、水、向等相配的讲究，相应的活动是"觅龙、点穴、察砂、观水、立向"。

"龙"是指绵延的山脉。《周易阴阳宅》载："山脉何以龙为？盖因龙妖娇活泼，而山脉亦然。"到了平原，没有山体的地方，也是有"龙"的。此时的"龙"已经转入地下，是指地下的岩土层，地下岩土层也是有走向的。"龙"是有走向的，"气"依附于"龙"，走向和"龙脉"一致。风水学认为，"龙"不能断，"龙"断则"气"断。以现代科学的角度来看，"龙"断处其实就是指地震断裂带、地裂缝等不良的地质状况，是不宜建造房屋的。觅龙是对山脉的观察和选择，应选择来龙深远、奔腾远赴的山脉。

"穴"是"气"随着"龙"而来所聚集的点，分阴穴、阳穴。"穴"前靠山近水的平坦之处为"明堂"。"穴"与"明堂"的关系是"点"与"面"的关系。"明堂"的位置也符合西方学者所提出的"边缘效应"。"点穴"就是要选中最佳位置，风水界有句名言："三年寻龙，十年点穴"。意思是真龙难寻，真穴难点。穴的选择，关键在于"内气萌生，外气成型，内外相乘，风水自成"。

　　"砂"是穴之前后、左右的山,是构成穴场环境的重要因素之一。风水学中以中国传统文化中代表四方的四神兽来命名穴场周围的砂山:前(南)朱雀,后(北)玄武,左(东)青龙,右(西)白虎。主龙前面的砂山若近前便是案山,若远向便是朝山。风水中将砂喻为龙的环护山丘,龙的帐幕,龙的仆从。察砂,要求主山脉的前后左右均有环护山,砂山的形态以端庄、秀丽为吉,即"砂要秀"。察砂实际是寻找能"聚气藏气"的地理环境。一个理想的风水模式除了有靠山(镇山)之外,左右两侧还应该有起护卫作用的山,使整个穴场成兜抱状,来挡住"风"对气场的破坏,达到更好的聚气作用,让人们在心理上感到安全;同时也能够提供给人类一些维持生存的物质资料。

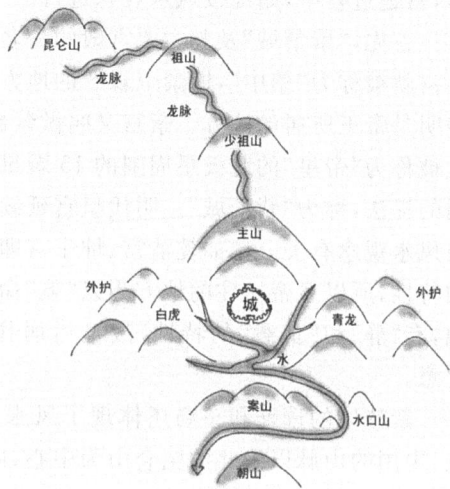

理想的风水模式图

　　"水"是伴随山脉而行的河流。"水者,龙之血脉。穴外之气,龙非水送,无以明其来;穴非水界,无以明其止"(《周易阴阳宅》)。风水学认为:山不能无水,无水则气散,无水则地不能养万物。水能"载气纳气",大山脉能"迎气生气",山环能"聚气藏气"。由此,中国风水学在长期的实践中形成了"山主富贵""水主财"的共识。观水,首要一条是观水口,水口本身有水流进之处和水流出之处,前者要开敞,后者要封闭。此外是水的形态和水质等。"水飞走则生气散,水融注则内气聚"(《水龙经》)。流动的水要屈曲绕抱,汇聚的水要澄清。

　　"向"指的是朝向,它具有矢量性。同一物体,随着参照物的不同其方位也不同。风水家们利用罗经(罗盘)进行选址,就是以其手中的罗盘建立起一个相对的坐标系,从而对穴场进行一些逻辑性的、适用性的分析和评价,看周围的环境是否能够满足"聚气"的要求。

　　以某一栋建筑单体来说,日照和通风是必须满足的,满足了则为"吉",反之则为"凶"。最好的朝向不是正南北向,而是受地球磁场的影响略有偏差。在我国,南方地区炎热,日照条件很容易满足,由于潮湿,通风在朝向的考虑上占主要地位,同时要避免过分的日照,故以南偏东15°为吉;而北方地区因为寒冷,日照在朝向的考虑上占主要地位,所以尽量要争取"热轴"的方向(即南偏西15°)来获得热量为吉。我国位于北半球,"负阴抱阳"就是指"面南背北",同样的"负阴抱阳"到了南半球就成了"面北背南"了。

二、寻龙捉脉——都城、皇宫的风水

　　早期都城的选址,较多考虑实际的使用,最重要的是解决水源和运输问题。由于风水术的泛滥,从明初开始,风水之说便在都城、宫殿的选址与营建方面发挥了重要的作用。

　　明太祖朱元璋打下江山之后,决定建都金陵(南京),在考察都城风水的时候,他花了不少心思。相传金陵自古就是王气汇集之地。《景定建康志》记载:"父老言秦(始皇)厌东南王气,铸金人埋于此。""金陵"之名亦由此而来。朱元璋得此风水宝地作为都城,感到非常满意。

　　明成祖朱棣夺得帝位后,决定把都城迁到北京。紫禁城的设计者是江西风水大师廖均卿,营建过程中,始终按风水观念进行。

首先,"紫禁城"及其主要宫殿的命名,就是风水理气观的最直接表现。早在秦汉时期,皇宫就被称为"禁中",即禁卫森严的地方。秦始皇建咸阳宫,曾以之来象征所谓的"紫宫",表明是帝王所居的地方。紫宫又叫做紫薇宫或紫薇垣,原是古代天文学上的名称,是环绕古代被称为"帝星"的北极星周围的 15 颗星的总称。到了唐代,出现了"紫宫"与"禁中"合而连用的提法,称为"紫禁城"。明代皇宫延续了这种叫法。另外,紫禁城中主要宫殿的命名,也与风水观念有关。比如乾清宫、坤宁宫即是最典型的例子。"乾"可以喻天,有"动"和"创始"的特性,所以皇帝居住的地方当以"乾"命名。"乾清"更含有清气浩荡之意。而"坤"可以喻地,有"静"和"负载"的特性,故皇后居住的地方当以"坤"命名。"坤宁"更含有安宁顺承之意。

紫禁城的选址和布局还体现了风水形势宗关于"寻龙捉脉"的观念。按照形势宗的观点,中国的山脉以西北的昆仑山为中心,向东南延伸出三条山脉,形成了三大干龙。黄河、鸭绿江之间为北龙,从阴山、贺兰山入山西,起太原,渡海而止;长江、黄河之间为中龙,由岷山入关中,至秦山入海;长江以南为南龙,由云贵、湖南至福建、浙江入海。龙从起点昆仑山到入海又按远近大小分远祖、老祖、少祖,越靠近起点越老,越靠近海边越嫩。风水家认为,老山的生气不足,嫩山的生气才旺,因此寻地当在少祖山寻,不要到远祖山、老祖山寻。除了这三大干龙之外,又有数千条小的山峦,构成一个脉络清晰的风水格局。每一个好的风水宝地,一般都有与昆仑山相联系的祖山(干龙)作为依托,而少祖山可作为拟建城市、陵墓或建筑的靠山(或称背屏)。

从北京的地理来看,其城市西北有连绵起伏的青山,这就是风水家所称的龙脉。龙脉的中心为少祖山,与昆仑山相联系,称为王气郁积之地。以此起始,引入京城,到达宫殿背后的景山(主山)。主山两翼,左以河流为青龙,右引道路为白虎。主山之前、青龙白虎之间的最佳选点,是万物精华的"气"的凝结点,为龙穴,明堂就应坐落在此处。因此,紫禁城实际处于北京城的最佳位置,而明堂太和殿就是龙穴所在,居天下中心。

环绕在紫禁城外围的护城河,是一条保卫紫禁城安全的"人造河"。紫禁城内金水河之水从护城河西北角引入,曲曲弯弯地流经武英殿、太和殿、文渊阁、南三所、东化门等重要建筑和宫门前,既将"生气"导入,又形成风水学中的"水抱"之势。金水河全长两千多米,到东南角又流入护城河,在好几处建筑前形成"临水"的风水环境。

此外,北京的大环境也非常优越,如《朱子语类》论北京的大环境云:"冀都山脉从云中发来,前则黄河环绕,泰山耸左为龙,华山耸右为虎,嵩山为前案,淮南诸山为第二案,江南五岭诸山为第三案,故古今建都之地莫过于冀,所谓无风以散之,有水以界之。"这是北京城为中心,以全国山脉为朝案,来说明北京地理环境之优越。

三、生者安居之法——住宅的风水

古人用"负阴背阳,背山面水",来概述风水观念中宅、村、城镇基址选择的基本原则和基本格局。

背山,即基址后面要有马蹄形的山丘为靠背,左右有左辅右弼的所谓次峰。这些山的山形均要优美,并且保持丰茂的植被,而不能是崎岖丑陋的荒山、倾斜的孤山或在山脉背后半掩半露的"窥峰"。山峰轮廓如果没有崎岖不平、丑恶可厌的形貌,则为"吉山"。面水,即基址不远的前方应该有水，针对住宅而言，最好是月牙形的池塘，若是村落、城镇，则最好是弯曲的河流。水应流向与山脉会合的方向，以使阴阳二气中和。而且水流要尽量平缓，迂回曲折，切忌平直如线。

具备以上条件的地方，就是最吉祥的地方，也就是所谓的"风水穴"。至于其轴线方向，最好是坐北朝南。民间有俗语说："大门朝南，子孙不寒，大门朝北，子孙受罪。"有时候由于地形所限不能强求一律坐北朝南。只要基本符合"背山面水"的格局也是可以的，但基址最好地势平坦，而且具有一定的坡度。

这种"背山面水"的选址标准，之所以较为科学，是因为它符合实际情况。背山可以阻挡冬季北来的寒流；面水可以迎来夏季的日照；近水则可以取得方便的水运交通及生活、灌溉用水，且适于水中养殖；缓坡则可以避免淹涝之害；丰茂的植被则可以保持水土，调整小气候，果林或经济林还可取得经济效益和部分的燃料能源。总之，好的基址可形成良性的生态循环，自然就变成一块吉祥福地。

这种十全十美的风水宝地是相当难求的，往往在山形水势上都会有一定的缺陷。为了"化凶为吉"，必须通过修景、造景、添景等办法，以达到整体景观的完整协调。有时，利用出入口的朝向、街道平面的轴线方向等办法来避开不愉快的景观，以期获得视觉及心理上的平衡，这是消极的办法。而积极的办法也有，如改变溪水河流的局部走向；改造地形；山上建风水塔；水上建风水桥；水中建风水墩等一类的措施，名为镇妖压邪，实际上都与修补风景缺陷及造景有关。

在一些平原地区或距离山水较远的地方，所谓的"背山面水"原则无法适用。于是格外注重住宅的朝向、布局等风水问题。四合院的东、西、南、北四方，古代称为"四象"分别与青龙、白虎、朱雀、玄武相配。四个方位加上中，就形成了东西南北中这五个方位，并与金、木、水、火、土相配。北京四合院还有一个特点：全院以中轴为对称，但大门不与正房相对，而是开在东南方向。这是根据风水学说，正房坐北为八卦中的"坎"位，而坐坎宅就必须开巽门，"巽"者是东南方向。古人相信，这种"坎宅巽门"的朝向，能使家族财源滚滚，大吉大利。

四、死者安息之道——阴宅的风水

中国古代非常重视陵墓的风水，这与古代流行的祖先崇拜及有神论思想有关。古人普遍相信人的死亡只是肉体消灭，而灵魂是永存不灭的。但灵魂也需要一个安息的场所，否则便成为所谓的"孤魂野鬼"。所以在古人眼里，陵墓的风水和住宅的风水同样重要。

永乐五年（1407年），朱棣命礼部尚书赵羾和江西风水师廖均卿等前往北京选择陵地"吉壤"，在昌平境内寻找到风水宝地黄土山，经朱棣亲自踏勘确认后并封为"天寿山"，并于1409年开始修建十三陵的第一座陵墓——长陵。以后的十二代明朝皇帝也相继把陵墓建造在这里，在具体确定他们的墓址时，都有风水师参与其间。

明十三陵所处的地形是北、东、西三面环山，南面开敞，山间众溪汇于陵前河道后，向东南奔泻而去。陵前6公里处神道两侧有两座小山，东为"龙山"，西为"虎山"。天寿山山势延绵，"龙脉"旺盛，陵墓南面而立，背后主峰耸峙，左右"护砂（山）"环抱，向南远处一直伸展至北京小平原，前景开阔。陵墓的"明堂"（基址）平坦宽广，山上草木丰茂，地脉富有"生气"，无疑是一处天造地设的帝陵吉壤。在中国传统风水学说的指导下，十三陵从选址到规划设计，都十分注重陵寝建筑与大自然山川、水流和植被的和谐统一，追求"天人合一"完美境界。

历史上最迷信陵墓风水的王朝,并非明朝,而是文化繁盛的宋朝。宋朝皇帝普遍迷信"五音姓利"的堪舆术。所谓"五音姓利",是先把人的姓按五音分配,发音相似某音即归入某音。如将孔、宋、董归入宫音,杨、王、江归入商音,赵、曹、毛归入角音,李、毕、狄归入徵音,刘、苏、余归入羽音。按风水师所说,五姓与五音、五行、五方结合,可用来推断吉凶福祸。如《图宅术》曰:"商家门不宜南向,徵家门不宜北向。"意思是说凡是姓归入商音的人家,家门不宜南向;凡是姓归入徵音的人家,家门不宜向北。今天看来,"五音姓利"这种堪舆术纯属无稽之谈,但宋朝的历代皇帝却对此深信不疑。

由于宋代皇帝姓赵,赵归入角音,角音在五行属木,按五行相生相克的理论,水生木,木生火,而金克木。风水师们据此得出结论,宋皇墓地最吉利的朝向应该是坐南朝北,万万不能坐东朝西。因此,宋代的巩县八陵都是坐南朝北,这与自古以来墓葬坐北向南,以求"负阴抱阳"的传统大相径庭。

十三陵风水示意图

【学生讲坛】

1.运用所学知识,说说"太岁头上不能动土"、"来龙去脉"、"寻龙捉脉"。

2.运用风水形势宗的理论,说说紫禁城的风水文化。

【技能训练】

[训练项目]古村落风水文化赏析。

[实训目标]

1.能够通过图书、期刊、网络等途径收集各种资料。

2.能够运用所学知识赏析古村落风水文化。

[实训内容和方法]

1.按生源所在地5—8人一组,利用实地走访和资料整理法调查当地著名古村落。

2.分析所调查古村落的风水文化,制作PPT演示文稿。

3.每组推荐一位同学,结合PPT介绍古村落的风水文化内涵。

学习任务4　中国古代建筑举要

【学习导读】

经过历史沧桑而遗留下的建筑是品位最高、价值最大、最具有旅游吸引力的文化旅游资源。各种各样的古建筑,以其独特的艺术魅力和民族文化内涵,吸引着寻古探奇的旅游者。

【知识储备】

一、权力的象征——帝王建筑

帝王建筑,是胜利者为自己树立的丰碑。他们以胜利者的姿态,居住于富丽的宫殿,为天地、祖先修建宏伟的祭坛家庙,就连死后也要安置在豪华的地下宫殿。因权力滋生的这种奢华,在中国古代建筑的琴弦上奏出了最为响亮的音符。

（一）宫殿建筑

"殿宇的海洋"——北京故宫

北京故宫亦称"紫禁城",是明清帝王处理朝政和生活起居的地方,是世界建筑史上规模最大的宫殿群。

故宫建筑讲究风水,虽处于平坦开阔的地带,亦有意形成"前水后山"型的布局。"前水"指的是天安门前的外金水河及太和殿前的内金水河。"后山"指的是人工堆成的土山——景山。故宫建筑讲究轴线对称,其主体建筑皆坐北朝南,沿中轴线排列,这条中轴线与北京城的轴线重合,8 公里长的轴线纵贯全城。整个建筑群分为外朝和内廷两部分。外朝的主要宫殿,以太和、中和、保和三大殿为中心,是封建皇帝行使最高权力的主要场所。内廷由乾清宫、交泰殿、坤宁宫和东西六宫组成,是封建皇帝和后妃居住的区域,在清代也是皇帝进行日常政治活动的地方。按中国建筑以四根柱子当中的空间为一间计算,故宫一共 9000 多间,是名副其实的"殿宇的海洋"。

1987 年,北京故宫被列入《世界文化遗产名录》。

北京故宫

世界屋脊上的宫殿——布达拉宫

位于西藏自治区拉萨市西北的玛布日山上,是一座规模宏大的宫堡式建筑群,西藏政教合一政权的中心。古老的布达拉宫不仅以建筑宏伟而著称,还以珍贵的文物而闻名,是藏族古代建筑艺术的精华,也是西藏的艺术宝库。

布达拉是梵语音译,又译作"普陀",意为"佛教圣地"。始建于公元 7 世纪,相传松赞干布为迎娶文成公主而建,后毁于战火。现在的布达拉宫是 17 世纪五世达赖喇嘛重建的。整个宫殿群由白宫和红宫组成,外观13 层,高 110 米,依山垒砌,气势雄伟。白宫

布达拉宫

横贯两翼,为达赖喇嘛生活起居地;红宫居中,为佛殿及历代达赖喇嘛灵塔殿。整个建筑群占地10余万平方米,房屋数千间,布局严谨,错落有致,体现了西藏建筑工匠高超的技艺。

1994年,布达拉宫被列入《世界文化遗产名录》。

(二)坛庙建筑

世界最大的古代祭坛——天坛

位于北京,始建于明永乐十八年(1420年)。天坛是北京"天地日月"诸坛之首,占地273万平方米,是世界上最大的古代祭祀性建筑群,明清两代皇帝曾在此祭天,以求国家昌盛,皇权永固。

天坛以严谨的建筑布局、奇特的建筑构造和瑰丽的建筑装饰著称于世。建筑布局呈"回"字形,由内外两重城墙环绕,南边围墙左右两角成方形,北边围墙左右两角成弧形,以象征古人"天圆地方"的观念。天坛的主要建筑均位于内坛,从南到北排列在一条直线上,南有圜丘坛、皇穹宇,北有祈年殿、皇乾殿,由一条贯通南北的甬道——丹陛桥,把这两组建筑连接起来。全部宫殿、坛基都朝南,成圆形,以象征天。坛内还有巧妙运用声学原理建造的回音壁、三音石等。

1998年,天坛被列入《世界文化遗产名录》。

儒家文化的圣地——孔庙

孔庙位于山东曲阜市南门内,是奉祀孔子的庙宇。始建于公元前478年,最初仅"庙屋三间",后来经过历代的不断兴建,发展成为拥有各种建筑100余座,460余间,占地面积约9.5万平方米的庞大建筑群,是中国现存规模仅次于故宫的古建筑群,堪称中国古代大型祠庙建筑的典范。

孔庙的总体设计是非常成功的。前为神道,两侧栽植桧柏,创造出庄严肃穆的气氛,培养谒庙者崇敬的情绪。前后有九进院落,纵向轴线贯穿整座建筑,左右对称,布局严谨,气势宏伟。前三进院落布置导向性建筑物,如门或牌坊。第四进院有一座三重檐的高阁奎文阁,其中藏有历代皇帝赏赐的图书。"奎"是星名,二十八宿之一,后人把奎星演化为文官之首。在孔庙建奎文阁,是把孔子比做天上的奎星之意。第

孔庙大成殿龙雕石柱

七进院落中有"杏坛",据说是孔子生前讲学处。孔庙的主殿大成殿高31.89米,宽54米,进深34米。四周支以28根龙雕石柱,每根石柱都用整块石材雕成。特别是殿前檐下的十根石柱,用深浮雕的手法雕成双龙对舞,衬以云朵、山石、涛波,造型优美生动,是罕见的艺术瑰宝。孔庙中还存有大量的碑刻及画像砖,是研究中国古代书法和文化艺术的宝贵资料。

1994年,孔庙与孔府、孔林被列入《世界文化遗产名录》。

(三)陵墓建筑

举世称奇的帝王陵墓——秦始皇陵

秦始皇陵位于陕西临潼县,是中国古代最大的一座帝王陵墓,也是世界上最大的一座陵

墓。于公元前 246 年开始营建,历时 36 年之久才修成。当时的丞相李斯为陵墓的设计者,共征集了 72 万人力,动用修陵人数最多时近 80 万,几乎相当于修建胡夫金字塔人数的 8 倍。据《史记·秦始皇本纪》记载,陵墓一直挖到地下的泉水,用铜加固基座,上面放着棺材……墓室里面放满了奇珍异宝。墓室内的要道机关装着带有利箭的弓弩,盗墓的人一靠近就会被射死。墓室里还注满水银,象征江河湖海;墓顶镶着夜明珠,象征日月星辰;墓里用鱼油燃灯,以求长明不灭……

秦始皇陵 1 号坑

1974 年春以来,在陵园东面先后发掘了三处兵马俑坑。1 号坑为"右军",埋葬着和真人真马同大的陶俑、陶马约 6000 件;2 号坑为"左军",有陶俑、陶马 1300 余件,战车 89 辆,是一个由步兵、骑兵、战车等三个兵种混合编组的军阵,也是秦俑坑的精华所在;3 号坑有武士俑 68 个,战车 1 辆,陶马 4 匹,是统帅地下大军的指挥部。这个军阵是秦国军队编组的缩影。

秦兵马俑坑被誉为"世界第八大奇迹"。1976 年在 1 号坑遗址上修建了秦始皇陵兵马俑坑博物馆,馆内复原了兵马俑坑千军万马的威武阵势。

1987 年,秦始皇陵及兵马俑被列入《世界文化遗产名录》。

举世闻名的帝王陵墓群——明十三陵

位于北京昌平县北天寿山南麓,地处东、西、北三面环山的小盆地之中,陵区周围群山环抱,中部为平原,陵前有小河曲折蜿蜒,山明水秀,景色宜人。明代术士认为,这里是风水宝地。十三座皇陵均依山而筑,方圆 40 公里,是中国乃至世界现存规模最大、帝后陵寝最多的一处皇陵建筑群。

明神宗万历皇帝和其两位皇后的陵寝定陵,是十三陵中唯一地宫被发掘的陵墓。地宫极其豪华,总面积 1195 平方米,全部为拱券式石结构,由前、中、后、左、右五大殿堂组成。后殿最大,长 30 米,宽 9 米,高 9.5 米,地面用磨光花斑石铺砌。棺床中央放置皇帝和二后的棺椁,以及装满随葬品的红漆木箱。墓中出土的金冠、凤冠、瓷器、丝织品等珍贵文物,现在定陵陈列室展出。

2003 年,明十三陵被列入《世界文化遗产名录》。

知识链接:"驾崩"一词的由来、封土的沿革

战国时期将高大的坟丘称"陵",秦汉时帝王一级的称"山陵",比喻君王的形象,以示其崇高。因而君王之死,不称"死",而叫做"山陵崩",发展到后来则称帝王之死为"驾崩"。

大约从周代开始,出现"封土为坟"的做法。秦汉两代为"方上"。在地宫之上用黄土层层夯筑而成,呈覆斗形,因为上部是方形平顶,犹如方形锥体被截去顶部,故名"方上"。到了唐代,李世民认为平地筑起高坡太劳民伤财,同时为了防止水土流失和盗墓,即改为"以山为陵"的形式。宋代恢复"方上"的形式,其规模要比秦汉时代小得多。明清两代为"宝城宝顶"形式。

二、防御的工事——城池建筑

城池包括城市的城墙和护城河。城墙一般有两重:里面的称城,外面的称郭。城墙上有城楼、角楼、垛口等防御工事,构成一套坚固的防御体系。长城,是中国古代宏大的防御工程,是都邑四周城墙的极度扩大。它与一般的城不同,整体不形成封闭式城圈,长度可达数百里、数千里或上万里,故称为"长城"。

巨龙的腾跃——万里长城

长城始建于 2000 多年前的春秋战国时期,最早修筑长城的是齐国和楚国,大约始于公元前 7 世纪中叶。战国时魏、燕、赵、秦等国相继兴筑。秦始皇灭六国完成统一后,将秦、赵、燕长城连接起来,西起临洮,北傍阴山,东至辽东,俗称"万里长城"。

根据历史记载,从秦朝到明朝这 1800 多年间,有 20 多个诸侯国和封建王朝修建过长城,除秦朝外,汉、明两代也曾进行过大规模的修筑。到如今,用夯土砌成的秦长城、汉长城只有遗迹残存,而我们现在所见到的,一般

八达岭长城

都是用砖石重修的明长城。明长城西起甘肃省的嘉峪关,东至辽宁省的鸭绿江边,全长约6700 公里。长城连续修筑时间之长,工程量之大,施工之艰巨,历史文化内涵之丰富,是世界其他古代工程所难以相比的。美国前总统尼克松在参观了长城后说:"只有一个伟大的民族,才能造得出这样一座伟大的长城。"

长城上有三个著名的关隘,即山海关、居庸关和嘉峪关。八达岭长城是我国明长城中保存最完整、最具有代表性的段落之一,也是游人观赏长城最佳的地方。因地势险要,自古为兵家必争之地,历代都设重兵把守。金山岭长城被誉为"第二八达岭"。1567 年,戚继光镇守北疆,继续兴建众多敌楼和战台,使之成为万里长城上构筑最复杂、楼台最密集的一段。

1987 年,长城被列入《世界文化遗产名录》。

知识链接:江南长城

即临海古城墙,位于浙江省临海市,始建于晋,成于隋唐,全长 6000 米,是我国江南地区保存最完好的古城墙,为全国重点文物保护单位。临海古城墙既具雄险峭拔之势,又具江南清丽的景致,因此有"江南八达岭"之美誉。

根据历史记载,明朝名将戚继光在临海抗倭八年,九战九捷。其间,戚继光与知府谭纶整修临海

临海古城墙

古城墙,创造性地加盖了二层中空敌台。戚、谭随后奉调蓟州,修建北京附近的明长城。他

们抽调江南三千兵士,将其在临海筑城经验运用到明长城修建工程中。万里长城的空心敌台,源自临海。因此,临海古城墙与万里长城结下不解之缘,所以称"江南长城"。

高筑墙、广积粮、缓称王——南京城墙

南京城墙内侧周长 33 公里,为世界第一。明皇朱元璋在安徽休宁人朱升"高筑城、广积粮、缓称王"的建议下,逐步兴建起来。城垣用巨大的条石砌基,上筑夯土,外砌巨砖,砖缝用石灰和糯米浆浇灌,墙用桐油和拌和料结顶,十分坚固。原有城门 13 座,其中聚宝(中华)、石城、神策、清凉四门保存至今。

知识链接:中国第一大城门

南京城南的中华门,为明代洪武年间耗 18 年时间建成,因正对城门外的聚宝山(即雨花台),故又称"聚宝门"。聚宝门气势宏伟,建有形制特殊的、全国规模最大的瓮城。南北长 128 米,东西宽 118 米,城墙高 20.5 米,共有三道瓮城,四道拱门。每个拱门都有内外两道门,外面一道是从城头上放下来的"千斤闸",如遇敌人来攻,可以放下千斤闸,即如"瓮中捉鳖"。

中华门

三、多姿的轮廓——楼阁建筑

楼阁有古朴的飞檐画栋和精致的花窗青瓦,屋顶形式各异,坡面和缓,出檐深远,檐角微翘,构成一幅轻盈、美丽、多姿的轮廓,充满诗情画意。自古以来,中国文人名士便将登楼阁、览胜景、吟诗作赋、抒情遣怀视为一项高雅的活动。著名的江南三大名楼是黄鹤楼、岳阳楼、滕王阁。

天下绝景——黄鹤楼

位于湖北武汉,其名最早出现在《南齐书》上,与岳阳楼、滕王阁并称为"江南三大名楼"。唐代黄鹤楼"高耸巍峨",极为雄伟。历代许多大诗人都先后到此游乐,吟诗作赋。在历代咏黄鹤楼的诗篇中,以崔颢的《黄鹤楼》诗最负盛名。

黄鹤楼在历代屡毁屡建。1995 年重建的黄鹤楼,五层总高 51.4 米,体量之大超过了历代旧楼。屋面全部采用黄瓦,是为了附会"黄鹤之意"。

知识链接:崔颢的《黄鹤楼》

"昔人已乘黄鹤去,此地空余黄鹤楼。黄鹤一去不复返,白云千载空悠悠。晴川历历汉阳树,芳草萋萋鹦鹉洲。日暮乡关何处是,烟波江上使人愁。"该诗意境深远隽永,耐人寻味,被称为唐人七律之首。后来李白登楼凭眺,诗性大发,本想吟诗一首,看见崔颢的题诗,觉得难以超过,便叹息说:"眼前有景道不得,崔颢题诗在上头。"从此黄鹤楼更加声名大振。

洞庭天下景,岳阳天下楼——岳阳楼

位于湖南岳阳古城上。岳阳楼之名起源于唐肃宗时。后至北宋滕子京重修岳阳楼,更为时人、后世传为美谈。范仲淹名传千古的《岳阳楼记》,词采飞动,议论纵横,不仅写出了朝晖夕阴、气象万千的巴陵胜状,而且写出了作者"先天下之忧而忧,后天下之乐而乐"的精神

风貌。滕子京请大书法家苏舜钦书写了范仲淹的《岳阳楼记》，并由邵㻋篆刻。人们把滕修楼、范作记、苏手书、邵篆刻，称为"天下四绝"，并竖了"四绝碑"，至今碑石完好。现在的岳阳楼是清光绪年间的建筑，与原建筑造型不同，为三层三檐的木结构楼阁，黄色琉璃瓦盔顶。

秋水共长天一色——滕王阁

位于江西南昌西侧，建于唐朝。唐高祖李渊之子滕王李元婴出任洪州都督，耗资巨万，营造城阁，故取名为滕王阁。滕王阁载誉古今，是与王勃《滕王阁序》分不开的。后来王绪作《滕王阁赋》，王仲舒作《滕王阁记》，人称"三王文词"。滕王阁历代屡毁屡建，现在的建筑为1989年重建，为仿宋建筑，华丽堂皇，宏伟壮观。

知识链接：王勃与滕王阁

唐高宗上元二年（675年）重阳节，洪州都督阎伯屿设宴于阁上，想让其婿吴子章炫露文采，当场作序。其时，王勃自北南下，于宴席开始后赴会，坐最末一席。阎假意先叫同僚作序，但大家已知其意，无人敢应。没料到少年博学的王勃冲身而起，要来纸笔，即席作序。阎恼怒之下回到内屋，叫人看王勃下笔，写一句向他通报一声。王勃起首一句"南昌故郡，洪都新府"，人报于阎，阎冷笑说："这是老生常谈。"王勃疾笔写就第二句"星分翼轸，地接衡庐"，阎听后沉吟不语。当把"落霞与孤鹜齐飞，秋水共长天一色"报知阎都督时，他惊喜万分，赞叹真是天才！此次盛宴，也因此段佳话而名垂文史。

可惜天妒英才，王勃作序后的第二年，探父途中渡海溺水而逝。

四、灵魂的寄托——佛塔建筑

佛塔起源于印度，称窣堵坡或浮屠，用以藏佛舍利，其形状为一个半圆形的坟冢。佛塔传入中国后，与中国原有的传统建筑形式相结合，出现了许多新的塔型。中国佛塔可分为楼阁式、密檐式、覆钵式和金刚宝座式等类型。

救人一命，胜造七级浮屠——楼阁式塔

楼阁式塔源于中国传统建筑中的楼阁形式，可以登高远眺。早期为木结构，隋唐以后多为砖石仿木结构。著名的有陕西西安大雁塔、山西应县木塔等。

西安大雁塔位于陕西西安市南慈恩寺内，建于唐永徽三年（652年）。此塔是玄奘大师从印度取经回来后，专门从事译经和藏经之处。因仿印度雁塔样式修建，故名雁塔。由于后来又在长安荐福寺内修建了一座较小的

应县木塔

雁塔，叫做小雁塔，故此塔名为大雁塔。大雁塔塔体为方形锥体，造型简洁，气势雄伟，是我国佛教建筑艺术中不可多得的杰作，被视为古都西安的象征。

应县木塔，即佛宫寺释迦塔，坐落在山西应县佛宫寺内。木塔建于辽清宁二年（1056年），平面呈八角形，外观五层，夹有暗层四层，实为九层，通高67.13米。应县木塔是我国现存最古最高的一座木构大塔。

知识链接:佛塔的其他类型

密檐式塔以外檐层数多且间隔小而得名。塔下部第一层塔身特别高,以上各层则塔檐层层重叠,距离很近。密檐式大都是实心,一般不能登临。著名的有河南登封嵩岳寺塔、西安小雁塔、云南大理千寻塔等。覆钵式塔又称喇嘛塔,为藏传佛教所常用。流行于元代,明清继续发展。著名的有北京妙应寺白塔等。金刚宝座塔具有浓厚的印度风格。其形式为:塔的下部为一方形巨大高台,台上建五个正方形密檐小塔(代表五方五佛)。北京真觉寺金刚宝座塔是我国同类塔中年代最早、雕刻最精美的一座。

| 河南登封嵩岳寺塔 | 北京妙应寺白塔 | 北京真觉寺金刚宝座塔 |

五、彩虹的投影——桥梁建筑

桥是路的延伸,是最能激发人类想象力的建筑。它横跨江河而建,沟通水陆,将两岸连为一体。它或弯、或直,弯者如虹,直者如带。如虹者有名闻天下的赵州桥,虽历经千年风雨,身姿却曼妙依然,赢得"水在碧玉环中过,人在苍龙背上行"的赞誉;如带者有独一无二的卢沟桥,见多识广的马可·波罗曾用"世界最好"来评价它。

建筑水平最高的古代石桥——安济桥

安济桥又名赵州桥,位于河北省赵县(古称赵州)城南的洨河上,建于隋开皇至大业年间(590-608年),由著名匠师李春设计和建造,距今已有1400多年的历史,是当今世界上现存最早、保存最完善的敞肩石拱桥。桥全长64.4米,宽9.6米,跨度37.02米,是一座由28道相对独立的拱券组成的单孔弧形大桥。赵州桥最大的科学贡献就是它"敞肩拱"的创举。在大拱两肩,砌了四个并列小孔,既增大流水通道,减轻桥身重量,节省石料,又增强了桥身稳定性。这就有力地保证了赵州桥在1400多年的历史中,经受住了多次洪水冲击,8次大地震摇撼,以及车辆重压,仍挺立在洨河之上。

知识链接:木拱廊桥

廊桥又称屋桥、风雨桥,是在桥面上盖建廊屋的桥梁,有木拱、木平和石拱三桥之分,其中木拱廊桥不仅是中国传统木构桥梁中技术含量最高的品类,而且是世界桥梁史上绝无仅有的一个品类,如今在我国能保存下来的为数极少,已被人们称为桥梁的"活化石"。2009 年,中国木拱桥传统营造技艺入选《急需保护的非物质文化遗产名录》。

木拱廊桥的下部结构是"编木拱梁桥",兼具拱桥和梁桥特征,结构合理。木拱廊桥是典型的山地生态环境中人居文化的一种遗产,最集中的留存地

浙江庆元兰溪桥

是"景泰寿庆"(浙江景宁、泰顺、庆元和福建寿宁)四县,其中又以庆元数量最多,价值最高。它集山、水、屋、桥于一体,气势如虹,桥屋灰瓦红身,飞檐走兽,既美观实用,又有深沉的民俗文化渊源。

"独一无二的桥"——卢沟桥

卢沟桥位于北京市丰台区永定河(旧称卢沟河)上,始建于金代,明、清两代曾进行过较大规模的修葺、重建,是北京现存最古老的联拱石桥。卢沟桥全长 266.5 米,宽 7.5 米,桥身下分 11 孔涵洞,桥墩呈船形。"卢沟晓月"为燕京八景之一。1937 年 7 月 7 日,侵华日军在此制造了卢沟桥事变(即"七七事变"),发动了对中国的侵略战争。中国人民伟大的抗日民族自卫战争从此开始。

知识链接:卢沟桥的石狮子——数不清

卢沟桥桥身两旁的石雕护栏上共有望柱 281 根。望柱上雕有大小不等、形态各异、数之不尽的石狮子。民间有句歇后语说:"卢沟桥的石狮子——数不清",明代《帝京景物略》也有卢沟桥的石狮子"数之辄不尽"的记载。许多游人试图搞清数目,但数来数去,眼花缭乱,最后只有作罢。1962 年有关部门专门派人搞了一次清点,逐个编号登记,清点出大小石狮子 485 个,至此,应该说是"谜团冰释"了。孰料,在 1979 年的复查中,又发现了 17 个,这样,大小石狮子的总数应为 502 个,今后是否还会发现,谁也不敢来画这个句号。

六、尘世的足迹——民居建筑

民居建筑,没有帝王建筑的富丽堂皇,没有坛庙建筑的宏伟壮观,也没有宗教建筑的庄严肃穆,然而她洋溢着的亲切、质朴的独特风情,同样值得我们为之喝彩。中国地域辽阔,民族众多,民居建筑自然也是绚丽多姿、异彩纷呈。

东方伦理道德的体现——北京四合院

北京四合院是北方四合院的代表。北京四合院的建筑布局受到古代风水说的影响,大门不开在中轴线上,而开在八卦的"巽"位或"乾"位。胡同北侧的四合院为正四合院,大门开在东南角;胡同南侧的四合院如果南面不临街,开不了院门,则在西北角开门。

比较标准的四合院分内宅和外院两部分。外院由倒座房、院门、影壁、内宅南外墙组成。

倒座房用于客房和仆人住房；影壁是重要的装饰，一些影壁建造讲究，在其墙壁上雕饰有精美的图案和吉祥话语，大大增加了四合院的文化品位。内宅南墙正中建有垂花门，只有进了垂花门，才能看清内宅房屋。内宅由正房、东厢房、西厢房组成，中间是庭院。正房高大而豁亮，面阔三间，东西两侧建有耳房。正房由宅主人居住，厢房供子孙辈居住。大的四合院在正房后还建有用途多样的后罩房。

四合院内可以种树养花，有的还置有金鱼缸，搭有葡萄架。在四合院内种枣树、石榴树寓意早生贵子，多子多孙；种丁香、海棠，表示主人有身份和有一定的文化修养。

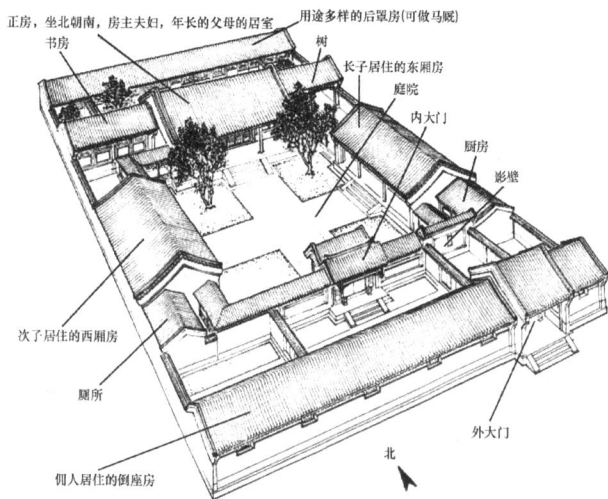

北京四合院

四合院是封闭式住宅，院内一大家人可以安安静静、和和美美、与世无争地生活。院内的房子既各自独立，又相互联系，面向院子中间开放和集中。高大宽敞的正房，冬暖夏凉，由长辈居住，长辈一旦有什么不适，哪怕刮风、下雨、下雪，儿孙们也可以沿着游廊到正房去问安。这种房屋布局，充分体现了中国传统民居的家庭观念和东方的伦理道德。

大红灯笼高高挂——晋中窄院

晋中地区地势较平坦，不仅有着肥沃的土地，还是东西的交通要道，因此自古就是富庶之地；由于经济的繁荣，晋中地区也聚集了大量的人口，因而居住用地相对局促；晋中地区占尽地利，因而居民大多外出经商，留在家中大多是老幼。基于以上几点原因，这里的民居形成了一种平面狭长、布局紧凑的合院形式，通体由青砖砌成。这种长方形的合院窄而长，外面有着高高的围墙，有很强的安全性。从大门到中房到最后的正房，屋脊逐渐升高，单坡的屋顶向内倾斜，从内部院落向上看，只留有一道狭长的天空。这种合院以山西汾河湾地区为代表。

汾河湾多富商，所以这里的合院民居不仅规模大、质量高，而且由于远离京城，对建筑的规制也相对宽松，许多只有在王府中才能出现的形式，在这里普通的民居中就常能见到。汾河湾最有代表性、最著名的民居是祁县的乔家大院。

知识链接：乔家大院

乔家大院是一座城堡式建筑，四周由高达十几米的砖墙围合而成。墙的上层是女儿墙形式的垛口，还有更楼、眺阁等，宛如城墙上的敌楼，气势非凡。整个大院占地达8000多平

乔家大院

方米，内部由6个大院，19个小院，313间房屋组成。大门坐西朝东，进门处设有砖雕的大型

照壁,照壁上饰有 100 个不同形态的"寿"字。综观全院布局严谨,设计精巧,俯视成"囍"字形,建筑考究,被专家学者誉为:"北方民居建筑史上一颗璀璨的明珠"。

粉墙、黛瓦、马头墙——徽州民居

"有堂皆设井,无宅不雕花"。徽州民居作为徽文化的重要组成部分,历来为中外建筑大师所推崇。它以粉墙、黛瓦、马头墙为表型特征,以砖雕、木雕、石雕为装饰特色,以高宅、深井、大厅为居家特点。

徽州指位于今安徽、浙江、江西交界的地区。徽州民居以四水归堂的天井院落为单元,为多进院落式(小型者多为三合院式)布局。在多进的院子中,每一个院落都设正堂,且后面的院落要比前院高出一些,这种设置称为"步步登高",在风水上的解释为"前低后高,子孙英豪"。天井院落面阔三间,中为厅堂,两侧为室。厅堂前方开设"天井",采光通风,亦有"四水归堂"的吉祥寓意。徽州民居的大门是重点装饰区域,有极其精美的砖石雕刻装饰,显示着家庭的财富与地位。出于安全性考虑,无论贫富,徽州民居的大门都很小,主要根据装饰的繁简与装饰面积的大小来显示家庭的情况。民居外观整体性和美感很强,高墙封闭,马头翘角,墙线错落有致,黑瓦白墙,色彩典雅大方,和山水云雾镶嵌在一起,颇有"天人合一"的感觉。

徽州民居大门

知识链接:牛形村落——宏村

安徽黟县宏村始建于北宋,距今已近千年历史。古宏村人独出机杼开"仿生学"之先河,规划并建造了堪称"中华一绝"的牛形村落,山为牛头、树为牛角、屋为牛身、桥为牛脚,从高处看,宛若一头斜卧山前溪边的青牛。宏村水系依牛的形象设计,引清泉为"牛肠",从一家一户门前流过。"牛肠"在流入村中被称为"牛胃"的月塘后,经过过滤,复又绕屋穿户,流向村外的另一个"牛胃"——南湖,最后流入河床。

全村现保存完好的明清古民居有 140 余幢。有"民间故宫"之誉的承志堂富丽堂皇,可谓皖南古民居之最。从村外自然环境到村内的水系、街道、建筑,甚至室内布置都完整地保存着古村落的原始状态,没有

承志堂"商"字门楣

丝毫现代文明的迹象。造型独特并拥有绝妙田园风光的宏村被誉为"中国画里乡村"。2000年,宏村被列入《世界文化遗产名录》

难忘人类童年的居所——窑洞四合院

掘土而居的这种居住形式可上溯到原始社会,其历史非常古老,是我国最具地方特色的民居形式之一。虽然窑洞建筑建造简便且坚固耐用,但受地形和气候限制,只有在干旱少雨

且土质细密、均匀的黄土堆积层中挖的窑洞才能长期居住,因此我国的窑洞民居主要分布在黄土高原地区。黄土高原地区气候干旱少雨,多风沙,日照强烈而且早晚温差大,而窑洞则冬暖夏凉,具有很好的保温功能。由于有厚实的土层保护,因此窑洞的取暖和制冷都要比普通房屋节约大半的费用;窑洞民居内部的面积也大都比一般房屋大,相当宽敞,而且使用时间长,居住几十年的窑洞随处可见;此外窑洞还有较强的隔音、防火、抗震功能。

窑洞按建造方式不同有两种常见类型,即靠崖式窑洞和下沉式窑洞。靠崖式窑洞又称为靠山窑,顾名思义,靠崖式窑洞就是在黄土坡边缘,向内横向挖掘的洞穴。最具代表性的靠崖式窑洞区为河南和陕西两省。下沉式窑洞又称地坑院、天井院等,就是在平地上向下挖出一个深坑,人工创造出"崖壁",再在四壁上开掘出窑洞的合院形式。在河南、陕西、甘肃等地都有分布。下沉式窑洞的顶部通常都要比周围地面略高一些,还建有一圈

下沉式窑洞

女儿墙,这样既避免地面上的人不小心跌落,也防止地面上的雨水倒流入院内。

团结的异乡人客家堡垒——福建土楼

土楼是自三国两晋以来为逃避战乱而迁移南方的中原移民——客家人的住宅,主要分布在福建西南部永定、龙岩、漳平和漳州一带的农村中。每一栋土楼体积都很大,而且用夯土墙作为承重结构,平面形式有方形、圆形、五角形、八卦形等,以方形和圆形为主,其中又以圆形最为奇特。

圆形土楼在外国人眼里被当做是"天上掉下的飞碟"、"地上冒出的蘑菇"。其主要特征是以祠堂为中心,采用中轴对称形式,基本居住模式为沿周边布置并分割成一个个单元房,土木结构,美观牢固,独具客家风情。大的圆形土楼可高达15米,墙厚1米,有外、中、内三圈,共数百间房屋。

福建土楼是世界上独一无二的山区大型夯土民居建筑,以其独特的建筑风格和悠久的历史文化著称于世,2008年被列入《世界文化遗产名录》。它依山就势,布局合理,吸收了中国传统建筑规划的"风水"理念,适应聚族而居的生活和防御的要求,巧妙地利用了山间狭小的平地和当地的生土、木材、鹅卵石等建筑材料,是一种自成体系,具有节约、坚固、防御性强的特点,又极富美感的民居建筑类型。

知识链接:承启楼

承启楼是保存最为完整的圆形土楼,位于福建省永定县,建于清康熙四十八年(1709年),历时三年完工。圆楼直径达62.6米,最中央是全楼的祖堂,由一座厅堂和半圈围屋组成。内圈有房20间,中圈有房34间,外圈有房60间。外圈共有四层:底层为厨房,二层为谷仓,三、四层为卧室,全楼共有房间300余间,可容纳600余人同时在里面生活。

中西合璧的民居——广东碉楼

20世纪二三十年代,广东开平市各地普遍建造碉楼,主要是为"防盗"。各方匪贼把富裕的侨乡当成"生财之地",经常打家劫舍,造成无数惨案。于是海外华侨和故里的乡民联合

起来,以数家或以村为单位,集资建造公用碉楼,较为富裕的华侨、归侨则独自兴建碉楼,作为防涝和防盗之需。而在建造的过程中,也有意识、无意识地仿造了国外的各种建筑风格。碉楼建造高峰期全市多达3000多幢,后由于诸多原因大量废弃,现存1466幢,分布在不同城市和乡镇。这些碉楼是开平华侨与村民把外国建筑文化与当地建筑文化相结合的结晶。其数量之多,建筑之精美,风格之多样,在国内乃至世界的乡土建筑中实属罕见。2007年,广东开平碉楼与村落被列入《世界文化遗产名录》。

永定县承启楼

小桥流水人家——江南水乡民居

江南地区主要指江苏南部和浙江北部的大片区域,这里水网密布,自古为富庶繁华之地,素有"鱼米之乡,丝绸之府"之美誉。与高度发达的经济一样,人杰地灵的江南地区人才辈出,有很深的文化底蕴,造就了特有的居住形式。

江南地区一年四季气候宜人,因此其屋顶不像北方一样加厚,没有天花板,直接裸露着上面的木构架。由于屋顶的木构架都是裸露着的,因此也成为室内主要的装饰部分。建筑中大梁常做成月梁的形式,其他地方则以各种植物、回字纹、狮纹象纹、人物等为题材,雕刻精美繁复。建筑本身只以粉墙黛瓦装饰,风格清新,连木构架以及住宅内的门、窗等所有木质设施都饰以栗褐色或褐黑色的油饰,以素雅、清幽的风格为主,与团簇在建筑周围的

开平碉楼

植物,以及碧水蓝天交相辉映,别有一番江南宅院的特色。出于保护家宅安全和防火的目的,住宅周围高墙封闭,形成各式各样的马头墙,成为江南民居外部最大的特点。

与深宅大院相比,临水而建的普通住宅在江南更为普遍,也最能代表江南水乡民居的特点。由于江南地区河网密布,人们大都依靠水路交通,为了运输与生活的便利,最好的建筑居住模式是临河而建,一边出口毗邻街道,一边出口毗邻河道。由于人多地少,地面就变得局促起来,所以形成水乡独特的开间小、纵深长、高层的住宅形式。紧密排列的建筑顺着河道的变化而蜿蜒,形成了江南独有的河街。居民临水的建筑大都开有后门,与河道相连,并设置石阶梯。门外各家的小码头是水乡人家住宅最重要的一个组成部分,在这个当地人称之为"河埠头"的地方,不仅是重要的出行口,也是各家船只停靠的所在,更是居民日常洗衣、洗菜、购买生活用品的地方。

江南水上人家·南浔百间楼

【学生讲坛】

1.谈谈为什么在浙南地区会出现被誉为桥梁"活化石"的木拱廊桥?

2.说说江南四合院与北方四合院的不同之处。

【技能训练】

[训练项目]中国古代建筑导游讲解。

[实训目标]

1.能够通过图书、期刊、网络等途径收集各种资料。

2.能够运用所学的知识赏析中国古代建筑的特色。

[实训内容和方法]

1.按生源所在地5－8人一组,利用实地考察和资料整理法调查当地著名古代建筑景观。

2.收集该古代建筑景观的图片及文字介绍资料。

3.挖掘该古代建筑的艺术特色和文化内涵,撰写解说词,制作PPT演示文稿。

4.每组选一位代表,结合PPT,向同学介绍该建筑景观。

★学习资源

1.杨永生.中国古建筑之旅.北京:中国建筑工业出版社,2003

2.王其均,谢燕.民居建筑.北京:中国旅游出版社,2006

3.房厚泽.凝固的历史 中国建筑故事.北京:北京出版社,2007

4.中华五千年网　http://www.zh5000.com

5.中国世界遗产网　http://www.cnwh.org

6.中国建筑风水文化网 http://www.cacc.org.cn

项目四　天人合一的园林文化

【学习目标】

● 知识目标

1. 了解中国古典园林的起源与发展。

2. 掌握中国古典园林的特征、造园要素和构景手段。

3. 掌握我国现存著名古典园林的艺术特色与思想内涵。

● 技能目标

1. 能根据中国古典园林的特征与西方园林做比较并分析其差异性。

2. 能鉴赏我国著名古典园林的艺术特色、造园手法。

【专项旅游线路推荐】

"夕阳红"精华江南水乡、园林之旅

第一天:抵达苏州,游览中国四大名园之一的拙政园。拙政园是江南园林的代表,也是苏州园林中面积最大的古典园林。园以水景取胜,保持了明代园林疏朗典雅的古朴风格。晚上自费游览苏州运河。宿:苏州市区

第二天:上午游览苏州名园留园和狮子林。留园是中国四大名园之一,以建筑结构见长,园内可赏"留园三绝":冠云峰、楠木殿、鱼化石。狮子林是苏州四大名园之一,有"假山王国"之誉,虽缀山不高,但洞壑幽深、奇峰林立、怪石嶙峋,像一座曲折迷离的大迷宫。下午车赴有"中国第一水乡"之誉的周庄,参观江南富商府邸——张厅、沈厅,领略"一脚踏两桥"的钥匙桥以及富安桥、迷楼等江南水乡建筑。宿:周庄

第三天:早餐后车赴电影《似水年华》的拍摄地乌镇。乌镇是典型的江南水乡古镇,素有"鱼米之乡,丝绸之府"之称。一条流水贯穿全镇,它以水为街,以岸为市,两岸房屋建筑全面向河水。参观逢源双桥、百床馆、蓝印花布作坊、江南木雕陈列馆、万国钱币博览馆、茅盾故居、立志书院等,领略"小河穿市过,人家尽枕河"的水乡迷人风光。下午结束愉快的旅程,返回温暖的家。

学习任务 1　中国古典园林源流与特征

【学习导读】

园林,凝聚着人类向往自然、美化自然、与自然交流的体验及智慧;蕴含着丰富深厚的人对自然的追求和向往,对山林野趣的理解和诠释,对美好环境、美好生活的构建和建造。根据整体形象、风景内涵和审美情趣的不同,可以将世界上众多的园林分为两大类:一类是以中国古典园林为代表的东方自然式园林;另一类是以法国古典园林为代表的西方几何规则式园林。还有一种分类比较细,把世界园林分为三大类:中国园林、欧洲园林和西亚园林。

我国人民自古就有"好山乐水"的文化渊源,园林艺术历史悠久,有"世界园林之母"之誉。其独特鲜明的风格和形象令世界瞩目,有"无声的诗,立体的画"之称,带给人们极大的美的享受和启迪。

【知识储备】

一、中国古典园林的起源与发展

中国园林历史悠久,发端于殷商,觉醒于魏晋,成熟于唐宋,兴盛于明清。在中国历史上,园林因内容和形式的不同曾用过不同的名称。殷商时期,称为"囿"和"猎苑";秦汉时期把供帝王游憩的境域称为"苑"或"宫苑";属官署或私人的称为"园"、"园池"、"宅院"、"别业"等。园林一词,最早见于西晋以后的诗文中,如"驰骛翔园林"(晋•左思);"暮春和气应,白日照园林"(晋•张翰);"饮啄虽勤苦,不愿栖园林"(刘宋•何承天)。唐宋以后,"园林"一词的应用更加广泛,常用以泛指各种游憩境域。

（一）商周秦汉:中国古典园林形成期

1. 商周朴素的"囿"

文字记载表明,中国最早的园林形式是距今 3000 多年前商周时期的"囿"。囿是指在圈定的范围内让草木和鸟兽滋生繁育,挖池筑台,供帝王和贵族们狩猎和享乐。公元前 11 世纪,周武王曾建"灵囿",其中有巍峨的殿阁、高大的楼台、奇禽怪兽、名贵花木。《诗经•大雅》灵台篇记有"灵囿"的经营,以及对"囿"的描述,如:"王在灵囿,麀鹿攸伏。麀鹿濯濯,白鸟翯翯。王在灵沼,於牣鱼跃。""灵囿"除了"台"、"沼"为人工设施外,其余全为自然景物。

2. 秦汉的宫苑及其"一池三山"

秦汉时期,在"囿"的基础上发展形成了一种带有宫室的园林形式,称为"苑",又称"宫苑"。秦始皇在咸阳修建规模宏大的上林苑。为了求得长生不老,秦始皇笃信方士,曾派徐福率童男童女去东海仙岛寻找仙药。与此同时,又在上林苑中挖池筑岛,取名蓬莱仙岛,象征人间仙境,开创了人工堆山之先河。汉武帝刘彻在秦上林苑的基础上进行大规模扩建、改建,并开凿了太液池。太液池中修建了三座仙山,分别命名为蓬莱、方丈和瀛洲。这种在秦王朝创造的"一池一岛"基础上发展起来的"一池三山"的造园布局,以及它所体现的神仙思想,成为历代皇家园林创作池山的主要模式,还影响到宫苑以外的园林,如苏州留园有"小蓬莱"，杭州三潭印月景区有"小瀛洲"等。

（二）魏晋南北朝：中国古典园林转折期

魏晋南北朝时期是中国园林发展中的转折点。佛教的传入及老庄哲学的流行，使园林转向崇尚自然。私家园林逐渐增加，寺庙园林开始出现。

1. 自然山水园

到了魏晋南北朝，政治动荡，经济衰退，士人们的处境也是朝不保夕，因而他们纷纷仿效老庄，以无为浪漫、归隐山林为高雅。在这样的时代思潮主导下，游山玩水便成了风气，名士们行吟于山水间，于是山水诗、山水画大量涌现，自然山水园林也就应运而生。此时园林受山水画影响，于是凭借湖岸布置假山、建造厅堂、点缀花木，园林在形式和内容上都有了转变：园林形式，由粗略地模仿真山真水转到用写实的手法再现山水；园林植物，由欣赏奇花异木转到种草栽树，追求野致；园林建筑，不再徘徊连属，而是结合山水，列于上下，点缀成景。

2. 寺庙园林

魏晋南北朝时期还形成了一种新的园林类型——寺庙园林。由于佛教盛行，广建佛寺。出家人惯游名山大川，对于天然风致之美有较高的鉴赏能力。因此，寺院选址往往在树老林深、峰石古朴、洞壑深幽、丛林茂密的山林之中。于是，形成了峰峦隐映、松桧阴郁、岩壑幽深的寺庙园林。

（三）唐宋：中国古典园林成熟期

唐宋时期文化繁荣，园林的发展也相应地进入了成熟期，作为一个园林体系，它所具有的风格特征已经基本形成。

1. 唐代自然园林式别业山居

唐朝是中国封建社会又一个繁荣兴旺的高潮，园林艺术进一步发展。但是，当时的皇家园林仍然没有脱离秦汉遗风，只是宫殿楼宇更显雄伟气魄，苑中山水的布设更加灵活；私家园林进一步与绘画结合起来，开始有体现山水之情的创作。其中比较著名的有王维在秦岭北麓营建的辋川别业和白居易在洛阳城里修建的宅园。

辋川别业图局部(原载《关中胜迹图志》)

盛唐诗人、画家王维在陕西蓝田县的辋川山谷中，利用自然景物，略施建筑点缀，经营了辋川别业，形成了既富有自然之趣，又有诗情画意的自然园林。

中唐诗人白居易游庐山，见香炉峰下云山泉石胜绝，故置草堂，建筑朴素，不施朱漆粉刷。草堂旁，春有绣花谷（映山红）、夏有石门云、秋有虎溪月、冬有炉峰雪，四时佳景，收之不尽。

2. 唐宋写意山水园

唐宋时期文化经济空前繁荣,绘画、诗歌等方面都达到高峰,园林艺术也是这样。官僚及文人墨客自建园林或参与造园工作,将诗与画融入园林的布局与造景中,反映了当时社会上层地主阶级的诗意化生活要求。造园家与文人、画家相结合,运用诗画传统表现手法,把诗画作品所描绘的意境情趣,引用到园景创作上,因地制宜地表现山水真情和诗情画意,逐渐把我国造园艺术从自然山水园阶段,推进到写意山水园阶段。

(五)明清:中国古典园林精深发展期

明清时期,园林艺术进入精深发展阶段,无论是江南的私家园林,还是北方的帝王宫苑,在设计和建造上,都达到了高峰。现代保存下来的园林大多属于明清时代,这些园林充分表现了中国古代园林的独特风格和高超的造园艺术。

皇家园林创建以清代康熙、乾隆时期最为活跃。特别是乾隆对江南山水极有兴致,六次南巡,所到之处都留下"御笔"。北京颐和园、承德避暑山庄就是清王朝建造的皇家苑囿行宫。私家园林是以明代建造的江南园林为主要成就,如扬州"休园"、苏州"拙政园"、无锡"寄畅园"等等,虽然规模不似皇家园林,但也堪称小巧精细之作。

园林从游赏到可游可居方面逐渐发展。大型园林不但摹仿自然山水,而且还集仿各地名胜于一园,形成园中有园、大园套小园的风格。自然风景以山、水地貌为基础,植被做装点。明、清时期园林正是以这一特点和创造手法的丰富而成为中国古典园林集大成时期。

在长期的造园实践中,也造就了一批造园专家和工匠,计成的《园冶》、文震亨的《长物志》两书已对我国造园艺术进行系统总结。它们在创作思想上,仍然沿袭唐宋时期的创作源泉,从审美观到园林意境的创造都是以"小中见大"、"须弥芥子"、"壶中天地"等为创造手法。自然观、写意、诗情画意成为创作的主导地位,园林中的建筑起了最重要的作用,成为造景的主要手段。

知识链接:计成的《园冶》

《园冶》是明代的一部造园专著,成书于明崇祯四年(1631 年)。作者计成,江苏吴江人。全书 3 卷,是中国古代有关造园著作中,最完整、最具科学深度的一部。中国造园学的一系列理论、思想、方法,在《园冶》中都有精彩的表述:一是强调造园设计、构思创意的重要性,指出"三分匠,七分主人","主人"指设计主持人。二是突出崇尚自然、顺乎自然的造园目标,对此作出"虽由人作,宛自天开"的高度概括。三是提出"得体合宜"、"随宜合用"的造园原则,造园既要遵循一定的章法、体式,又要灵活地因地制宜。四是建立一套"巧于因借"的造园方法,把借景提到极重要的地位。

二、中国古典园林的特征

中西园林都发端于狩猎,其基本区别在于:中国古代园林重在体现"天人合一"的观念,而西方园林则重在表现人文的力量。

1. 崇尚自然

中国古典园林是大自然山水形象的艺术再现。不论是山水地形的整理,或者是树木花草的布置,都要求达到"有自然之理"、"成自然之趣","虽由人作,宛自天开"。再现自然美是中国园林的艺术匠意,所以中国古代园林被称为自然山水式风景园林。中国园林的这种顺应自然、依附于自然的构成方式,究其实质是受中国传统文化,尤其是老庄"天人合一,顺应自然"的文化哲学的影响。

第一,造园艺术,师法自然。即总体布局、组合要合乎自然。山与水的关系以及假山中峰、涧、坡、洞各景象因素的组合,要符合自然界山水生成的客观规律。每个山水景象要素的形象组合要合乎自然规律,尽量减少人工拼叠的痕迹。水池常作自然曲折、高下起伏状。花木布置应是疏密相间,形态天然。乔木灌木也是错杂相间,追求天然野趣。

第二,分隔空间,融于自然。中国古代园林用种种办法来分隔空间,其中主要是用建筑来围蔽和分隔空间。分隔空间力求从视角上突破园林实体的有限空间的局限性,使之融于自然,表现自然。比如漏窗的运用,使空间流通、视觉流畅,因而隔而不绝,在空间上起互相渗透的作用。在漏窗内看,玲珑剔透的花饰、丰富多彩的图案,有浓厚的民族特色和美学价值。透过漏窗,竹树迷离摇曳,亭台楼阁时隐时现,远空蓝天白云飞游,造成幽深宽广的空间境界和意趣。

第三,园林建筑,顺应自然。人工的山,石纹、石洞、石阶、石峰等都显示自然的美色。人工的水,岸边曲折自如,水中波纹层层递进,也都显示自然的风光。所有建筑,其形与神都与天空、地下自然环境吻合,同时又使园内各部分自然相接,以使园林体现自然、淡泊、恬静、含蓄的艺术特色,并收到移步换景、渐入佳境、小中见大等观赏效果。

第四,树木花卉,表现自然。松柏高耸入云,柳枝婀娜垂岸,桃花数里盛开,乃至于树枝弯曲自如,花朵迎面扑香,其形与神、其意与境都十分重在表现自然。

2. 追求意境

文化意境是中国园林最大的魅力所在。由于中国的传统是文人造园,因而中国园林受山水画和田园诗的影响很大,造园者又常借此来表达个人的思想感情,有所谓的"无处不是画,无景不入诗"的意境,有人说中国园林是诗与画的物化,耐人寻味。所谓意境,即通过有限物象来实现无限意象的空间感觉,使观临者获得象外之象、景外之景,从而使物象给人情感体验和理念升华。唐代诗人孟郊有诗云:"天地入胸臆,吁嗟生风雷。文章得其微,物象由我裁。"

匾额、刻石、楹联既是诗文与造园艺术最直接结合而表现园林"诗情"的主要手段,也是文人参与园林创作、表达园林意境的主要手段。如苏州拙政园内有两处赏荷花的地方,一处匾额为"远香堂",另一处为"听留馆"。前者得之于周敦颐咏莲的"香远益清"句,后者出自李商隐"留得残荷听雨声"的诗意。一样的景物由于匾额的不同给人以两般的感受,物境虽同而意境则殊。网师园中的"月到风来亭",其名取自邵雍诗句"月到开心处,风到水面时",游人若秋夜来此赏月自会油然而生一种益然的诗意。沧浪亭的楹联"清风明月本无价,近水远山俱有情",表现了园主与自然浑同一体,陶然于自然的闲适心情。又如拙政园的湖山上植有梅树,其中的亭子取名"雪香云蔚",使人顿觉踏雪寻梅的诗意。亭子楹联摘自唐诗名句"蝉噪林愈静,鸟鸣山更幽",也开拓了山林野趣的意境,再加上文字出自明代江南才子文征明的手笔,更增添了这一景观的文采。颐和园中的"园中园"——谐趣园,本是仿无锡惠山脚下的寄畅园而造,其正殿的涵远堂便有一联曰:"西岭烟霞生袖底;东洲云海落樽前。"颐和园虽在北方,但游人若读到此联,江南的灵秀之气亦会扑面而来。

在中国艺术论上,历来就有"诗画同源"之说,中国园林追求诗的意蕴,不可能不讲求画的境界,两者紧密协作,共同构成了"诗情画意"。中国园林要在有限的空间中表达自然之美,就要像绘画那样,用写意的方法将自然再现于园内。计成在《园冶》自序中说:"合乔木参差山腰,盘根嵌石,宛若画意",就是要求所造园林以画入景,富有画意。许多古典园林,都是由画家设计和参与建造的,如扬州以前的片石山房和万石园,相传为画家石涛所堆叠。明代画家文征明是苏州拙政园主人王献臣的密友和座上宾。明代最著名的造园家和造园理论家计成和文震亨,也都是画家。在这种情形下,造园之理自然颇通绘画之理,其运动的、无灭点的透视,无限的、流动的空间,决定了中国古典造园方式是以有限空间、有限景物创造无限意境,即所谓"小中见大"、"咫尺山林"。

知识链接:东西方古典园林的区别

要素	中国园林	西方园林
布局	自然山水式	几何形规则式
道路	迂回曲折、曲径通幽	轴线笔直式林荫大道
树木	自然式孤植、散植	整形对植、列植
花卉	盆栽花台、重姿态	图案花坛、重色彩
水景	静态水景、溪池滴泉	动态水景、喷泉瀑布
石景	大型整体太湖巨石	石雕各种物象
视线	步移景换、幽闭深藏	视线限定、开敞坦露
风格	文人的诗情画意	骑士的罗曼蒂克
美学	自然美	人工美
哲学基础	以自然为本,天人合一	以人为本

【学生讲坛】

1.谈一谈先秦诸子百家中的道家对中国古典园林艺术产生的重大影响。

2.说说我国一些著名古典园林园名的取意。

【技能训练】

[训练项目]中国古典园林意境美赏析。

[实训目标]

1.能够通过网络、书刊等途径收集资料。

2.能够赏析中国古典园林的意境美。

[实训内容和方法]

1.5—6人一组,通过网络、书刊等途径收集园林内的匾额、楹联、碑刻等素材。

2.分析匾额、楹联、碑刻所体现的深刻意境。

3.各组结合实例写一份"中国古典园林意境美赏析"报告并制作PPT演示文稿。

4.各组选派一名代表,结合PPT在班上汇报交流。

学习任务 2　中国古典园林造园要素

【学习导读】

在一定的地域范围内,利用并改造天然山水地貌或者人为地开辟山水地貌,并结合植物的栽植和建筑物的营造布置,从而创造构成一个供人们观赏、游憩、居住环境的过程,称之为"造园"。造园的规模有大有小,内容也有繁有简,但中国园林造园不外乎筑山、理水、动物、植物、建筑和书画墨迹这六种基本要素。

【知识储备】

一、筑山

山是园林的骨架。园林筑山,"布山形、取峦向、分石脉"。秦汉的上林苑,用太液池所挖的土堆成岛,象征东海神山,开创了人为造山的先例。园林中的假山有写意假山和相形假山两类。写意假山是取真山的山姿山容、气势风韵,经过艺术地概括、提炼,再现在园林里,以小山之形传大山之神。相形假山是模仿自然界动物的形体动作而堆叠起来的景观,给人印象最深的莫过于苏州狮子林的假山。全园采用湖石作材料,以表现狮趣为造型中心,大胆泼辣地在园中心堆叠出一种重峦叠嶂的山体。

筑山的石材主要有两种:一是浙江武康(德清县)的黄石,因黄石质地坚硬,不容易受风雨的侵蚀,常用于假山的基础部分,称叠脚。二是太湖石,因其具有"瘦、皱、透、漏、丑"五大特点,常置于假山的上部,供游人玩赏品味,称收顶。瘦,是石型苗条,傲骨峥嵘,坚挺多姿;皱,是石的表面起伏不平,有明暗变化的节奏,纹理丘壑万千;透,是玲珑多孔穴,前后能透过视线;漏,是石上涡洞相套,若漏斗状可盛水。苏州环秀山庄的假山是南方私家园林的典型代表,园林专家称之:"造园者未见此山,正如学诗者不知李杜。"

知识链接:江南园林"三大名石"

江南园林"三大名石",是指上海豫园的玉玲珑、苏州留园的冠云峰和杭州竹素园的绉云峰。其中玉玲珑为"三大名石"之冠,"以炉香置石底,孔孔烟出;以一盂水灌石顶,孔孔泉流"而著称。这三大名石,都是园林假山中的单块湖石,即所谓"孤赏石"。

二、理水

古人有"山因水活,水随山移,有山无水,有水无山,皆不成景"之说。"名园依绿水",不论哪一种类型的园林,水都是最活跃的构景因素——无水不活。

园林理水的原则是:水源要活,水流要曲,水道宽窄

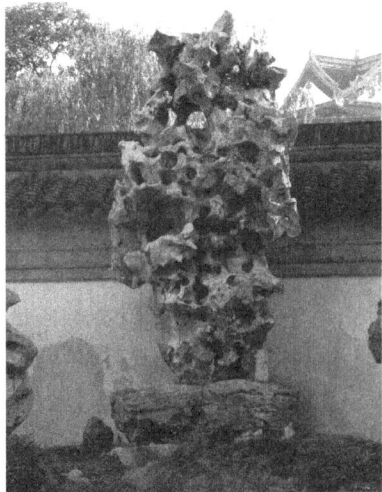

玉玲珑

相间,水位要恰到好处等。理水之法一般有三种:一为掩。以建筑和植物,将曲折的池岸加以掩映,用以打破岸边的视线局限,造成池水无边的视觉印象。二为隔。水面或筑堤,或架曲折的石板小桥,或涉水点以步石等分隔水面,正如计成在《园冶》中所说,"疏水若为无尽,断处通桥",则可增加景深和空间层次,使水面有幽深之感。三为破。对很小的水面,可用乱石为岸,怪石纵横,并植配以细竹野藤、朱鱼翠藻等,那么虽是一洼水池,也令人似有深邃山野风致的审美感觉。

水有动静之别,中国古典园林以表现静态的水景为主,以表现水面平静如镜或烟波浩森的寂静深远的境界取胜。人们或观赏山水景物在水中的倒影,或观赏水中怡然自得的游鱼,或观赏"水中女神"睡莲,或观赏水中皎洁的明月……中国古典园林也表现水的动态美,但不是喷泉和规则式的台阶瀑布,而是自然式的瀑布。

三、植物

花木犹如园林的秀发,是造园不可缺少的因素。中国古典园林着意表现自然美,对花木有一定的选择标准:一讲姿美。树冠的形态、树枝的疏密曲直、树皮的质感、树叶的形状,都追求自然优美。二讲色美。树叶、树干、花卉,都要求有各种自然的色彩美,如红色的枫叶、青翠的竹叶、斑驳的榔榆、白色的玉兰、多色的紫薇,还有白皮松,等等。三讲味香。要求自然淡雅和清幽,其中尤以腊梅最为淡雅,兰花最为清幽。

中国古典园林植物的配置特点:一是讲究"景因境异",即因不同的环境创作不同的景色。高山栽松、岸边植柳、山中挂藤、水中放莲、修竹千竿、双桐相映、小园孤植、大园群植等等,是常用的园林植物配置手法。二是讲究"疏影横斜",不注重植物的整齐划一,追求诗情画意,欣赏色、香、形、韵。三是构成一园一景的植物配置景观。如无锡"梅园"以赏梅为主,杭州西湖"苏堤春晓"以桃花为主,北京西山以红叶为主,都是一园一景,因花木而生色。四是植物配置与四季变化相统一,创造园林时序景观,延长园林观赏时间。如春天看柳、夏季荷风、秋月桂香、冬雪赏梅等,都是直接利用树木花卉的生长规律来造景的。植物配置得好,可以确保园林四季有景,季季不同。

知识链接:植物的象征意义

园林中植物的配置,往往和园主追求的精神境界有关。如竹子象征人品清逸和气节高尚,莲花象征洁净无瑕,兰花象征幽居隐士,玉兰、牡丹、桂花象征荣华富贵,石榴象征子孙满堂,紫薇象征高官厚禄,紫荆象征兄弟和睦,含笑表示深情,红豆表示相思,梅表示忠烈。松、竹、梅被称为"岁寒三友",象征坚贞的气节和理想,代表高尚的品质;松、柏因四季常青,象征长寿。

四、动物

中国古典园林还重视饲养动物。最早的苑囿中,以动物作为观赏、娱乐对象。魏晋南北朝园林中有众多鸟禽,使之成为园林山水景观的天然点缀。唐代王维的辋川别业中养鹿放鹤,以寄托"一生几经伤心事,不向空门何处销"的解脱情趣。宋徽宗所建艮岳,集天下珍禽异兽数以万计,经过训练的鸟兽,在徽宗驾到时,能乖巧地排列在仪仗队里。明清园林中有白鹤、鸳鸯、金鱼,还有天然鸟蝉等。园中动物可以观赏娱乐,可以隐喻长寿,也可以借以扩大和深化自然境界；令人通过视觉、听觉产生联想。

知识链接：中国古典园林的动物象征性表达手法

综观中国古代园林中的动物象征性表达手法，主要有三种：其一，以纯粹动物或动物组合寓意，如承德避暑山庄的万树园，当年麋鹿成群，寓意优待各民族王公大臣，巩固民族团结；鹤与鹿组景，寓意鹤鹿同春，江山万年。其二，以动物与其他园林要素或背景组合寓意，如北宋林和靖在杭州西湖中的孤山植梅养鹤，自称梅妻鹤子，寓意人格的超凡脱俗；明清江南私家园林常见的池塘莲花，岸边鹭鸟饮啄，构成一幅绝妙美景，寓意"一路（鹭）连（莲）科"，企盼连中科举。其三，以建筑、建材等虚拟动物，或以动物绘画、装饰艺术寓意，如北京恭王府中的蝠河、蝠厅，分别把水体和建筑物设计成蝙蝠形状，象征幸福吉祥；皇家园林中石狮、铜龟、铜鹤等雕塑象征皇权一统，万寿无疆。

五、建筑

建筑是园林的眼睛。中国古典园林建筑多分散、穿插、隐藏于山水景观之间，它一方面要可行、可观、可居、可游；另一方面起着点景、隔景的作用，使园林移步换景、渐入佳境，又使园林显得自然、淡泊、恬静、含蓄。这是与西方园林建筑很不相同之处。

园林建筑种类繁多，主要包括厅、堂、楼、阁、馆、轩、斋、榭、舫、亭、廊、桥等形式。

厅堂

厅堂是待客与集会活动的场所，也是园林中的主体建筑。"凡园圃立基，定厅堂为主。"（计成《园冶》）厅堂的位置确定后，全园的景色布局才依次衍生变化，造成各种各样的园林景致。

知识链接：鸳鸯厅、四面厅

苏州一带的园林常将厅堂的内部用隔扇划分为南、北两部，俗称"鸳鸯厅"。如苏州拙政园就有这样的厅堂。它的南半部称"十八曼陀罗花馆"，冬季可在此欣赏南院花台上的山茶花。北半部称为"卅六鸳鸯馆"，前有水池，夏季可凭栏观看水中荷花及鸳鸯。另一种厅堂四面设门窗（常是落地隔扇），以观赏厅堂周围景物，称之为"四面厅"，如拙政园中区的远香堂。

拙政园卅六鸳鸯馆

楼阁

楼阁是园林中的二类建筑，属较高层的建筑。它们不仅体量较大，而且造型丰富，在园林中起到重要的点景作用。楼阁可用来观赏风景、储藏书画、还可供佛。阁，四周开窗，每层设围廊，有挑出平座（平座是楼与阁的主要区别），以便眺望观景。

馆斋

馆可供宴客之用，其体量有大有小，与厅堂稍有区别。大型的馆，如留园的五峰仙馆、林泉耆石馆,实际上是主厅堂。斋供读书用,环境当隐蔽清幽,尽可能避开园林中主要游览路线。斋的建筑式样简朴,常附以小院,植芭蕉、梧桐等树木花卉,以创造一种清静、淡泊的情趣。

亭

亭是一种开敞的小型建筑物,是园林中最灵活多变的建筑形式,在园林造园艺术中广泛应用,"无园不亭"。汉代许慎《说文解字》:"亭,停也,人所停集也。"主要供人休憩、纳凉、避雨与观赏四周景色的地方。园林中亭还起着"点景"与"引景"的作用,亭名和楹联又具有指点该亭的功能和四周景物特色的作用。

拙政园芙蓉榭

拙政园与谁同坐轩

榭

榭建于水边或花畔,借以成景。平面常为长方形,一般多开敞或设窗扇,以供人们游憩眺望。水榭则要三面临水,前设坐栏,即美人靠,可让人凭栏观景。

轩

轩是小巧玲珑、开敞精致的建筑物,室内简洁雅致,室外或可临水观鱼,或可品评花木,或可极目远眺。轩,也有取自杜甫"层轩皆面水,老树饱经霜"的诗意之说。

拙政园波形水廊

廊

廊是我国古代园林中一种既"引"且"观"的建筑,起着"径缘池转,廊引人随"的作用。也就是说,廊不仅有交通的功能,更重要的是有观赏的用途。廊,又有单廊和复廊之分。苏州沧浪亭的复廊、拙政园的水廊、留园的曲廊被誉为"江南三大名廊"。

知识链接:世界第一长廊

颐和园长廊位于万寿山南麓,面向昆明湖,东起邀月门,西止石丈亭,中间建有象征春、夏、秋、冬的"留佳"、"寄澜"、"秋水"、"清遥"四座八角重檐攒尖亭。全长728米,共273

颐和园长廊

间,是我国园林中最长的游廊,1992年被认定为世界第一长廊,列入"吉尼斯世界纪录"。廊上的每根枋梁上都有彩绘,共有图画14000余幅,内容包括山水风景、花鸟鱼虫、人物典故等。

六、书画墨迹

书画墨迹是中国园林造园的特点之一,"文因景生,景借文传",在造园中起润饰景色、揭示意境的作用。园中恰到好处的书画墨迹,可以"寸山多致,片石生情",从而把以山水、建筑、树木花草等所构成的景物形象升华到更高的艺术境界。

墨迹在园中的主要形式是匾额、楹联、题刻、碑记、书画等。匾额是指悬置于门楣之上的题字牌;楹联是指门两侧柱上的竖牌,造园家们利用楹联来写景状物,怀古励今,引导游览者遐思游离于景物之外;题刻碑记的内容大都是些园苑记文、景物题咏、名人轶事,它不仅是装饰,还是一园的档案史料,对于旅游者来讲,又是一部很好的导游书;书画主要用于厅堂内的布置,笔情墨趣与园中景色浑然交融,使造园艺术更加典雅完美。

【学生讲坛】

1.说说北宋花石纲与宋徽宗主持修建的园林工程"寿山艮岳"。

2.《红楼梦》里的大观园是天才曹雪芹的天才创造,它的一草一木、一亭一台都遵循着中国传统园林艺术的规律,体现中国传统园林艺术的特点。《红楼梦》第十七回"大观园试才题对额,荣国府归省庆元宵"中,集中描写了大观园的验收过程。阅读这部分内容,简要介绍大观园中的造园要素。

【技能训练】

[训练项目]中国古典园林建筑赏析。

[实训目标]

1.能够通过网络、书刊等途径收集资料。

2.能够赏析中国古典园林的建筑美。

[实训内容和方法]

1.5—6人一组,通过网络、书刊等途径收集园林建筑图文资料。

2.分析不同园林建筑的特色。

3.各组结合实例写一份"中国古典园林建筑美赏析"报告并制作PPT演示文稿。

4.各组选派一名代表,结合PPT在班上汇报交流。

学习任务3　中国古典园林构景手段

【学习导读】

在人和自然的关系上,中国古典园林早在春秋战国时代就进入了亲和协调的阶段,所以在造园构景中运用多种手段来表现自然,以求得渐入佳境、小中见大、步移景异的理想境界,以取得自然、淡泊、恬静、含蓄的艺术效果。

【知识储备】

一、抑景

中国传统艺术历来讲究含蓄,所以园林造景也忌讳"开门见山,一览无余",最好的景色往往藏在后面。"景愈藏,景界愈大;景愈露,景界愈小"。抑景的手法很多,主要有山抑、树抑、曲抑之分。杭州花港观鱼东大门的雪松,就是抑景的范例。苏州园林,用厅堂建筑或假山遮住主景,让游人穿堂逾室,通过光线较暗的廊道或假山洞口,才能窥见园中景物。抑景不限于园林的起始部分,园中处处都能灵活运用,给游人以"山重水复疑无路,柳暗花明又一村"的感觉,从而激发游人的游兴。

二、框景

园林建筑中的门、窗、洞,或乔木树枝抱合而成的景框,往往把远处的山水美景或人文景观包含其中,这便是框景。框景能使散漫的景色集中,使自然美升华为艺术美。

框景

三、借景

园林空间有限,使之以小见大,最重要的办法便是借景。借景即将园外的景致,巧妙地收进园内游人的视野中来,与园内的景物融为一体。计成在《园冶》中指出,"园林巧于因借"。借景有远借、近借、仰借、俯借、应时而借之分。借远处的山,叫远借;借邻近的大树,叫近借;借空中的飞鸟,叫仰借;借池塘中的鱼,叫俯借;借四季的花或其他自然景象,叫做应时而借。

四、夹景

当甲风景点在远方,或自然的山,或人文的建筑(如塔、桥等),它们本身都很有审美价值,如果视线的两侧大而无当,就显得单调乏味;如果两侧用建筑物或树木花卉屏障起来,使甲风景点更显得有诗情画意,这种构景手法即为夹景。如泛舟颐和园后湖,远方的苏州桥主景被两岸起伏的山石和美丽的林带所夹峙,构成了明媚动人的夹景景色。

五、添景

当甲风景点在远方,如有乔木、花卉作中间、近处的过渡景,景色就显得有层次美,这中间的乔木和近处的花卉,便叫做添景。如在杭州白堤观赏雷峰塔或保俶塔远景时,西

添景

湖美景往往因为近处盛开的桃花、倒挂的柳丝以及湖中的荷花作为过渡景而更加生动。

六、对景

在园林中,能够互相观赏、互相烘托的构景手法称为对景。中国古代园林更讲究诸如高与低的对衬、柔和刚的对衬等对景效果,而绝不是西方园林的那种几何图形的对衬。通常所说的"雷峰如老衲,保俶如少女",即杭州西湖北面的保俶塔与南面重建的雷峰塔,就是一组绝妙的对景。

七、漏景

漏窗是框景的发展,框景把自然美升华为艺术美,组成的是清晰明丽的画面。园林的围墙和穿廊的侧墙上,常常设以漏窗,或雕以民间喜闻乐见的葡萄、石榴、老梅、修竹等植物,或雕以鹿、鹤、兔等动物。透过漏窗的窗隙,可见园外或院内的美景,这叫做漏景。

对景

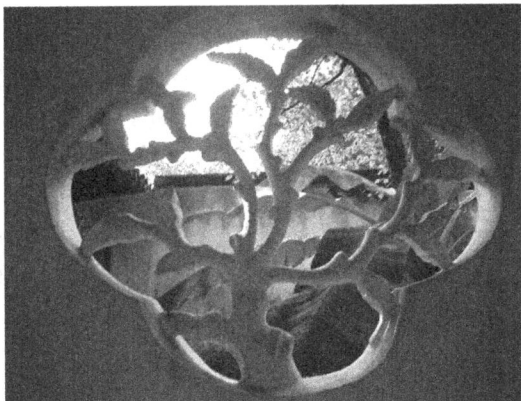

漏景

八、障景

任何园林中,总有一些不足之处,或者是必须遮挡之物。用山、石、花木加以掩盖和处理,也可形成一种美景,这叫障景。上海豫园鱼乐榭有一上实下空的墙,遮挡了原来流水较近的短处,产生了源远流长的效果,这是障景的神来之笔。

【学生讲坛】

1.举例说明,中国古典园林通过哪些手段达到"渐入佳境、小中见大、步移景异"的艺术境界?

2.苏州为什么会成为著名园林城市?

【技能训练】

[训练项目]中国古典园林构景赏析。

[实训目标]

1.能够通过网络、书刊等途径收集资料。

2.能赏析中国古典园林的各种构景手法。

[实训内容和方法]

1.5—6人一组,通过网络、书刊等途径收集园林构景手法的图例。

2.分析如何欣赏图例中的各种构景手法。

3.各组结合图例写一份"中国古典园林构景手法赏析"报告并制作PPT演示文稿。

4.各组选派一名代表,结合PPT在班上汇报交流。

学习任务4 中国古典园林举要

【学习导读】

中国古典园林的类型极其多样。按园林占有者身份分,可分为皇家园林、私家园林和寺庙园林;按园林所处地理位置划分,又可分为北方园林、江南园林和岭南园林。在中国园林发展史上,从商周时期的"灵囿"算起,皇家园林长期以来一枝独秀。直至明清,随着江南私家园林的蓬勃发展,中国园林形成南北并峙的局面。南方以苏州园林为代表,拙政园、留园、狮子林、沧浪亭等名园荟萃,湖水山石、亭台楼阁,极富生活情趣;北方则以北京、河北承德的园林为代表,今天的颐和园、避暑山庄还残存着些许帝王气象。即便是浴火重生的圆明园,也在残垣断壁间隐约透出几分昔日的辉煌。

【相关知识】

一、气势恢宏的皇家园林

皇家园林是专供帝王休憩享受的园林。它的特点是规模宏大,真山真水较多,园中建筑色彩金碧辉煌,建筑体形高大,表现了封建帝王拥有四海的权威。现存著名皇家园林有北京的颐和园和北海公园、河北承德的避暑山庄等。

中国造园艺术的典范——颐和园

颐和园是我国现有大型皇家园林中最为完整、最为典型的一个,为中国四大名园之一,被誉为皇家园林博物馆,也是世界著名园林。1998年,颐和园被列入《世界文化遗产名录》。

颐和园的前身是清漪园,1750年,乾隆皇帝为了庆祝母亲60岁寿辰,下旨兴建。咸丰十年(1860年)为英法联军所毁。光绪十四年(1888年),慈禧太后挪用海军经费重建,取"颐养太和"之意,改名颐和园。它有着丰富的政治历史内涵,与中国近代历史突

颐和园万寿山

变过程有着密切的联系,在清代戊戌变法前后是权力的中心,慈禧太后的许多决策都是在此决定的。光绪皇帝也曾在此接见袁世凯,变法失败后,被慈禧太后软禁在此。

全园由万寿山、昆明湖组成,占地290公顷,其中水面约占3/4。整个园林以万寿山上

高达 41 米的佛香阁为中心,根据不同地点和地形,配置了殿、堂、楼、阁、廊、亭等精致的建筑。山脚下建了一条长达 728 米的长廊,犹如一条彩虹把多种多样的建筑物以及青山、碧波连缀在一起。成功地运用了"抑景"和"借景"手法,以园外数十里西山群峰为背景,把玉泉山上宝塔纳入全园画面之中,从园中西眺,使人有山外有山、景外有景之感。整个园林艺术构思巧妙,在中外园林艺术史上地位显著,是举世罕见的园林艺术杰作。其主要景点有佛香阁、仁寿殿、乐寿堂、玉澜堂、大戏楼、谐趣园、十七孔桥、长廊、石舫(清晏舫)等,许多景点效法了江南园林的一些优点,如谐趣园就是仿无锡寄畅园建造的,西堤是仿杭州西湖的苏堤。

知识链接:颐和园的石舫

颐和园的石舫取名清晏舫,寓"海清河晏"之意。长 36 米,舱楼仿造外国游艇,是颐和园唯一带有西洋风格的建筑。

舫又称不系舟,是仿造舟船造型的建筑,常建于水际或池中。舫在中国园林艺术的意境创造中具有特殊的意义。船是古代江南的主要交通工具,舫就成了古代文人隐逸江湖的象征,表示园主隐逸江湖,再不问政治。皇家园林中的石舫,更是有其特殊的含义。按

清晏舫

唐魏征之说:"水可载舟,亦可覆舟",由于石舫永覆不了,所以含有江山永固之意。

中国园林史上的里程碑——避暑山庄

承德避暑山庄又名承德离宫或热河行宫,是清代皇帝夏天避暑和处理政务的场所,中国四大名园之一。1994 年,被列入《世界文化遗产名录》。

承德避暑山庄始建于清康熙四十二年(1703 年),至乾隆五十五年(1790 年)完成,总面积 569 公顷,是我国现存最大的皇家园林,相当于颐和园的两倍。周围石砌宫墙长达 10 公里,墙内的建筑布局大致可分为宫殿区和苑景区两部分。避暑山庄的最大特色是山中有园、园中有山,山区占了整个园林面积的 4/5。避暑山庄之外,半环于山庄的是雄伟的寺庙群——"外八庙"。外八庙以汉式宫殿建筑为基调,吸收了蒙、藏等民族建筑艺术特征,创造了中国多样统一的寺庙建筑风格,呈众星捧月之势,象征着民族团结和中央集权。

避暑山庄是中国古典园林艺术的杰作,它继承和发展了中国传统的造园思想,按照地形地貌特征进行选址和总体设计,"物尽天然之趣,不烦人事之工。"完全借助于自然地势,因山就水,顺其自然,同时融南北造园艺术的精华于一身。整个山庄东南多水,西北多山,被誉为"中国地理型貌之缩影",堪称中国园林史上一个辉煌的里程碑。

曾经的"万园之园"——圆明园

圆明园由圆明、长春、万春三园组成,占地 350 公顷,其中水面面积约 140 公顷。以其宏大的地域规模、杰出的营造技艺、精美的建筑景群、丰富的文化收藏和博大精深的民族文化内涵而享誉于世,被誉为"一切造园艺术的典范"和"万园之园"。

知识链接：解读"圆明"

圆明园最初是康熙皇帝赐给皇四子胤禛（即后来的雍正皇帝）的花园，并亲题园名为"圆明园"，正是取意于雍正的佛号"圆明"。对这个园名雍正皇帝有个解释，说"圆明"二字的含义是："圆而入神，君子之时中也；明而普照，达人之睿智也。"意思是说，"圆"是指个人品德圆满无缺，超越常人；"明"是指政治业绩明光普照，完美明智。这可以说是封建时代统治阶级标榜明君贤相的理想标准。

避暑山庄外八庙

圆明园始建于康熙四十六年（1707 年），历经雍正、乾隆、道光、咸丰各朝营建，前后长达 151 年之久，倾全国物力，集无数精工巧匠，填湖堆山，种植奇花异木，集国内外名胜 40 景，建成大型建筑物 145 处，内收难以计数的艺术珍品和图书文物。法国大作家雨果曾说："即使把我国所有圣母院的全部宝物加在一起，也不能同这个规模宏大而富丽堂皇的东方博物馆媲美。"

圆明园不仅继承发展了我国传统的园林建筑艺术，而且还包括了西洋建筑的特色，最

圆明园遗址

有名的"大水法"是一座西洋喷泉，还有万花阵迷宫以及海晏堂等，都具有意大利文艺复兴时期的风格。1860 年 10 月 6 日英法联军洗劫圆明园，文物被劫掠，18 日—19 日，园中的建筑被烧毁，变成一片废墟。新中国成立后，建成遗址公园，主要遗址得到保护整修，形成了以西洋楼为代表的宏大遗址群落。

知识链接：圆明园十二生肖兽首铜像

清代乾隆年间在圆明园"海晏堂"西洋古建筑前，建有一个大型喷水池，被人称为十二生肖"水力钟"。此喷泉和十二生肖计时方法结合起来，组成一组构思新奇绝妙的喷泉景观。喷水池正中是一个高约 2 米、用 3 块巨石雕成的蛤蜊，远远望去像一朵盛开的莲花。两旁八字形的石台上，各有 6 个人身兽头的铜铸小动物，即鼠、牛、虎、兔、龙、蛇、马、羊、猴、鸡、狗、猪十二生肖，每个动物就是一个喷泉机关，每到一个时辰，相应动物口中就喷水两个小时。如子时是鼠喷水，丑时则换作牛喷水。12 个动物轮流值班，定时喷水，构成了连续不断的喷水时钟；有人路经此处，只要看看当时是哪个动物喷水，就知道是什么时辰了。可惜，1860 年英法联军焚烧圆明园，这一奇特景观从此消失了。近年，这些铜首已渐有下落，牛、虎、猴、猪、马等 5 件青铜兽首已分别在 2000 年、2003 年和 2007 年由爱国人士出资抢救回国，收藏于保利艺术博物馆。鼠首、兔首于 2009 年 2 月在法国一家拍卖行拍卖，龙首目前在台湾，保存完好。蛇首、羊首、鸡首、狗首等 4 件仍然下落不明。

海晏堂及其前面的喷水池、兽首(清·郎世宁绘)

二、玲珑秀美的江南私家园林

私家园林的主人往往是宫室外戚、王公官吏、富商大贾、退下来的士大夫等等。园林的特点是规模较小,常用假山假水,建筑小巧玲珑,且居住和游览合一。园林色彩淡雅素净,表现主人悠游林下,寄情于山水之中的心态。私家园林大多在江南一带,如苏州、南京、上海、无锡、杭州、扬州等地。苏州的沧浪亭、狮子林、拙政园、留园、网师园,上海的豫园,无锡的寄畅园,扬州的个园,都是著名的私家园林。

疏朗平淡见天真——拙政园

拙政园位于苏州古城东北街,全园面积约 4.1 公顷,是中国四大名园之一,苏州四大名园之首,也是苏州园林中面积最大的古典山水园林。1997 年,被列入《世界文化遗产名录》。

明嘉靖年间,御史王献臣归隐苏州后买下此地,聘著名画家文征明参与规划设计,历时 16 年建成,形成以水为主、疏朗平淡、近乎自然风景的园林。借用西晋文人潘岳《闲居赋》中"筑室种树,逍遥自得……灌园鬻蔬,以供朝夕之馈……此亦拙者之为政也"之句取园名,暗喻把浇园种菜作为自己(拙者)的"政"事。太平天国时期,拙政园成为忠王府花园。

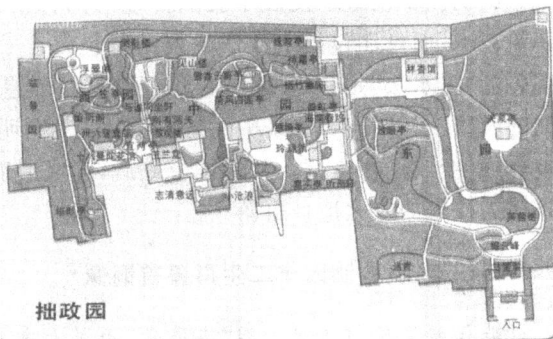

拙政园

拙政园的特点是园林的分割和布局非常巧妙,把有限的空间进行分割,充分采用了借景和对景等造园艺术。园以水景取胜,平淡简远,朴素大方,保持了明代园林疏朗典雅的古朴风格。全园分东、中、西三个相对独立的小园。

知识链接:苏州园林甲天下

苏州素有"园林之城"美誉。明清全盛时 200 多处园林遍布古城内外,至今保存完好的尚存数十处,分别代表了我国宋、元、明、清江南园林风格,以其古、秀、精、雅、多而享有"江南园林甲天下,苏州园林甲江南"之誉,被列入《世界遗产名录》。沧浪亭(宋)、狮子林(元)、拙政园(明)和留园(清),被称为"苏州四大名园"。

苏州的造园家运用独特的造园手法，使人"不出城廓而获山水之怡，身居闹市而得林泉之趣"，达到"虽由人作，宛自天开"的艺术境地。"中国园林是世界造园之母，苏州园林是中国园林的杰出代表"，这是联合国教科文组织世界遗产委员会第 21 次全体会议对苏州古典园林的评价。

未入园林先成景——沧浪亭

沧浪亭，位于苏州市城南，在苏州现存诸园中历史最为悠久，是苏州四大名园之一。2000 年，被列入《世界文化遗产名录》。

始建于北宋，为宋代著名诗人苏舜钦的私人花园。苏舜钦因感于"沧浪之水清兮，可以濯吾缨；沧浪之水浊兮，可以濯吾足"，题名"沧浪亭"，自号沧浪翁，并作《沧浪亭记》。欧阳修《沧浪亭》长诗。苏氏之后，沧浪亭几度兴废，但其古木苍老郁森，一直保持旧时的风采，部分地反映出宋代园林的风格。

沧浪亭的特色是未入园林先成景，一泓清水绕园过。临水山石嶙峋，复廊蜿蜒如带，廊中的漏窗把园林内外山山水水融为一体。著名的沧浪亭即隐藏在山顶上，高踞丘岭，飞檐凌空。亭上对联"清风明月本无价；近水远山皆有情"。上联选自欧阳修的《沧浪亭》诗，下联出于苏舜钦《过苏州》诗中"绿杨白鹭俱自得，近水远山皆有情"句。

假山王国——狮子林

狮子林位于苏州城内东北部，苏州四大名园之一。2000 年，被列入《世界文化遗产名录》。始建于元至正二年（1342 年），为元代园林的代表。因园内石峰林立，状如狮子，故名"狮子林"，素有"假山王国"之美誉。

狮子林假山是中国古典园林大规模假山的仅存者，假山总面积约 1500 平方米，远大于一般园林。园内假山以"取势在曲不在直，命意在空不在实"的手法造型，三面环水，气势磅礴，峰峦叠嶂、洞壑幽深、奇峰林立、怪石嶙峋，像一座曲折迷离的大迷宫。

狮子林假山

晚清诗人袁学澜在《狮子林记》中曾有评价说："石之奇，为吴中之冠"。

奇石冠云峰峭立——留园

留园位于苏州城东北阊门外，是中国四大名园之一。1997 年，被列入《世界文化遗产名录》。

留园始建于明嘉靖年间，清嘉庆三年被刘恕所得，扩建后改名寒碧山庄，也称"刘园"。太平天国后，阊门外独留此园未毁，谐刘园之音，改名为留园。该园最大的特点，是以建筑庭院划分与组合园林空间见长，其中厅堂在苏州诸园中最为宽敞华丽。全园分东、西、中、北四部，四景区间以曲廊相连，廊长 700 余米，依势曲折，通幽度壑，循廊而观，处处有景，堪称我国造园艺术佳作。长廊两壁上嵌有历代名书法家石刻 300 多方，人称"留园法帖"。东园内的"冠云峰"，高约 9 米，为宋代花石纲遗物，也是江南最大的太湖石。

留园曲廊

留园冠云峰

以少胜多的典范——网师园

网师园是苏州典型的府宅园林，位于苏州城东南隅。网师园始建于南宋，最初是宋代藏书家吏部侍郎史正志罢官后建的一座宅院，取名"万卷堂"，亦称"渔隐"，后废。清乾隆年间，光禄寺少卿宋宗元购之并重建，借"渔隐"原意，定园名为"网师园"。网师乃"渔夫"、"渔翁"之意，网师园便意谓"渔父钓叟之园"，以表示自己隐逸清高。园内的山水布置和景点题名蕴含着浓郁的隐逸气息。

网师园总面积不及拙政园的 1/6，但小中见大，布局精巧，结构紧凑，以建筑精巧和空间尺度比例协调而著称。建筑虽多却不见拥塞，山池虽小，却不觉局促。园林大师陈从周誉之为"苏州园林小园极致，在全国园林中亦属上选，是以少胜多的典范"。1997 年，网师园被列入《世界文化遗产名录》。

知识链接：月到风来亭

网师园彩池西岸有一个小亭，叫"月到风来亭"。亭名有两种说法：一说是取自唐代大文豪韩愈的"晚色将秋至，长风送月来"诗句之意，另一说是取义于宋理学家邵雍的《清夜吟》："月到天心处，风来水面时。一般清意味，料得少人知。"如果只是从字面上看，后者好像比较接近，但无论源自韩愈还是取自邵雍，这个亭名都堪称绝佳之作。亭内正中有一面很大的镜子，在明月当空的月夜里，水中、镜中、天上 3 个圆月珠联璧合，形成"三月同辉"的奇景。

月到风来亭

造园者不见此山，正如学诗者不知李杜——环秀山庄

环秀山庄始建于唐代末年，原为唐代金谷园故址，宋代为景德寺，明时是宰相申时行的住宅，清代先后属刑部员外郎蒋楫、尚书毕沅、大学士孙士毅等所有。道光二十九年（1849年）归汪氏宗祠"耕荫义庄"的一部分，取名"颐园"，园中主厅名"环秀山庄"，遂以厅名取代园名。

环秀山庄占地不大，园内湖石假山为中国之最。山体仅占半亩，峭壁、峰峦、洞壑、涧谷、平台、磴道等山中之物，却应有尽有。环秀山庄的假山具有摹于自然高于自然，空间变化丰富，细部处理严谨等特点，为湖石假山营造的典范。正如园林大师陈从周称："环秀山庄假山允称上选，叠山之法具备。造园者不见此山，正如学诗者未见李杜，诚占我国园林史上重要一页。"1997 年，环秀山庄被列入《世界文化遗产名录》。

环秀山庄假山一角

溪谷山林入城市——豫园

豫园位于上海老街城隍庙的北面，是明代四川布政使潘允端于嘉靖三十八年（1559年）动工建造的。豫园之名取"豫（愉）悦双亲"之意。整个园林规模宏伟，当时占地 4.7 公顷，现占地约 2 公顷，兼有明清两代南方园林建筑风格，被誉为"奇秀甲于东南"。

豫园身处闹市之中，四处以高高的龙墙与外界隔绝，除东面高墙处有装饰性花窗外，其余都为实墙，这样，花园才能闹中取静，也才是真正的城市山林本色。五条龙墙将全园 40 余处亭、台、楼、阁分割为各具特色的六个景区，以有限的空间，表现无穷宇宙的意境，体现了中国古典园林"壶中天地"的境界。用 2000 吨黄石堆叠的大假山，高14 米，宽 60 米，深 40 米，规模之大，名冠江南。玉华堂前的太湖石"玉玲珑"为江南三大名石之冠。

豫园龙墙

四季假山穷奥妙——个园

个园位于扬州市东关街，建于清嘉庆年间（1796－1820 年），是两淮盐总黄至筠在明代寿芝园旧址的基础上所建的私家园林，占地 0.6 公顷。园主人好竹之虚心劲节，因此园名即取苏东坡"宁可食无肉，不可居无竹"，以及清袁枚"月映竹成千个字"之意。

个园小巧玲珑，园内翠竹成林，以假山堆叠精巧著名，采取分峰叠石的手法，运用不同的山石，表现春、夏、秋、冬四季景色，号称"四季假山"，有"夏山苍翠而如滴，冬山惨淡而如睡，春山淡冶而如笑，秋山明朗而如妆"的说法。游人游园一周，似历一年。

个园春山

三、凭海临风的岭南园林

岭南因地处亚热带,终年常绿,又多河川,造园条件优越。岭南园林具有中国古典园林的传统风格,同时地方特色十分浓厚。主要特点是:具有热带、亚热带风光;建筑物较高而宽敞,形体简练;装修典雅而华丽,大量运用木雕、砖雕、陶瓷、灰塑等民间工艺;布局形式和局部构件受西方建筑文化的影响,反映出中西兼容的岭南文化特点。广东顺德清晖园、番禺余荫山房、东莞可园、佛山梁园,被称为"岭南四大名园"或"广东四大名园"。

尽显岭南庭院精髓——清晖园

清晖园位于佛山市顺德区,是中国十大名园、岭南四大名园之一。清晖园始建于嘉庆五年(1800年),1996年扩建成2.2公顷,以尽显岭南庭园雅致古朴的风格而著称。"清晖"的园名,意取"谁言寸草心、报得三春晖",以示报答父母如日光和煦普照之恩。

清晖园内水木清华,景致清雅优美,龙家故宅与扩建新景融为一体,利用碧水、绿树、古墙、漏窗、石山、小桥、曲廊等与亭台楼阁交互融合。集明清文化、岭南古园林建筑、江南园林艺术、珠三角水乡特色于一体,突出了我国庭院建筑中雄、奇、险、幽、秀、旷的特点。建筑物形式轻巧灵活,雅致朴素,

清晖园建筑

有大量装饰性和欣赏性的陶瓷、灰塑、木雕、玻璃。庭园曲径回廊,景趣益然。

藏而不露 缩龙成寸——余荫山房

余荫山房,又名余荫园,位于广州市番禺区。始建于清同治五年(1866),为广东四大名园保存原貌最好的古典园林,是典型的岭南园林建筑。全园建筑面积只有近2000平方米,以"小巧玲珑"的独特风格而著称。

余荫山房布局精巧,以"藏而不露"和"缩龙成寸"的手法,将亭、台、楼、阁、堂、馆、轩、榭、桥、廊堤、山石、碧水尽纳于三亩之地,使得小小园林显出园中有园、景中有景、幽深广阔的绝妙佳境。通过名工巧匠的精雕细刻,

余荫山房建筑

使全园的纹饰做到丰富而精致、素色而高雅,给人们一种恬静和雅淡的美感,如置身于"波暖尘香"之中。其后门中的对联"余地三弓红雨足,荫天一角绿云深",正是此园点题之句。

邂逅咫尺山林——可园

可园位于东莞市城区,建于清道光三十年(1850年),为莞城人张敬修所建。前人赞为:"可羡人间福地,园夸天上人间"。"可"字还包含"合适、称心如意"的意思。

可园的特点是以小见大、缜密布局、设计精巧。可园占地面积约0.22公顷,共有1楼6

阁5亭6台5池3桥19厅15间房,亭台楼阁、山水桥榭、厅堂轩院,一应俱全。园内景观多"可"字命名,如可楼、可轩、可堂、可洲等。最高建筑可楼,高15.6米,沿楼侧石阶可登顶楼的邀石阁,眺莞城景色。

清代岭南著名花鸟画家居巢、居廉客居可园十年,创造了没骨法、撞粉法画花鸟画,为岭南画派开创先河。

清代岭南文人园林的代表——梁园

梁园是佛山梁氏宅园的总称,主要由"十二石斋"、"群星草堂"、"汾江草庐"、"寒香馆"等不同地点的多个群体组成,规模宏大,主体位于佛山市松风路先锋古道。梁园由当地诗书画名家梁蔼如、梁九章、梁九华及梁九图叔侄四人,于清嘉庆、道光年间(1796-1850年)陆续建成,历时四十余年。

可楼

民国初年,梁园濒于湮没。1994年进行大规模全面修复,总面积约2.1公顷。梁园是清代岭南文人园林的典型代表,其布局精妙,宅第、祠堂与园林浑然一体,岭南式的"庭园"空间变化迭出,格调高雅;造园组景不拘一格,追求雅淡自然,如诗如画的田园风韵;富于地方特色的园林建筑式样完备、轻盈通透;园内曲水回环、松堤柳岸,形成特有的岭南水乡韵味。

【学生讲坛】

1.谈一谈争论中的圆明园重建——国耻抑或国威。

2."苏州园林如宋词,纤巧精美;扬州园林像唐诗,清秀富丽;颐和园则像是汉赋,恢宏广博。"(陈从周《园林谈丛》)。这说明中国古典园林有怎样的文化内涵?

【技能训练】

[训练项目]我国著名古典园林鉴赏。

[实训目标]

1.能够运用所学知识分析皇家园林、私家园林的特色。

2.能鉴赏我国著名古典园林的艺术特色、造园手法。

[实训内容和方法]

1.5-6人一组,网上查阅我国著名古典园林实例,收集园林景点图片及文字介绍资料。

2.分析归纳每个园林的艺术特点、造园手法。

3.制作中国著名古典园林介绍展板,在校园内展出。

★学习资源

1.周武忠著.寻求伊甸园——中西古典园林艺术比较.南京:东南大学出版社,2001

2.翟文明主编.话说中国园林.北京:中国和平出版社,2006

3.黄震宇,唐鸣镝编著.古建园林赏析.北京:旅游教育出版社,2006

4.中华五千年网　http://www.zh5000.com

5.中国文化网　http://www.chinaculture.org

6.中国世界遗产网　http://www.cnwh.org

项目五　纯朴自然的民族风情

【学习目标】

● 知识目标

1.了解主要少数民族的历史、语言、文学艺术等简要情况。

2.掌握汉族主要节日习俗。

3.掌握主要少数民族的分布情况。

2.熟悉主要少数民族的民居、服饰、饮食、节庆、禁忌等民俗。

● 技能目标

1.能在导游讲解中熟练运用所学民族民俗文化知识。

2.能运用所学民族民俗文化知识提升导游讲解文化内涵。

【专项旅游线路推荐】

青海、宁夏西部风情之旅

第一天:西宁接团,游览日月山、青海湖、金银滩、原子城。"唐蕃古道"遗址日月山是农牧区的天然分界线;青海湖是中国第一大咸水湖,每年六月至九月,湖畔大面积的油菜花盛开,蔚为壮观;金银滩是西部歌王王洛宾曾经采风和生活过的地方,创作出脍炙人口的民歌《在那遥远的地方》。原子城是我国第一颗原子弹研制基地。宿:西宁市区

第二天:上午参观我国藏传佛教六大寺院之一的塔尔寺,欣赏该寺"艺术三绝":壁画、堆绣和酥油花,感受藏族宗教信仰习俗。下午观赏高原古老的少数民族——土族歌舞,品农家饭,饮高原青稞美酒,与土族阿妹们一起载歌载舞,感受独特的民族风情。晚餐后乘火车赴银川。火车夜卧

第三天:抵银川。上午参观被誉为"东方金字塔"的西夏王陵,感受西部古都的悠久历史;游览中国西部最独特的影视城——华夏西部影视城,这里曾拍摄过《红高粱》《大话西游》《牧马人》等著名获奖影片。下午游览中国35个王牌生态旅游区之一的沙湖,领悟鸟飞鱼跃的塞上江南之美。宿:银川市区

第四天:乘车赴中卫,前往腾格里沙漠最南端——沙坡头旅游区,乘黄河上最古老的交通工具羊皮筏子漂流黄河,骑骆驼畅游沙海。乘车返回银川。宿:银川市区

第五天:早餐后乘飞机从银川返回温暖的家,结束愉快的西部风情之旅!

学习任务 1 汉族主要传统节日

【学习导读】

汉族是我国人口最多、地域分布最广的民族。因汉王朝而得名,此前称为"华夏族"。汉族主要源于炎黄、东夷等部落联盟,同时吸收了周围部分苗蛮、百越、戎狄等部落联盟的成分而逐渐形成。

传统节日,是该民族经济生活、宗教信仰、文化娱乐、社会交往和民族崇拜等民风民俗的集中体现,是民族文化习俗的重要组成部分。汉族的传统节日很多,主要有春节、元宵节、清明节、端午节、中秋节、重阳节等,这些节日所形成的节令风俗至今影响着汉族人民生活的各个方面。2007年12月7日,国务院调整法定节假日制度,将清明节、端午节、中秋节等传统节日纳入国家法定假日,对保持和进一步扩大传统节假日的影响起到了积极作用。

【知识储备】

一、春节

春节俗称"过年",是中国民间最古老、最隆重、最富有特色的传统节日,也是汉族和其他民族的共同节日。传统意义上的春节是指从腊月廿三的灶祭,一直到正月十五,其中以除夕和正月初一为高潮。春节期间的主要活动有:贴"福"字、贴春联、祭灶神、祀祖、放爆竹、吃团年饭、守岁、拜年、舞狮、闹花灯等。

贴"福"字无论是现在还是过去,都寄托了人们对福的向往和追求,许多地方干脆将"福"字倒过来贴,借"福"字倒了的谐音表示"福气到了"的寓意。对于"福"字的解释,《尚书·洪范》载:人有"五福","一曰寿;二曰富;三曰康宁;四曰攸好德(即崇尚美德,行善福至);五曰考终命(即其命善终)"。这五福反映出我国古代人民对幸福生活的追求。

知识链接:倒贴"福"字

关于倒贴"福"字有多种传说,其中一则是朱元璋、马皇后说。朱元璋攻占南京后,命心腹悄悄在曾经支持和帮助过自己的人家门上贴"福"字,以便第二天将门上没有"福"字的人家按暗通元贼杀掉。好心的马皇后为消除这场灾祸,令全城大小人家必须在天明之前在自家门上贴上一个"福"字。于是各家各户都遵懿旨照办,其中有户人家不识字,竟把"福"字贴倒了。第二天,朱元璋听到禀报后大怒,立即命令御林军把倒贴"福"字那家满门抄斩。马皇后一看事情不好,忙对朱元璋说:"那家人知道您今日来访,故意把福字贴倒了,这不是'福到'的意思吗?"朱元璋一听有道理,便消除了杀人的念头,一场大祸从而避免了。从此以后人们便将"福"字倒贴起来。

春联源于桃符。据史书《燕京岁时记·春联》载:春联者,即桃符也。古代,我们的先人在春节这一天,用两块木板,写上神荼、郁垒两神的名字,悬挂在门旁,以此来辟邪。后来,随着纸张的发明,桃木板逐渐被纸质的条幅所代替。五代时开始在桃符上用题诗或联语来代替门神称"门联"。明代以后,门联改名"春联",且题写春联之俗更盛。

祭灶神的习俗源远流长。上古时代,受人崇拜之物或自然现象,往往被人格化,成为神灵,灶神即为其中之一。传说灶神是玉帝派往人间监督善恶之神,每年上天向玉帝汇报,民间为其设祭送行。农历腊月廿三晚,家家在灶前供糕饼、纸帛,并敬以麦芽糖,意为粘牢灶神嘴巴,不使其乱说,并贴有"上天言好事,回宫降吉祥"等条幅。

农历十二月三十日除夕之夜,是春节的高潮。"除夕"意即旧岁至此而除,明日另换新岁。这天晚上人人都要"守岁",即吃完年夜饭后,家家灯火辉煌,全家闭门团坐待旦。"团年饭"是一年中最重要的一餐饭。北方地区家家要吃饺子,取其"更岁交子"之意,其形状如元宝,取意"招财进宝";在南方,这顿饭一般有十几道菜,其中一定要有豆腐和鱼,取"富裕"之意,此外还有年糕、汤圆、粽子一类食品。

知识链接:伍子胥与年糕

吃年糕的习俗可以追溯到春秋战国时期。吴王阖闾为防敌进袭,命大将伍子胥修筑一道坚固的城墙。完工之时,阖闾大摆庆功宴会。伍子胥担心吴王不能居安思危,将来会有大祸,便告知贴身随从"我死后,如国家遭难,民饥无食,可往相门(苏州六十个主要城门之一)城下掘地三尺得食。"阖闾死后,夫差继位,听信谗言逼死伍子胥。几年之后,吴越征战,苏州城被围困,居民断食。当年的随从想起了伍子胥生前嘱咐,便带众民前往相门拆城掘地。这才发现原来相门的城砖是用糯米磨成粉后做成的"砖"。这是伍子胥生前暗中设下的"积粮防急"之计,军民靠这些"城砖"渡过了难关。自此,苏州人民为了铭记伍子胥的功绩,就在春节这一天,家家吃年糕,以此来纪念他。这种习俗流传下来,直至今天。

农历正月初一,新年伊始,人们早上起来的第一件事就是拜年。传说古代有一种怪兽,异常凶猛,人们把它叫做"年",每逢腊月三十晚,便出来挨家挨户地残食人群。人们只好将肉食放在门外,然后将大门紧闭,直到初一早上,人们才敢开门见面,作揖报喜,互相祝贺未被"年"吃掉,于是拜年之风绵绵相传。而今人们取其辞旧迎新之意。

春节期间的灯会也是一项十分热闹的活动,耍狮子、舞龙灯、扭秧歌、踩高跷、跑旱船等各种丰富多彩的娱乐活动竞相开展,为新春佳节增添了浓郁的喜庆气氛。

二、元宵节

农历正月十五是元宵节。正月是农历的元月,古人称夜为"宵",所以正月十五晚上的这个节日叫做"元宵节"。元宵是一年中第一个月圆之夜,也是一元复始、大地回春的夜晚,所以人们对此加以庆祝,庆贺新春的延续。节日期间,有张灯、猜灯谜和吃元宵(汤圆)的习俗。

元宵节张灯习俗起源于汉代,在南北朝时蔚然成风,灯明如昼,如有月色,灯月交辉,观灯则更具乐趣。谜语在我国早已流行,秦汉时期已较普遍。宋代开始把谜语贴在花灯上,成为灯谜,让人猜测,增加节日的雅趣。元宵在南方多叫水团、汤团,成为民间重要节日食品与点心,民间认为吃汤团有家人团圆、幸福吉利、新一年圆满顺遂之意。

知识链接:元宵的传说

相传汉武帝时,东方朔为了让一个叫元宵的宫女与家人团聚,想出一个计谋,设法让一份红帖传到汉武帝手里,帖上书写偈语四句:"长安在劫,火焚帝阙,十六天火,焰红宵夜。"武帝惊恐，向东方朔讨对策，东方朔告之火神最喜吃汤圆，可让元宵做上汤圆，万岁焚香上供，并传谕京城千家万户也做汤圆，以讨好火神。同时，传谕京都臣民在十六晚处处挂灯，满城点放焰火鞭炮，好像全城大火在燃烧，以诓骗天帝。武帝听后大喜，一切照办。十六夜，元宵终于实现了与家人团聚的愿望。因闹灯火，长安安然无事，汉武帝喜出望外，从此年年照办。因十五晚上供的汤圆，宫女元宵做得最好，人们就把汤圆叫元宵，把这一天又叫元宵节。

三、清明节

清明是二十四节气之一，节期在公历 4 月 5 日前后。清明时节正是春耕春种的大好时节，故有"清明前后，种瓜种豆"的农谚。由于清明与寒食的日子接近，而寒食是民间禁火扫墓的日子，渐渐的，寒食与清明就合二为一了，而寒食既成了清明的别称，也变成为清明时节的一个习俗，清明之日不动烟火，只吃凉的食品。如今沿袭下来的风俗主要有祭祖扫墓、放风筝和郊游踏青。

扫墓，又称上坟，始于春秋战国时期的"墓祭"。据说，这一习俗的由来与晋国一个叫介子推的人有关。晋献公的儿子重耳被骊姬陷害，逃离晋国，流亡在外达 19 年。一次在深山中饿得头昏眼花，随从介子推"割股以啖"。后来重耳回国当了国君，随他流亡的官吏一一封赏，"独子推无所得"而隐居绵山。晋文公想放火烧山逼迫他出山，子推还是不肯，以致"抱木烧死"。晋文公非常哀伤，下令规定这一天禁火，吃寒食纪念他。在子推周年忌日——清明这天，门旁插柳，并带着祭品到他坟上去祭祀以及给坟墓培土和修剪坟场周围的杂草花木。这样"扫墓"之风，世代流传，成为清明祭扫的习俗。

四、端午节

农历五月初五是端午节，又称"重午节"、"端阳节"，是全民健身、防疫祛病、避瘟驱毒、祈求健康的民俗节日。古代"端"字与"初"字同义，"午"与"五"同音，因唐玄宗的生日是八月初五，因避讳改五为午，故称五月初五为端午。

端午节的起源历来诸说并存，但认为端午起源于纪念屈原的说法影响广泛而深远，今之竞渡即源于此。节日期间的主要活动有赛龙舟、吃粽子、挂钟馗像、挂香袋、饮雄黄酒、插菖蒲和艾草等。

吃粽子起源于古时投粽于汨罗江纪念屈原。由于端午节在夏至前后，气温渐高，需要消灭害虫和防止疾病，因此无论南方、北方人们都有在门上插菖蒲和艾草习俗，以除毒气。雄黄酒是用研磨成粉末的雄黄炮制的白酒或黄酒，有驱毒杀虫之效。

四、中秋节

农历八月十五中秋节，是我国仅次于春节的第二大传统节日。我国古代历法把处在秋季中间的八月，称为"仲秋"，所以中秋节又叫"仲秋节"。中秋之夜，月亮最亮、最圆，故把它看作团圆的象征，又称为"团圆节"。

祭月赏月是中秋节的重要习俗。古代帝王有春天祭日、秋天祭月的社制，民间也有中秋祭月的风俗，到了后来赏月重于祭月，严肃的祭祀变成了轻松的欢娱。各地还有不少赏月的胜地，例如杭州的"平湖秋月"、"三潭印月"等。吃月饼是中秋节的另一习俗。月饼本是祭月时供品的一种，以后成了人们互相馈赠的礼品，象征着团圆。

知识链接：三潭印月 32 个月亮之说

三潭印月是西湖三岛之一，是自古以来的赏月胜地。岛中建有三座石塔，塔身呈球状，有五孔，饰有浮雕图案，塔顶呈葫芦状，相传为苏东坡疏浚西湖时所创设。每到中秋之夜，皓月当空，人们在塔内点燃灯烛，孔口蒙上白色薄纸，烛光从石塔的圆孔中透出，倒映于湖，又成为水中之月，与天上倒映湖中的月亮交相辉映，出现了"一湖有月三十二"的奇丽景色，这也是"三潭印月"得名的由来。

五、重阳节

九月初九俗称"重九"，古人认为九是阳数，所以又称这一天为"重阳节"。在重阳节，各地盛行登高、插菊花、饮菊花酒和吃重阳糕，以祈消灾避难，延年益寿。关于重阳节的来历，大致有三种说法。

1.据《续齐谐记》记载：东汉年间，汝南人桓景拜易学大师费长房为师。一天，费大师对他说，九月九日那天应系茱萸、登高、饮菊花酒，可免祸。桓景及家人信师言幸免于难，而未及撤离的家畜，全部患瘟疫而死亡，故每年九月九日外出登高，躲避灾难，相沿成习。

2.源于汉代的道学。道家奉为经典的《易经》中，把奇数视为阳数，偶数视为阴数，阳数中"九"又被视为"极阳"，九月九日是两个"极阳"相遇，所以称之为"重阳"。阳又表示刚，重阳是"二刚相逢"而相克，所以这天又视为"厄日"，需登高或系茱萸，目的是为了"解厄"，重阳习俗由此而来。

3.源于公元前 5 世纪春秋战国时代的齐景公。九月初九这天，他带了许多人登高山、爬城垣，感受到秋高气爽、心旷神怡，他认定这天是个吉日。以后每年这天他都要外出登高，后人仿之，形成风俗。

【学生讲坛】

说说家乡春节、元宵节、清明节、端午节、中秋节、重阳节的主要习俗。

【技能训练】

［训练项目］搜集中国古代传统节日习俗诗歌。

［实训目标］

1.能够通过图书、期刊、网络等途径收集传统节庆资料。

2.了解我国主要传统节日的古代习俗

［实训内容和方法］

1.通过网络、图书资料搜索描写中国古代传统节庆习俗的诗歌十首。

2.分析古诗中所描绘的传统节庆习俗。

3.撰写总结资料并分小组交流。

学习任务 2　北方部分少数民族民俗

【学习导读】

我国北方少数民族主要有满族、朝鲜族、蒙古族、维吾尔族和回族等。由于历史和地理环境等因素的影响,北方少数民族与南方少数民族气质迥异,北方各族甚至自先民起就有着奔放和剽悍的性格,另一方面,各个北方少数民族又有着自己独具一格的民族风情。

【知识储备】

一、满族

满族主要分布在东北三省,以辽宁省最多。满族历史悠久,隋唐时称"靺鞨",唐以后称"女真",12 世纪初建立金政权,先后灭了辽和北宋,与南宋对峙。17 世纪初,皇太极将"女真"更名为"满洲",随后建立清政权。辛亥革命后,改称满族。

居住环境

满族的传统建筑形式是院落围以矮墙,院内有影壁,立有供神用的"索罗杆"(神杆)。住房一般为三间或五间,坐北朝南,大多东边开门,其结构形如口袋和斗形,因而称"口袋房",又叫"斗室"。满族的火坑一置于房间的南、西、北三面,称为"万字炕"或"曼子炕"。满族以西为上,故西炕为贵,供奉祖先牌位,不许住人;北炕为大,一般为长辈住;南炕为小,由晚辈住。

服饰装束

满族男子前剃发,后留辫;妇女头顶盘髻,不缠足。满族历史上,男女均穿长袍,因为满人也称旗人,所以他们穿的长袍,又称作"旗袍"。男子喜欢在长袍外套"马褂"或"坎肩"。女子穿宽大直筒旗袍,穿高底的绣花旗鞋。鞋底中央垫有 10 厘米高的木质鞋跟,走起路来可保持昂首挺胸的身姿和腰肢摇曳的步态。随着时代的发展,女旗袍不断演变为紧身合体的曲线型式样,成为中国妇女的传统服装。

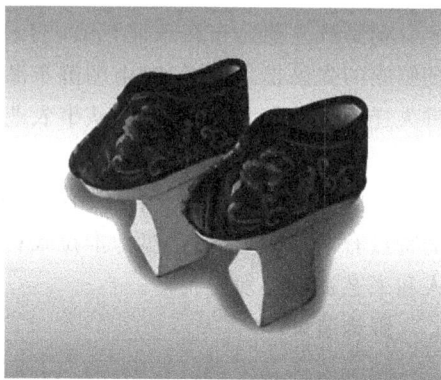

绣花旗鞋

知识链接:满族礼节"放哇哈"

满族男子服饰窄小的袖口处接有一截半月形袖头,形似马蹄,俗称"马蹄袖"。平时挽起,冬季行猎或作战时放下,使之罩住手背,既起到了类似手套的保暖作用,又不影响拉弓射箭,故又称之为"箭袖"(满语称之为"哇哈")。满族入主中原以后,"放哇哈"成为清朝礼节中的一个规定动作,官员谒见皇上或其他王公大臣,都得先将马蹄袖弹下,然后再两手伏地跪拜行礼。

文化艺术

满族有自己的语言文字,满语属阿尔泰语系,满文创制于 16 世纪末。满族善于学习、善于创造,形成了自己灿烂的文化艺术。清朝统一全国后,满族进一步吸取汉族的先进文化,在文学领域内,人才辈出,著述丰富。其中,最为著名的文学家是曹雪芹。满族的传统体育有跳马、跳骆驼及滑冰等。

生活习俗

满族有孝敬长辈,讲究请安问好,重视礼节规矩的传统。男子请安要"打千",左膝前屈,右腿下弯,上身前倾,右手下垂,问好。女子问安要双腿并立,双手放右膝上,曲膝弓腰,问好。

满族人以面粉为主食,饽饽是平时和节日的主要食品。肉食以猪肉为主,常用白煮的方法烹制,喜食白肉血肠和猪肉酸菜炖粉条。萨其玛、驴打滚是满族的传统点心。最能代表满族饮食文化的莫过于"满汉全席"。满汉全席是满清宫廷盛宴,既有宫廷菜肴之特色,又有地方风味之精华;突出满族菜点特殊风味,同时又展示了汉族烹调的特色,是传统饮食文化的瑰宝和最高境界。

节庆活动

满族受汉文化的影响,节日与汉族大体一样,重视农历新年。颁金节是满族的"族庆日",以纪念 1635 年正式改族名"女真"为"满洲"。

宗教信仰与禁忌

满族信仰萨满教,崇拜祖先,佛教在其生活中也有很大影响。

主要禁忌有:西炕不许住人和放杂物;不准杀狗,不吃狗肉,不使用狗皮做的取暖物品;不能当着主人的面赶狗、说狗的坏话;忌打乌鸦和喜鹊;忌在"索罗杆"上拴牲口。

二、朝鲜族

朝鲜族主要分布在东北三省,吉林延边朝鲜族自治州是我国朝鲜族最大的聚居地区。朝鲜族的先民是 17 世纪时由朝鲜半岛迁徙过来的。1910 年,日本并吞朝鲜后,又有大批朝鲜人迁入中国东北各地,主要从事农业,以善种水稻闻名。

居住环境

朝鲜族村落多半坐落在依山的平地上,住房为木结构的青瓦白墙。朝鲜族民居最显著的特点有两个:一是门窗多为推拉式;二是屋内设平地炕,即使是严冬,室内也温暖如春。家人和来客进门必须先脱鞋。

服饰装束

朝鲜族喜爱穿素白衣服,有"白衣民族"之称。短衣长裙,是朝鲜族妇女服饰的一大特点,这种衣服大多用丝绸缝制,色彩十分鲜艳。男子一般穿短上衣,外加坎肩,下穿裤腿宽大的长裤,外出时再加以布带打结的长袍。

文化艺术

朝鲜族有自己的语言文字,语言属阿尔泰语系。朝鲜族以能歌善舞,注重文化教育而著称。著名的民间舞蹈有农乐舞、长鼓舞、扇舞、顶水舞等,农乐舞已被列入《人类口述和非物质文化遗产名录》。最有名的乐器是伽倻琴。朝鲜族不论男女老少,不仅都能唱会跳,而且还都十分酷爱传统体育,女子喜欢跳板和荡秋千,男子喜欢摔跤和踢足球。

生活习俗

朝鲜族人民非常注重礼节,尤其崇尚尊老爱幼的传统美德,晚辈对长辈必须使用敬语。父母诞辰60周年这一天,女子们还要为老人举办"花甲宴"。

知识链接:花甲宴的由来

关于花甲宴的由来,在民间广泛流传着一个故事。高丽时代,国王颁发了一条残酷的法规:人过60,不死即埋,后称高丽葬。一位姓金的穷人,把年过60的父亲藏入一座山的山洞之中,每天偷偷给他送饭,始终没被人发觉。中国皇帝听说高丽葬这件事感到这条法规过于残酷,便给高丽王送去三个难题,使他非常为难。山洞里的老人听到这个消息后,告诉他的儿子如何解答这三道难题。儿子来到京城,向高丽王诉说了解题之法。国王听后,欣喜异常,究其出谋者,方知是一位年过花甲的穷老汉。

伽倻琴演奏

于是,高丽王醒悟到老年人阅历丰富,是国家的财富。从此废除旧律,通令全国尊重爱护老人。从此以后,花甲宴代替了"高丽葬"。

朝鲜族以大米和小米为主食。喜欢吃辣泡菜、打糕、冷面、大酱汤、辣椒和狗肉。在朝鲜族的饮食中,誉满全国的是冷面,闻名世界的是泡菜,堪称一绝的是其"汤文化"。每餐必喝汤,是朝鲜族的饮食特点之一。狗肉汤是朝鲜族汤文化之集大成。朝鲜族医学认为狗肉温中补肾,养颜美容,强身健体,尤其在酷热难耐的伏天食用,能收到大补之功能。

节庆活动

朝鲜族的节日基本上与汉族相同,主要的节日有春节、清明节(寒食节)、上元节(元宵节)、中秋节等。还有三个隆重的家庭节日,即婴儿周岁生日、"回甲节"(六十大寿)、"回婚节"(结婚六十周年纪念日)。

宗教信仰与禁忌

朝鲜族没有全民族性的统一的宗教,有信仰佛教和道教,也有信仰基督教和天主教。

主要禁忌有:忌讳敲门,进访者应呼叫主人;生了婴儿的人家在大门上挂一根草绳作为禁绳,禁止外人进入;晚辈当着长辈的面不能抽烟喝酒;年轻人与长者同行忌走在前面。

三、蒙古族

蒙古族主要分布在内蒙古自治区,其余主要分布在西北和东北等省区,以游牧为主。"蒙古"最初只是蒙古诸部落中一个部落的名称,意为"永恒之火"。13世纪初,铁木真统一了蒙古诸部后,被推为蒙古大汗,号"成吉思汗",建立了蒙古汗国。蒙古也由原来的部落名称成为民族的名称。

1279年,成吉思汗之孙忽必烈灭南宋,统一中国,建立元朝,打通了亚欧陆路交通线,促进了东西方文化交流。

居住环境

蒙古包是蒙古族的传统住房,其特点是易于装拆搬迁。蒙古包呈圆形,由圆柱"墙体"和圆锥"房顶"组成,房顶有天窗,里边使用面积大,空气能很好流通,采光好,冬暖夏凉,遮风挡雨,很适合牧民生活。

服饰装束

蒙古族服饰有着浓郁的草原文化特征,适合游牧经济生产和生活的特点,首饰、长袍、腰带和靴子是蒙古族服饰的四个主要部分。

蒙古包

蒙古袍是蒙古族最具代表性的服饰,右开襟,袖长而窄,高领,宽下摆,骑马放牧时起到护膝、防风的作用。腰带是蒙古长袍的必配之物,既能防风抗寒,又能在骑马时支撑腰背、保护腹腔,还是一种漂亮的装束。男子的腰带上还挂有"三不离身"的蒙古刀、火镰和烟荷包。头饰是蒙古族妇女逢年过节、喜庆宴会、探亲访友时用于头上的装饰。经济条件好一些的,是用珍贵的玛瑙、珍珠、宝石、金银等材料制成,长1米左右,从头顶一直垂到双肩,重一二公斤。平时,牧区妇女大都用红色或绿色的长绸子缠在头上。蒙古靴尖端向上翘着,便于踩上马镫,行路时能防沙防寒,减少阻力。

文化艺术

蒙古族有自己的语言文字,蒙古语属阿尔泰语,蒙古文是一种便于书写的拼音文字,初创于成吉思汗时代。《蒙古秘史》是中国最早用蒙古文写成的历史文献和文学巨著。蒙古族的英雄史诗《江格尔》,与藏族的《格萨尔王传》和柯尔克孜族的《玛纳斯》并称为中国的三大史诗。

蒙古族妇女头饰

蒙古族素有"音乐民族"之称。蒙古民歌分为长调和短调。长调民歌腔长字少,悠扬嘹亮,流传于牧区,已被列入《人类口述和非物质文化遗产名录》;短调民歌节奏规则,节拍固定,多流传于半农半牧区。

蒙古舞蹈节奏欢快,动作刚劲有力,以抖肩、揉肩和马步最具特色,表现了蒙古族人民热情奔放的豪爽气质,传统舞蹈有"安代舞"、"盅碗舞"、"筷子舞"等。"好来宝"是蒙古族一种自拉自唱、边唱边演的表演艺术,节奏轻快活泼,语言形象动人,深受蒙古族人喜爱。马头琴是蒙古族最具特色的传统乐器,因琴杆上端雕有马头为饰而得名。

生活习俗

蒙古族热情好客,待人诚恳。献哈达、敬鼻烟壶是他们比较正规的见面礼俗。

蒙古族以牛羊肉和奶酪品为主食,蒙古人称奶食为"白食",肉食为"红食"。肉类主要是绵羊肉和牛肉,羊肉传统食用方法有 70 多种,最具特色的是烤全羊和手抓羊肉。吃烤全羊时,最高贵的招待是请客人吃羊头和羊尾巴。蒙古族酷爱饮茶,尤其是用砖茶煮的奶茶,奶茶营养丰富,具有提神、开胃、助消化、解渴等作用。蒙古族人都有豪饮的习惯,马奶酒是牧区用马奶酿制的一种饮料,味道醇香。醍醐、酥酪和马奶酒被誉为"塞北三珍"。

蒙古族历史上最有特色的葬俗是元代"秘葬"。关于元代蒙古族的秘葬,明代叶子剞在《草木子》中写道:"国制不起坟垄。葬毕,以万马蹂之使平,杀骆驼子其上,以千骑守之,来岁春草既生,则移帐散去。弥望平行,人莫知也。欲祭时,则以所杀骆驼之母为导,视其踯躅悲鸣之处,则知葬所矣。"但久而久之,祭祀中断,在茫茫荒漠上,陵地再也无法辨认。成吉思汗去世后,按照当时风俗,实行秘葬,所以成吉思汗真正的葬地至今仍未发现线索。

马头琴

节庆活动

蒙古族的传统节日主要有"白节"、祭敖包、那达慕、马奶节等。

"白节"是一年中最大的节日,相当于汉族的春节,正月亦称"白月",这是因为蒙古族崇尚白色,含有祝福吉祥如意的意思。节日的时间和春节大致相符。除夕这天,家家都要包饺子、烙饼、吃手抓羊肉。初一早晨,晚辈要向长辈敬"辞岁酒"。

祭敖包是蒙古族最隆重的祭祀。敖包,即用人工堆积起来的石堆、土堆,原是道路和境界的标志,后来逐渐被视为神灵的居所加以祭祀和供奉。人们通过祭敖包祈求神灵庇佑,吉祥多福,国泰民安。祭敖包的时间不固定,一般在农历五月或七月举行。

祭敖包

那达慕大会是蒙古族最具民族特色的传统盛会,"那达慕"是蒙古语的音译,其意可解为"娱乐"或"游戏",已有 700 多年历史。相传当年铁木真在西域打了胜仗后,曾举行过盛会,隆重庆祝,被称作"那达慕",一直流传至今。那达慕大会一年一次,多在夏秋举行。摔跤、赛马和射箭是那达慕的传统节目,俗称"男子三项那达慕"。随着时代的发展,活动内容相继增加了文艺演出、田径比赛、各类经济文化展览、物资交流等。

那达慕摔跤比赛

宗教信仰与禁忌

蒙古族信仰藏传佛教和萨满教。

主要禁忌有：骑马坐车接近蒙古包时，要轻骑慢行，马鞭需放在门外，以示对主人的尊敬；来客不能坐西炕，西炕为供佛的神位；忌在火盆上烤脚；见到门前挂有红布条等记号，表明这家有病人或产妇，不要进入；禁止打骂守门的狗或猎犬，否则视为对主人的不礼貌；忌讳生人用手摸小孩的头部。

四、维吾尔族

"维吾尔"是维吾尔族自称"Uyghur"的音译，具有"团结"、"联合"的意思，历史上先后有"韦纥"、"乌纥"、"袁纥"、"回纥"、"回鹘"、"畏兀儿"之称。维吾尔族主要分布在新疆维吾尔族自治区，尤以喀什、和田和阿克苏地区最为集中。主要从事农业，以种植棉花和瓜果闻名。维吾尔族的先民开垦了绿洲，修渠引水，发明了"坎儿井"这一独特的地下引水系统。吐鲁番盆地是中国面积最大的葡萄生产基地。

居住环境

维吾尔族的传统建筑具有明显的干旱地区建筑特点。房屋一般为平顶，墙壁较厚，拱形门窗，窗户少而且小，用天窗采光。屋内设有火墙或壁炉。装饰纹样受伊斯兰教的影响，只采用几何图案和花草纹样，不使用人物、动物和其他纹样。大门忌向西开。房前屋后种植果树、花木。

服饰装束

维吾尔族男子多穿长袍，称为"袷袢"。右衽斜领，无扣，外着竖长条纹长开衫，腰系长带。女子喜欢穿色彩绚丽、图案别致的宽袖连衣裙，外罩黑色金丝绒对襟坎肩。男女老少都喜欢戴四棱小花帽，维吾尔语音译"朵帕"。女子还爱耳环、项链、手镯等。南疆维吾尔族妇女外出时，在帽子外还蒙一块头巾。

维吾尔族小花帽

文化艺术

维吾尔族有自己的语言文字，维吾尔语属阿尔泰语系。公元 11 世纪流传下来的叙事长诗《福乐智慧》是维吾尔族思想史和文学史上划时代的著作。民间故事《阿凡提的故事》流传甚广。

维吾尔族素有"歌舞民族"之称，传统舞蹈有顶碗舞、大鼓舞、铁环舞等。赛乃姆是维吾尔族民间最普遍的一种歌舞形式，主要发源于从事农业生产的南疆绿洲，有"舞者不歌，歌者不舞"的讲究，没有固定的程式，可一人独舞、两人对舞或三五人同舞。舞者即兴表演，观众则围坐成圆圈，在乐队伴奏下拍手唱和。

赛乃姆表演

古典民间音乐《十二木卡姆》是维吾尔族的大型音乐套曲，被誉为东方音乐的瑰宝,已被列入《人类口述和非物质文化遗产名录》。

生活习俗

维吾尔族喜食面食,如馕、拉面、炒面等。馕和抓饭是维吾尔人平时的主食,羊肉串是维吾尔族的民族风味食品。

馕含水分少,久储不坏,便于携带;加之馕制作精细,用料讲究,吃起来香酥可口,富有营养,因此在维吾尔人的生活中占有重要地位,流传着"宁可一日无菜,不可一日无馕"的说法。

维吾尔族的丧葬仪式按伊斯兰教教规进行,实行土葬,讲究薄葬、速葬。人死后必须立即埋,至多不能超过一天(早亡午葬、午亡次日葬),特殊情况不超过 3 天。人死后净身并用白布裹身,用移尸匣抬到墓地入葬。

馕

节庆活动

维吾尔族的传统节日主要有肉孜节(开斋节)、古尔邦节(宰牲节)和那吾鲁孜节,前两个节日来源于伊斯兰教。

那吾鲁孜节,是维吾尔族最古老的传统节日。"那吾鲁孜"为哈萨克语,有"辞旧迎新"之意。在农历春分时节(公历 3 月 22 日前后)举行。节日期间,要举行各种庆祝活动,预祝在新的一年里平安幸福、人丁兴旺、五谷丰登。那吾鲁孜节也是哈萨克族的传统节日。

宗教信仰与禁忌

维吾尔族信仰伊斯兰教,并由此形成了独特的文化传统和风俗习惯。

主要禁忌有:在清真寺和麻扎(墓地)附近禁止喧哗;大门忌向西开;睡觉的时候禁忌头朝东脚朝西;禁食猪肉、驴肉、狗肉、骡肉及自死的动物;衣着忌短小,上衣一般要过膝,裤腿达脚面,户外忌穿短裤;屋内就坐时要跪坐,忌双腿伸直冲人;接受物品或请茶要用双手,忌用单手。

五、回族

回族是我国分布最广的少数民族。宁夏回族自治区是回族最集中的地区,有"中华回乡"、"中国穆斯林省"的称谓。7 世纪中叶,一批阿拉伯和波斯的穆斯林商人经过丝绸之路,来到中国东南沿海城市和内地定居,当时被称为"蕃客",成为回族的先民。13 世纪初期,蒙古军队西征期间,中亚移民、波斯人、阿拉伯人大批迁入中国,后又融入汉、蒙古、维吾尔等民族成分,逐渐成为一个统一的民族。回族主要从事农业,兼营畜牧业,善于经营商业、手工业和餐饮业。

居住环境

回族有"围寺而居"的习惯,其房屋结构和居室布置与汉族人并无不同,只是在店铺或房间门口有阿拉伯文字或新月等符号,颜色为蓝、白两色。由于受阿拉伯地区风俗的影响,回族还喜爱熏香,一般家庭都备有香案和香炉。

服饰装束

回族服装大体与汉族相近,但在头饰上仍保留着古老的传统。男子普遍戴白色无沿小圆帽,也称"礼拜帽",最初是做礼拜时佩戴,现在已成为民族标志。回族妇女习惯戴披肩盖头,遮住两耳、脖子和头发,只将面孔露出。颜色根据年龄而定,少女和已婚少妇常用绿色,中年妇女用黑色,老年妇女用白色。

礼拜帽

文化艺术

回族通用汉语,使用汉文,但在日常用语和宗教活动用语中夹杂着阿拉伯语或波斯语词汇。"花儿"是回族人民所喜爱的一种民歌,已被列入《人类口述和非物质文化遗产名录》。"花儿"又名"少年",内容丰富,多为情歌,一般是四句或六句,歌词多为即兴创作。其突出的特点就是以生动形象的比兴起句,文字优美,格律严谨。由于"花儿"最早产于山间田野,歌手们在优美的环境中无拘无束,放声高歌,所以他的曲调多高昂、奔放、粗犷、悠扬,表现了回族人民对幸福生活和纯真爱情的追求与渴望。

生活习俗

回族很讲究礼节,见面都要互相问安。客人到家入座时,按辈分年龄入座,长者在前,晚辈在后。

回族的饮食以米、面为主,肉食上只吃牛、羊、骆驼肉和鸡、鱼肉。油香、馓子、盖碗茶是回族日常生活和各类重大节日的必备食物。回族喜爱喝茶,有红糖砖茶、白糖清茶、冰糖窝窝茶、八宝茶等,不论何种茶,都讲究盛在盖碗里喝,因而被统称为"盖碗茶"。

油香

馓子

回族的丧葬仪式按伊斯兰教教规进行,实行土葬,讲究薄葬、速葬,丧事尽量从简。人死后请阿訇主持殡葬,将死者净身并用白布包裹,用移尸匣抬到墓地入葬。

节庆活动

回族的三大节日开斋节、古尔邦节、圣纪节都是伊斯兰教节日。回族穆斯林对开斋节特别重视,庆祝场面十分隆重,所以又叫"回民过年"。

宗教信仰与禁忌

回族信仰伊斯兰教,许多生活禁忌与宗教信仰有直接关系。主要禁忌有:禁食猪、狗、马、驴、骡的肉,不吃未经阿訇念经宰杀或自死的动物,不吃动物的血,禁止喝酒;忌在人前祖胸露臂;忌说杀字,要说"宰";端茶、送饭不能用左手。

【学生讲坛】

1.沈阳故宫是举世仅存的满族风格宫殿建筑群,满族风格浓郁。请模拟做一次沈阳故宫导游,讲讲满族文化。

2.比较北方少数民族服饰特点,说说服饰的文化内涵。

【技能训练】

[训练项目]北方主要少数民族民俗大观。

[实训目标]

1.能够通过图书、期刊、网络等途径收集民俗资料。

2.掌握北方主要少数民族民俗文化特点。

[实训内容和方法]

1.5—6人一组,每人分别选择居住、服饰、饮食、文化艺术、节庆等某一专题。

2.通过网络、图书资料搜集北方主要民族民俗的文字、图片资料。

3.归纳整理各组员搜集的文字、图片资料,布置"中华民俗大观"展板。

4.制作 PPT 演示文稿,分小组交流。

学习任务 3　西南部分少数民族民俗

【学习导读】

以云贵高原为中心的西南地区是少数民族种类最多的地方。人们把西南称为"秘境",一方面是因为那里的地形复杂处处奇景,更因为那里的民族风情奇异神秘。云南美称"彩云之南",拥有 26 个民族,是全国少数民族最多的省份。贵州就在神秘的夜郎古城上,又是古代骆越民族迁居之地,因为地形坎坷而使"十里不同风",民族的原始生态保存完好,因而被世界乡土文化基金会评为世界十大民俗旅游地之一。四川素有"天府之国"的美称,是古代巴人、濮人的发祥地,延传下来的民俗风情充满神秘色彩。

【知识储备】

一、藏族

藏族主要分布在西藏,其余在青海、甘肃、四川、云南等临近省。藏族最早起源于雅鲁藏布江流域的一个农业部落,两汉时属于西羌人的一支。7 世纪中叶,赞普松赞干布建立王朝,唐宋称其为"吐蕃",直到康熙年间才称"西藏"。藏族称谓亦由此而来。藏族在漫长的历史发展中创造的灿烂文化,藏文史籍文献卷帙浩繁,其数量在我国居第二位,仅次于汉文。《格萨尔王传》是世界上最长的英雄史诗,已被列入《人类口述和非物质文化遗产名录》。藏区经济以畜牧业和农业为主。

居住环境

藏族最具代表性的民居是碉房。碉房多为石木结构,平顶,窗户很小,外观形似碉堡。

一般分两层,底层为牧畜圈和贮藏室,二层为居住层。帐篷是牧民的住所,用牦牛毛织成,结实耐用,迁移方便。

碉房

金花帽

服饰装束

藏袍是藏族人民的传统服饰,宽体长身、大襟广袖。这种结构肥大的服装夜间和衣而眠可以当被。青藏高原,昼夜温差大,袍袖臂膀伸缩自如,既防寒保暖又便于起居、旅行,白天气温上升便可脱出一个臂膀,方便散热,调节体温。久而久之,脱一袖的装束便成了藏族服装特有的风格。邦典(围裙)是藏族妇女服饰的重要组成部分。藏族男女老幼喜爱戴藏式金花帽。

文化艺术

藏族有自己的语言文字。藏语属汉藏语系,藏文创制于 7 世纪初,是参照梵文创制的拼音文字。

藏戏是广泛流行于藏族地区的表演艺术,已被列入《人类口述和非物质文化遗产名录》。它起源于藏族的宗教艺术,17 世纪从寺院宗教仪式中分离出来,逐渐形成以唱为主,唱、诵、舞、表、白和技等形式相结合的生活化的表演,内容多为佛经中的神话故事。演员主要戴面具进行表演,只有一鼓一钹伴奏。

藏族的唐卡、雕塑和建筑工艺十分发达。唐卡为藏语音译,指画在布、缎或纸上,用彩色绸缎装裱后悬挂供奉的宗教卷轴画,

藏戏表演

是一种富有藏传佛教特色的绘画艺术。包括唐卡在内的热贡艺术被列入《人类口述和非物质文化遗产名录》。

生活习俗

献哈达是藏族最普遍、最隆重的礼节,以白色为主。五彩哈达一般用于最高最隆重的仪式,如佛事等。

知识链接：如何献哈达

对尊者、长辈，献哈达的时候要双手举过头，身体略向前倾，把哈达捧到座前；对平辈，只要把哈达送到对方手里或手腕上就行；对晚辈或下属，就系在他们脖子上。如果不鞠躬或用单手送，都是不礼貌的。

农区藏民以糌粑为主食，其做法是将青稞炒熟后磨成细粉，用酥油茶拌食；牧民主要以乳类和肉类为主，如奶酪、酸奶、肉干等食品。酥油茶是藏民必备的饮料，是在煮开的茶水中加入少许酥油和盐，再放到酥油茶桶中搅拌到水油交融后，倒入锅内加热后饮用。藏民嗜饮青稞酒，有弹酒的礼俗。冬虫夏草炖雪鸡、人参果拌酥油大米饭和蘑菇炖羊肉被誉为"藏北三珍"。

藏族的葬仪分塔葬、火葬、天葬、水葬、土葬五种，并且等级森严，界限分明。塔葬仅限于达赖、班禅及少数大活佛；火葬限于一般活佛及大贵族；天葬用于一般的农牧民；水葬用于夭折的幼童；土葬用于传染病患者和死于非命者。

节庆活动

藏族的传统节日有藏历年、雪顿节、望果节和花灯节等。

藏历年是藏族最为隆重的传统节日，与汉族的农历新年大致相同。藏历年从藏历元月一日开始，到十五结束。节日期间人们互赠哈达，互道"扎西德勒"（吉祥如意），进行各项娱乐体育活动。

雪顿节在藏历七月初一，按藏语的意思是吃酸奶的节日。因其活动内容渐渐演变为以藏戏会演为主，又被称为"藏戏节"。

望果节在秋收以前举行，是藏民庆贺青稞丰收的节日，流行于农区。"望果"，是"绕地头转圈"的意思。人们穿着节日的盛装，抬着插满麦穗的丰收塔，绕田边地头转，还有演戏、赛马、射箭等活动。

藏民喜过望果节

宗教信仰与禁忌

藏族信仰藏传佛教。主要禁忌有：忌讳捕杀野生动物；不吃驴、马、骡肉，忌食飞禽及鱼虾等水生动物；忌讳在寺院内吸烟、摸佛像、翻经书、敲钟鼓及动手抚摸喇嘛随身佩戴的护身符、念珠等宗教器物；不得在寺院附近砍伐树木、大声喧哗；忌单手接递物品；经筒、经轮不得逆转；忌讳别人用手触摸头顶；遇到玛尼堆必须按顺时针方向绕行。

二、纳西族

纳西族主要聚居在云南丽江纳西族自治县和滇川间的泸沽湖畔,是古羌人向南迁徙后发展成的一个支系,大约在公元 3 世纪到云南丽江等地定居下来。纳西族地区宜农宜林宜牧,主要从事农业生产。

居住环境

纳西族丽江地区的住房多为土木结构,普遍采用"三坊一照壁"的形式;富裕人家也有"四合五天井"的形式。泸沽湖畔的摩梭人则居住井干式的木楞房。

丽江古城,又名大研镇,是融合纳西民族传统建筑及外来建筑特色的唯一城镇,始建于南宋末年。城中道路网不规则,没有森严的城墙。丽江古城有"东方威尼斯"美誉,被列入《世界文化遗产名录》。

服饰装束

纳西族的男子多穿汉式服装,女子基本保留着传统的民族服饰。丽江纳西族妇女穿大褂,宽腰大袖,外加坎肩,系百褶围腰,穿长裤,劳动或出远门时还要披上羊皮披肩。披肩制作精致,绣着日、月和七星,象征纳西族妇女"肩担日月、背负繁星",整日起早贪黑辛勤劳动的美德。因此这种披肩被称为"披星戴月"或"七星披肩"。宁蒗地区的摩梭女子穿长可及地的多褶裙、短上衣,头戴青布包头,佩戴大耳环。

七星披肩

文化艺术

纳西族有自己的语言文字,纳西语属汉藏语系藏缅语族。1000 多年前,纳西族创造了古老的原始象形文字东巴文和音节文字哥巴文。东巴文是目前世界上唯一保留完整的象形文字,被称为"活着的象形文字"。

用东巴文书写的 2 万多册《东巴经》,是纳西族传世的百科全书。纳西族的灿烂民族文化遗存还有《创世纪》史诗、东巴画、东巴古乐、东巴舞等。

生活习俗

纳西族以玉米、大米和小麦为主食,加工制作成窝头、馒头和粑粑等。丽江的火腿粑粑、宁蒗的琵琶猪和泸沽湖的酸鱼、鱼干,是纳西族的特色食品。

知识链接:琵琶猪

琵琶猪是用整只猪腌制的,其腌制过程是:选用膘壮肥猪,用削尖的小竹从腋下刺入心脏将猪宰杀,以保持猪的完整;然后剖腹,除去猪毛、内脏、脊骨、瘦肉和四肢,肚内渍上盐,再用麻线或牛皮线缝合,压扁后晾干储藏,可以保存数年至十余年。因其形似琵

琵琶猪

琶,故名琵琶猪。

居住在丽江宁蒗永宁地区(即泸沽湖畔)纳西族的一个支系——摩梭人至今仍保留"男不娶、女不嫁"的"阿注"走婚习俗,是母系氏族社会的产物。所谓"阿注",在摩梭语中是伴侣、亲密的朋友之意。这种婚姻以感情为基础,结合自愿,解除自由,在经济上没有必然的联系。男子夜间到女子家走访、住宿,白天回到母家,与母家成员一起生产与生活。男女双方不组织共同的家庭,所生子女归于女方,由女方负责教养,男子没有必须抚养的义务。由于男女双方互称为"阿注",这种婚姻关系也称为"阿注婚",被民族学家称为"人类社会家庭婚姻发展史的活化石"。

节庆活动

纳西族的许多节日与汉族相同,如春节、清明、端午、中秋等,但是节日活动内容与汉族有所差异,带有鲜明的民族特色。

三朵节是祭祀三朵神的盛大节日,也是纳西族最具民族特色的传统节日。三朵神是玉龙雪山之神灵,是纳西族千百年来笃信的保护神。三朵神属羊,每年二月初八和八月羊日,各地纳西族都到丽江白沙"玉龙祠"祭拜三朵神,也有在自家"祭三朵"的。

宗教信仰与禁忌

纳西族普遍信奉多神的东巴教,这是一种以自然崇拜为主要内容的原始宗教。"东巴"是纳西语,意为"智者",也就是巫师,凡遇婚、丧、患病或年节,都要请东巴念经。此外,部分人信仰藏传佛教,极少数人信奉道教和基督教。

主要禁忌有:骑马到寨前必须下马,不能把马拴在祭天堂的地方;不能登踏三脚架,也不能翻弄灶里的灰;不能主动进入老人、女人的卧室和女孩的"花楼",不能询问"阿注"的情况;祭天堂、祖先、战神时,忌外人观看;忌在门槛上坐和用刀斧在门槛上砍东西;不许杀耕牛、驮马和报晓的雄鸡;忌食狗肉。

三、白族

白族主要聚居在云南省西部以洱海为中心的大理白族自治州,还有部分散居在四川、贵州、湖南等地。白族的先民早在汉代就分布在洱海地区,唐宋时期建立了"南诏"和"大理"两个政权,延续了 500 多年。南诏在历史上曾是一个强大的军事王国,与当时的唐王朝及吐蕃王朝鼎峙并存了近 200 年。大理地区盛产大理石及珍贵木材。主要从事农业生产。

居住环境

白族的民居最有代表性的是"三房一照壁"式的民居。主要由院墙、大门、正房、左右耳房组成。少数富户住多重的"四合五天井"式院落。白族民居非常注重门楼、照壁的建筑和门窗雕刻及彩绘装饰。照壁是白族民居建筑不可或缺的部分,用泥瓦砖石砌成。正门书写"福星高照"、"紫气东来"、"虎卧雄岗"等吉祥词句。

白族民居

服饰装束

白族人崇尚白色,以白色为尊贵。男子

一般缠白色或蓝色包头,上穿白色对襟衣,外套黑领褂,下穿白色或蓝色长裤。女子服饰则因地而异,大理地区妇女穿白上衣,红坎肩,或是浅蓝色上衣、外套黑丝绒领褂,腰系绣花短围腰,下穿蓝色宽裤,足穿绣花"百节鞋",多用绣花布或彩色毛巾缠头。

文化艺术

白族有自己的语言文字,白语属汉藏语系,唐宋时代曾借用汉字创制了古白文。大理城不仅是南诏和大理国的都城所在地,而且是当时中国与东南亚诸国通商、贸易和进行文化交流的主要门户,是当时云南政治、经济和文化中心。大理崇圣寺三塔、剑川石宝山石窟造像、《南诏中兴国史画卷》《大理画卷》等,都显示了白族人民悠久的历史和在建筑、雕刻、绘画等方面的卓越才能。

生活习俗

白族就餐很讲究礼仪,长辈、客人座上首,晚辈依次座两旁或下首,并随时为长辈、客人添饭加汤。

白族以稻米和小麦为主食,山区则以玉米、荞麦为主食。白族人喜食酸辣,善于腌制火腿、腊肉等。"砂锅弓鱼"是大理著名佳肴。乳扇是白族独创的乳制品,状如扇,薄如纸,色泽淡黄,味道鲜美。白族大都喜欢饮酒、饮茶,尤其注重每天清晨和中午两次茶,以烤茶为主。著名的"三道茶"是待客上品。

知识链接:白族"三道茶"

"三道茶"顾名思义分三道:第一道是用小陶罐烧烤大理特产沱茶到黄而不焦,香气弥漫时再冲入滚烫开水制成的"苦茶"。第二道是茶中加入大理特产乳扇、核桃仁和红糖的"甜茶";第三道是茶中加入蜂蜜和少许花椒、姜、桂皮的回味茶。"一苦、二甜、三回味"的"三道茶"不仅是白族同胞待客的佳茗,还蕴含了丰富的人生哲理。

节庆活动

白族人民主要节庆活动有"三月街"、"绕三灵"、"火把节"等。

三月街亦称观音市或观音会,是白族人民一年一度最盛大的节日,农历三月十五日至二十日举行。节日内容原是佛教庙会,后来逐渐演变成传统盛大节日和物资交流会。

绕三灵,是大理洱海周围白族人民农忙前游春歌舞盛大集会,农历四月廿三日至廿五日举行。整个活动除有传统感谢山神庇佑的意义外,也是白族男女青年建立感情的一次活动。

宗教信仰与禁忌

白族的宗教信仰主要是奉祀"本主",信仰佛教。"本主"有的是自然神,有的是南诏、大理国的王子,有的是为民除害的英雄。

主要禁忌有:访友或探望病人不能安排在上午;正月初一不能到别家串门;火把节的晚上,岳父不能接女婿来家中过节。

四、彝族

彝族主要分布在四川、云南、贵州和广西等省区。四川凉山彝族自治州是我国最大的彝族聚居地。彝族历史悠久,对于彝族的渊源,一般认为是古羌人南下在长期发展过程中与西南土著部落不断融合而成的民族。公元8—10世纪,以彝族和白族为主体的南诏国政权建立。主要从事农业,兼营牧业。

居住环境

彝族的传统民居被称为"土掌房"。这种"土掌房"一般以石块为房基,土坯砌墙,形成平台屋顶,可以晾晒谷物。正房堂屋正中安放八仙桌,用于接待客人、左侧有常年不熄的火塘,由三块石头支成,俗称"锅庄",用以取暖御寒、热水烤茶,火塘周围是家人围坐议事的地方。

服饰装束

彝族服饰古朴、独特,生活在不同地区的彝族人民有不同的服饰习俗,大致可分为凉山型、乌蒙山型、红河型等。凉山地区男女都穿右衽斜襟贴身镶边上衣,男子下着长裤,女子下着长百褶裙。男子头顶留一小块头发编辫,称"天菩萨";裹青蓝布头帕,前方扎"英雄结";以无须为美,左耳戴大耳环。女子头包黑色头帕,或戴绣花瓦式方帕;喜戴耳环,在领口别银排花。此外大、小凉山气候寒冷,男女出外时都要穿羊毛披风,彝族人称其为"察尔瓦"。察尔瓦形如斗篷,长可及膝,多为黑色,白天御风寒,夜晚当被盖,堪称凉山服饰的象征。

文化艺术

彝族有自己的语言文字。彝语属汉藏语系,彝族文字是一种音节文字,是自成体系的东方文字。彝族文化艺术源远流长,彝族的十月太阳历科学价值很高,长篇叙事诗《阿诗玛》反映了彝族人民不畏强暴、追求自由和幸福的愿望。

彝族人能歌善舞,彝族的乐器有月琴、口弦、三弦、葫芦笙等。"阿细跳月"是一种彝族集体舞,现在已成为我国和世界青年交谊舞的传统节目。烟盒舞为彝族首创,在云南很有名,以手弹木质烟盒起舞而得名。

生活习俗

彝族的食品主要为玉米、荞麦。彝族人喜欢吃"坨坨肉"、荞面粑粑。彝族人喜欢饮酒,民间有"汉人贵茶,彝人贵酒"之说。饮酒时席地而坐,围成圆圈,依次轮流喝,这叫喝"转转酒";逢年过节,彝族姑娘还会抱出一坛酒,插上几根麦秆放在家门口的路边上,供来往过客饮用,这叫喝"秆秆酒"。这两种喝酒的风俗体现了彝族人民热情好客的民族性格。

知识链接:彝族少女的"换裙"仪式

在大小凉山地区,彝族少女成年时要举行一种神秘的"换裙"仪式,彝语叫"沙拉洛"。彝族少女在"沙拉洛"之前,穿的是红白两色的童裙,梳的是独辫,耳朵挂的是穿耳线。"换裙"仪式举行之后,就要穿红、蓝、白、黑等对比强烈的三接或四接拖地长裙,将单辫梳成双辫,戴上绣花头帕,挂上耳坠,标志着该女子已经长大成人,可以谈情说爱了。"换裙"时间是根据少女的发育情况而定的,一般选在15～17岁之间,多择单岁。因为在当地彝民看来,双岁"换裙"会多灾多难,终生不会吉利。

秆秆酒

节庆活动

彝族人认为火可以驱鬼除魔,"火把节"是彝族最隆重的节日。一般多在农历六月廿四日举行,节期三天。节日期间,男女老少盛装打扮,宰杀牲畜祭献灵牌,尽情跳舞、唱歌、赛马、摔跤。夜晚,手持火把围绕住宅和麦田奔走,然后相聚一起燃起篝火,载歌载舞,彻夜狂欢。

此外,彝族还有彝历年、插花节、虎节等民族节日。

宗教信仰与禁忌

彝族宗教具有浓厚的原始宗教色彩,崇奉多神,主要是万物有灵的自然崇拜和祖先崇拜。

主要禁忌有:忌讳在家里吹口哨和大声喧哗;火塘是火神居住的神圣之地,不能用脚踏火塘(锅庄)或从火塘上面跨过,也不能摸火塘上的三脚架;男子最忌讳别人触摸自己头上的蓄发(俗称"天菩萨"),被认为是一种侮辱;有的地方还忌食马肉、驴肉和骡肉。

五、傣族

傣族主要聚居在西双版纳傣族自治州、德宏傣族景颇族自治州和耿马傣族佤族自治县、孟连傣族拉祜族佤族自治县。其先民是"百越"的一支,很早就和内地保持着友好和密切的联系。傣族是一个以种植水稻为主的农业民族,栽种技术较为精细。

居住环境

傣族村寨都是依山傍水而建,最富有民族特色的住房是傣家竹楼。竹楼是一种干栏式建筑,分上下两层,上层离地约两米高,是居住生活的地方,下层一般用于圈养家禽牲畜或堆放杂物。

服饰装束

傣族男子一般上穿无领对襟或大襟小袖短衫,下穿长管裤,以白布或蓝布包头。傣族妇女的服饰各地有较大差异,但基本上都以束发、筒裙和短衫为共同特征。

知识链接:花腰傣

花腰傣是人们对居住在红河中上游新平、元江两县的傣族的一种称谓。因其服饰绚丽华贵,彩带束腰,丰姿潇丽飘逸而称为花腰傣。

花腰傣女子爱穿银泡镶嵌的传统小褂,外套一件锦缎镶边的超短上衣;腰部彩带层层束腰,挑刺绚丽斑斓的精美图案,挂满艳丽闪亮的缨穗、银泡、银铃;头戴斗笠;腰间系着一个精美别致的"央箩"。

花腰傣女子

文化艺术

傣族有自己的语言文字,傣语属汉藏语系壮侗语族,傣文为来源于梵文字母的拼音文字。傣族的灿烂文化以傣历、傣族医药和叙事长诗最为有名。

傣族人们能歌善舞,著名的孔雀舞伴以象脚鼓和铓锣,具有独特的民族风格,名扬中外。建筑艺术别具一格,尤以寺塔和飞架于江河上的竹桥最为有名。

生活习俗

傣族人以米饭为主食,喜食糯米饭,通常是现舂现吃,最具特色的是竹筒饭。傣族人喜食酸味,普遍有嚼槟榔的习俗。

知识链接：傣族人的饮茶、嚼槟榔习俗

傣族人有喝茶的习惯,西双版纳更是"普洱茶"的盛产地,故家家户户的火塘上时常煨有一罐浓茶,可以随时饮用和招待客人。此外,德宏地区的傣族人也喜欢用冲泡香茅草作饮品,味道异常清香。

傣族中年男女习惯把烟草丝、石灰和槟榔合在一起咀嚼。据说是在稻田劳作容易被水蛭咬,嚼过槟榔的唾液有驱逐水蛭的作用;另一种说法则认为这样有助于保护牙齿。因此每逢有亲邻来访时,傣族人首先端上普洱茶,再奉上槟榔招待,一边谈天说地,一边嚼槟榔。

到傣家做客,会受到主人"泼水"和"拴线"的礼遇。拴线是傣族最高的礼仪,一般是由村里最受人尊敬的老人为客人拴线,祝福客人吉祥如意,平安幸福。

傣族青年婚前交往自由,晚上吹芦笙"串寨子"、傣历新年"丢包"、"赶摆黄焖鸡"等都是选择对象和表达爱情的方式。

知识链接：赶摆黄焖鸡

"赶摆黄焖鸡"是西双版纳男女青年以食传情的求恋方式。姑娘把黄焖鸡拿到市场上出售,如果买者恰恰是姑娘的意中人,姑娘就会主动拿出凳子,让其坐在自己身旁。通过交谈,如双方情投意合,两人就端着鸡,拎着凳子到树林里互诉衷情;如买者不是姑娘的意中人,姑娘就会加倍要价。

节庆活动

傣族的重大节日有泼水节、关门节和开门节,均与佛教有关。

泼水节是傣族最盛大的节日,也是傣历的新年,相当于汉族的春节。时间在傣历六月,即公历4月中旬,节日活动一般持续三至四天。节日期间,人们要拜佛、赕佛,然后彼此泼水嬉戏,相互祝愿,还要举行拜祖、堆沙、丢包、赛龙船、放高升、点孔明灯等传统娱乐活动和各种歌舞晚会。

关门节,从傣历的九月十五日(公历7月中旬)开始,历时3个月。关门节期间,除佛事活动外,停止一切重大活动,不举行婚礼,不盖新房,每周到寺庙举行一次佛事活动,和尚不得随便外出。一般认为,关门节源于古代印度佛教雨季安居的习惯,三个月的关门被视为信众的安居戒斋期。

3个月后,即傣历的十二月十五日举行开门节,有大型的庆祝、拜佛、赛鼓等活动。此日之后,恢复关门节前的一切正常活动。

宗教信仰与禁忌

傣族多信奉小乘佛教。男孩子八九岁开始都要离家到寺庙当几年和尚,一般1～5年还俗回家。这段时期是一个人礼仪行为养成的重要阶段,佛教的教义教规对他一生的道德礼仪的养成,具有十分重要的作用。

傣族的禁忌多与宗教有关。如进入佛寺殿堂之前必须脱鞋,不许抚摸小和尚的头。入傣家竹楼,要把鞋脱在门外;不能坐在火塘上方或跨过火塘;不能坐门槛;不要进入主人内室等。

六、苗族

苗族主要聚居于贵州、云南、湖南和广西等省区。相传,苗族起源于5000多年前居住于黄河中下游的"九黎"部落,后迁徙至长江中下游,形成三苗部落。由于苗族地域分布广泛,服饰和习俗差异较大,故被世人称为"红苗"、"白苗"、"黑苗"、"长裙苗"等。苗族人口数量在少数民族中仅次于壮、满、回,居第四位。历代从事农业生产。

居住环境

苗族大多数居住在山区,由于各地自然环境的差异,民居形式不尽相同。黔东南是多雨湿润的地方,苗家多住在山坡,因地制宜建造了别具特色的"吊脚楼",上层住人,下层圈养牲畜或堆放杂物。黔中和黔西的苗族则多居住石砖为墙、石板盖顶的石头房。

服饰装束

苗族服饰种类繁多,色彩艳丽。苗族女装有百多种样式,堪称中国民族服装之最。妇女上身一般穿窄袖、大领、对襟短衣,下身着长短不一的百褶裙。便装时多在头上包头帕,上着大襟短衣,下着宽腿长裤,镶绣花边,系一幅绣花围腰。苗族妇女服饰最大的特点是喜用银饰,素有"花衣银装赛天仙"的美称。闻名遐迩的黔东南苗族大银角,其造型源自祖先蚩尤"头有角"的形象,旨在祭祀祖先,获得其护佑。苗族男子的装束比较简单,上装多为对襟短衣或右衽长衫,肩披织有几何图案的羊毛毡,头裹青色包头,冬天腿上多缠裹腿。

苗族女子服饰

苗族男子吹芦笙

文化艺术

苗族有自己的语言和文字,苗语属汉藏语系苗瑶语族,1956年制订了苗文的拉丁字母拼音文字方案。

苗族蜡染、银饰、刺绣、挑花、织锦等工艺非常精致美观,有很高的艺术水平。苗家有"以钱为饰"的习俗,银饰被视为财富的象征,以大、重、多为美,有头饰、胸饰、背饰三大类型。

苗族人民能歌善舞。苗族的"飞歌"高亢嘹亮,极富感染力;舞蹈有芦笙舞、板凳舞、铜鼓舞等,以芦笙舞最为普遍。

生活习俗

大多数地区苗族的主食为大米或包谷(玉米),糯米也很受喜爱。苗族人普遍喜食酸辣味道,家里有各种酸菜、腌菜。苗族喜饮酒,以酒解除疲劳,以酒传情,以酒表喜庆,以酒烘染气氛,有着丰富的饮酒习俗。湘西苗家多用油茶待客。

苗族青年男女婚前恋爱自由,通过"游方"、"踩月亮"、"跳花"、"会姑娘"等社交形式择偶。黔东南地区婚后还有"不落夫家"习俗。

节庆活动

苗族的传统节日有苗年、龙舟节、芦笙节、吃新节、四月八、赶秋节等,其中以过苗年最为隆重。

苗年是苗族人民庆祝丰收的节日,一般在秋后举行,是苗族人民祭祀祖先、庆祝丰收以及亲朋好友相聚的日子。节日期间,举行踩鼓、跳芦笙舞、斗牛等活动。入夜,村寨中响起铜鼓声,外村寨的男青年手提马灯,吹着芦笙、笛子来到村寨附近"游方"(即男女青年的社交恋爱活动),村村寨寨歌声不断。通过对歌,钟情男女便由定情之物——绣有鸳鸯的棉布带连接在一起。

龙舟节是沿江河聚居的苗族普遍的节日。苗族龙舟节不同于汉族的端午节,它是祈求风调雨顺、五谷丰登和娱乐性的节日,在农历五月廿四至廿七日举行。节日期间,举行龙舟竞渡、对歌、跳芦笙舞等。青年男女借此机会进行游方活动。

知识链接:苗族的龙和独木龙舟

许多地区的苗族先民把龙作为图腾来崇拜。苗族服饰中就经常出现龙的形象,有的地方的苗族有祭龙的习惯。黔东南和湘西苗族的龙船节,却是把龙作为征服的对象来看待的。据说有条孽龙危害清水江,英雄故宝杀孽龙为民除害,砍开分给乡亲煮吃了。那恶龙阴魂不散,托梦央求人们做条木龙,在江上每年划上几天,好像它活着在江上嬉戏一般,它就会为民调风顺雨来赎罪。此后,人们就在农历五月廿四日故宝屠龙的日子过龙船节了。

清水江独木龙舟节

苗族的龙舟很特别,称为"独木龙舟",是用整棵大红杉或枫树掏空做成母船,又在两侧各嵌一条子船,浑然一体。这种龙船在水中速度极快。

宗教信仰与禁忌

苗族的宗教信仰主要是自然崇拜、图腾崇拜、祖先崇拜等原始宗教形式,其中比较典型的自然崇拜物有巨石(怪石)、岩洞、大树、山林等。

主要禁忌有:忌狗肉上灶,忌在屋里煮蛇肉;陷入险恶环境中忌嬉笑;忌刀口朝上,忌用凶器指人;父母或亲戚去世,一个月内忌食辣椒;忌在家里或夜间打口哨。

【学生讲坛】

1."不到西藏,不知道天有多蓝;不到拉萨,不知道空气有多鲜;不到大昭寺,不知道信仰有多诚;不到八角街,不知道逛街有多爽。"请用3—5分钟通俗易懂地介绍藏族的民俗。

2.为什么说纳西族"小民族创造大文化"?

【技能训练】

［训练项目］西南主要少数民族民俗大观。

［实训目标］

1.能够通过图书、期刊、网络等途径收集民俗资料。

2.掌握西南主要少数民族民俗文化特点。

［实训内容和方法］

1.5－6人一组，每人分别选择居住、服饰、饮食、文化艺术、节庆等某一专题。

2.通过网络、图书资料搜集西南主要民族民俗的文字、图片资料。

3.归纳整理各组员搜集的文字、图片资料，布置"中华民俗大观"展板。

4.制作PPT演示文稿，分小组交流。

学习任务4　中南、东南部分少数民族民俗

【学习导读】

中南和东南区域，少数民族的发布虽然不像西部那么广泛，但却是我国许多民族的发祥地。我国古代曾把南方的族群总称为"越"、"百越"。春秋战国时期，越族在江浙一带建立了强大的越国；到秦汉时期，泛称南方民族为越族，史称"北方胡，南方越"。由于历史的发展和变化，越国逐渐形成几个较强的族系：在今浙江南部的"东瓯"；在福建的"闽越"；在两广的"南越"；在广东西部和广西南部的"西瓯"以及主要分布在今越南部的"骆越"。后来，越族经过漫长的演变和迁移过程，除了一部分同化于汉族外，分别形成了今日分布在中南、东南和西南广大地区的多个少数民族。现在中国南方的壮侗语族、苗瑶语族以及东南亚一些民族，都与古代越族有渊源关系。这块古越民族的发祥地，今天生活着壮族、瑶族、黎族、仫佬族、毛南族、土家族、畲族以及高山族等多个少数民族。

【知识储备】

一、壮族

壮族是我国人口最多的少数民族，主要聚居在广西壮族自治区和云南省文山壮族苗族自治州。壮族历史悠久，是由"百越"的一支发展形成的。它与周秦时期百越中的西瓯和骆越有着密切的渊源关系。壮族主要从事农业生产。三七、蛤蚧和茴油是壮族地区久负盛名的特产，其甘蔗产量居全国之首。

居住环境

壮族住房多与当地汉族相同。部分地区居民住"干栏式"（又称"麻栏式"）木楼，柱子、楼架用质地坚硬的原木搭成，楼板和墙壁用木片或竹篱。屋内的生活以火塘为中心，每日三餐都在火塘边进行。

服饰装束

居住在不同地区的壮族人，其服装各具特色。壮族女子的服装一般为无领上衣，裤脚稍

宽,头上包提花毛巾,腰间系绣花围裙,穿绣花鞋,戴耳环、手镯和项圈。男子多穿无领对襟上衣,腰间系一条腰带,包头巾,穿布鞋。

文化艺术

壮族有自己的语言文字,壮语属汉藏语系,20 世纪 50 年代创制了拉丁拼音文字。

壮族具有灿烂的民族文化。壮锦是壮族最为瑰丽的手工艺品;铜鼓是中国青铜文化中的一朵奇葩,是壮族最具代表性的民间乐器。2000 多年前壮族先民创作的"花山壁画"是极为珍贵的人文景观,世所罕见。

知识链接:壮族先民为什么要在左江流域的悬崖峭壁上作画

广西连亘数百里的悬崖峭壁上,有 80 余处、1770 余幅古代壮族人民创作的壁画,因宁明花山壁画发现最早,图像最多,画幅最大,故统称为"花山壁画"。壮族选择山崖绝壁作画,体现了对蛙神的崇敬和爱护。第一,左江流域是壮族发源地之一。据研究,壁画上的人物图像为壮族祖先崇敬的蛙守护神。因此,壮族人民把祭祀民族的守护神的圣地安排在左江流域一带是非常自然的,包含着对先人的敬仰之意。第二,左江流域是壮族地区的腹地,是最安全的地方。第三,蛙既守护人们,人们也必然爱护它。蛙为两栖类,不能长期离开水,人们把它的形象画在江边,表达了对它的爱护之情。第四,壮族人民认为,山崖既是灵魂的栖息之所,又是灵魂的通天之路,还认为山崖之内是神仙居住的住处。蛙神既为神,它当然应该栖息于此。第五,蛙神是雷王之子,山崖高如云天,是最接近雷王居住之处。

"花山壁画"局部

壮乡素有"歌海"之称,被誉为"歌仙"的刘三姐,就是壮族民间歌手的典型代表。每逢农闲、节假日或婚丧嫁娶,壮族各地区都要举行对歌活动,壮族人称之为"歌圩"。"歌圩"还是娱乐和青年男女社交恋爱的场所,在三月三歌圩节上,要举行搭彩棚、摆歌台、抛绣球、碰红蛋、择佳偶、放花炮等活动。

生活习俗

壮族的主食是大米和玉米,喜吃腌制的酸食,大人和小孩都爱吃生鱼片。妇女有嚼槟榔的习俗。结婚送聘礼,槟榔是必备的礼物。壮族人在三月三吃色彩鲜艳的五色饭;每到春节和端午节,家家户户都要包"驼背粽"

壮族有些地区妇女婚后有"不落夫家"的习俗。青年男女结婚后,新娘便返回娘家居住,遇重大节日或农忙时节才到夫家短暂居住,直到怀孕之后才长住婆家。

节庆活动

三月三歌圩节,是壮族人民聚会对歌的传统节日,壮族男女青年穿上盛装,欢聚于圩场,行歌互答。节日期间,还有抛接绣球、碰彩蛋、抢花炮、舞龙舞狮、表演壮戏和拳术活动等文娱活动,同时也造就了双双对对的美好姻缘。

知识链接:歌圩节抛绣球

在壮族歌圩的时候,壮族姑娘们会手提五彩缤纷的花绣球,若见到心仪的小伙子,便把绣球抛给他,小伙子接过绣球,如果对姑娘满意,就把小件礼物缠在绣球上投报给女方,恋爱就这样展开。"抛绣球"活动在广西和巴马一带壮人居住地尤为盛行。

壮族姑娘借绣球来传达爱情。绣球中包裹的豆粟和挚籽,象征姑娘心中爱情的种子。

绣球

宗教信仰与禁忌

壮族信仰多神,除崇拜祖先外,还有自然崇拜。佛教、道教对壮族影响也很大。

主要禁忌有:火塘、灶塘是壮族家庭最神圣的地方,禁止用脚踩踏火塘上的三脚架以及灶台。家有产妇,要在门上悬挂柚子枝条或插一把刀,以示禁忌。不慎闯入产妇家者,必须给婴儿取一个名字,送婴儿礼物,做孩子的干爹、干妈。壮族是稻作民族,以蛙为民族守护神,所以到壮族地区,严禁捕杀青蛙,也不要吃蛙肉。

二、土家族

土家族主要聚居在湖南、湖北、重庆、贵州四省市交界的丛山之中。土家族自称"毕兹卡",意为"土生土长的人"。

土家族主要从事农业生产。湘西的"金色桐油"和鄂西的"坝漆"都是饮誉中外的名产。

居住环境

土家族村落的房子依山傍水,骑岭卧谷,就地势特点而建。其建筑风格也因自然环境而分成了两类:

吊脚楼。土家族人多居河边、山湾中,他们的"吊脚楼"别具特色。上层作卧室,下层则堆放杂物和饲养畜禽。

木瓦房屋。居住于河谷盆地,向阳坡地的土家族人家的房屋多是木瓦结构,铺地楼板,隔潮防湿。

服饰装束

土家族的服饰布料多为自纺自织的土布。男装为对襟短衫,扣子很多;穿大筒裤,

湖南凤凰古城吊脚楼

在膝至踝上缠"布裹脚";爱用青布缠头。女装为短衣大袖,左衽开襟,滚镶花边;穿镶边筒裤;头发挽髻,戴帽或用布缠头。

文化艺术

土家族有自己的语言,没有本民族文字,土家语属于汉藏语系。

土家族的文化艺术绚丽多彩。土家族擅长舞蹈,传统舞蹈有摆手舞、跳丧舞、八宝铜铃舞等。其中摆手舞影响最广,是土家族人民喜闻乐见的传统歌舞形式。土家族戏剧"茅古斯"模拟远古先民劳动和生活的故事情节,并通过舞蹈、对白来表达内容,从形式到内容,都别具一格。土家锦(西兰卡普)是土家族妇女独特的织锦工艺品,仅织锦图案就达数百种。

生活习俗

因为土家族人世代生活在万山丛林中,饮食喜好表现为"喜辛辣、好豪饮"的特点。腌熏腊肉是土家族最有特色的风味菜。土家族还擅做糯米粑粑、甜酒、团馓等。

土家族婚嫁习俗中最有特色的是"哭嫁"。新娘在结婚前半个多月就哭起,有的要哭一月有余。土家人还把能否唱哭嫁歌,作为衡量女子才智和贤德的标志。

清江流域的土家族有一种葬俗叫"散忧祸",即"跳丧舞"。老人去世后,左邻右舍,亲戚朋友都赶来一起跳丧,一直跳几个通宵,舞姿变幻多端,借以使死者家属节哀解愁。

节庆活动

土家族的传统节日有土家年、社巴节、四月八、六月六等。其中以土家年最为隆重,俗称过"赶年",赶在汉族过年的前一天过年,相传是土家族祖先为了抗击外来侵略,提前吃年饭以出征迎战。社巴节,是隆重的祭祀祖先的节日,人们唱起"摆手歌",跳起"摆手舞"来庆贺。

宗教信仰与禁忌

土家族崇拜自然、崇拜土王。土王被认为是土家族的祖先,各村寨都有"土王庙"。

主要禁忌有:火塘及其三脚架是每个家庭禁忌的中心所在,平时不许对其有任何亵渎;忌"虎"字,以"猫猫"代指老虎;过去土家族认为逢五不吉,所以每月的初五、十五、二十五都是"法定"的农休日。

三、畲族

畲族散居在我国东南部福建、浙江、江西、广东、安徽省境内,其中以福建和浙江两省的畲族人最多。浙江景宁畲族自治县是全国唯一的畲族自治县。畲族自称"山哈","哈"畲语意为"客","山哈"即指居住在山里的客人。学术界一般认为畲族与瑶族有着密切的渊源关系,都是汉晋时期见于史载的"武陵蛮"之后裔。此外,也有一部分学者持畲族为古代百越后裔的观点。

畲族主要从事农业生产,兼营林业及狩猎。

居住环境

畲族在居住上分布零散,一般是几户至几十户聚族而居,自成村落,周围是汉族村落,彼此交错杂处。畲族与汉族杂居之故,畲族的住房基本上与汉族的一样,临海的住石屋,靠山的住木房子。

服饰装束

畲族男子服装基本与汉族相同。妇女服饰因居住地区不同而款式各异,以"凤凰装"最具特色。红头绳扎的长辫高盘于头顶,象征着凤凰髻;衣裳和围裙上用大红、桃

畲族凤凰装

红、杏黄及金银丝线镶绣出五彩缤纷的花边图案,象征着凤凰颈、腰和美丽的羽毛;后腰随风飘动的金色腰带,象征着凤凰尾巴;周身丁当作响的银器象征着凤凰的鸣叫。结婚时,头戴凤冠。冠上饰有一块圆银牌,牌上悬着三块小银牌,悬垂在额前,畲民称它为龙髻。在福建东北沿海一带山区居住的畲族妇女,有头戴"三把刀"的习俗。

文化艺术

畲族有自己的语言,属汉藏语系。畲族无文字,通用汉文。

彩带是畲族传统的手工艺织品,既是美化衣着的装饰物,以及用作腰带、背带等物的生活实用品,还是畲族青年男女定情信物、定亲回礼和驱邪祝福的吉祥物。

畲族是能歌善唱的民族,每逢婚丧嫁娶、生产劳动、待人接物时,都喜爱用歌声表达感情,因此畲乡有"歌的海洋"之誉。由于畲族人们上山劳动时经常以歌对话,畲歌又称为山歌。流传至今的山歌约有 1000 多篇,其中最著名的是长篇叙事史诗《高皇歌》。

畲族彩带

生活习俗

畲族日常饮食以番薯、大米为主,喜食番薯丝饭,即先把大米和番薯丝放在锅中煮涨,再捞出放在甑中蒸熟。畲族大都喜食热菜,一般家家都备有火锅,以便边煮边吃。肉食以猪肉为主,竹笋是四季不断的蔬菜。粉丝是畲家招待客人、制作点心和菜肴的重要原料。

茶是畲族日常饮食中必不可少的,凡有客人来访,都要以茶相待,一般都要喝两碗。民谣曰:"一碗苦,二碗补,三碗洗洗肚。"若不喝第二碗,则被认为没有礼貌。景宁惠明茶、广东凤凰茶、福建福安的红茶和武夷岩茶是畲族地区盛产的名茶。

节庆活动

畲族的节日与汉族大致相同,如春节、元宵节、清明节等。二月二、三月三、招兵节、封龙节是畲族特色的节日。

三月三是畲族最隆重的传统节日,又称"乌饭节"。传说,公元 707 年,畲族首领雷万兴、蓝奉高率起义军抗击官军围剿,以乌稔果充饥而军威大振,于第二年三月三这天突围成功,取得战斗的胜利。畲民为纪念此事,每年三月三要吃乌米饭,集会对歌,祭祀祖先。在畲族民众中,三月三是可以与春节相提并论的重大节日。

乌米饭

知识链接:乌米饭

乌米饭是将乌稔树叶捣烂,挤出汁热汤,将糯米浸泡其中,再置于木甑上蒸煮而成。它犹如黑珍珠一般,清甜、芬芳,在"三月三"这一民族节日被用来敬天祭祖。传说乌米饭的来历与畲族人民抗击外敌有关。从前,畲族聚居地常受外来敌人侵犯。当敌人进村时,各家米饭便被抢吃一空。后来,畲族同胞想出一个办法,把米饭染成乌黑,使敌人不敢食用,深怕中毒,这才使自己能吃上米饭,有力气抗击敌人。

宗教信仰与禁忌

畲族的宗教信仰主要是祖先崇拜。祖图,又称"盘瓠图",是畲族信仰的主要标志之一。此外,畲族民间信仰还有其他世俗神灵,属多神崇拜。

主要禁忌有:畲汉对话忌用"畲客"、"哈老"称呼;正月初一,忌挑粪、抬轿、吹喇叭;忌食狗肉,饭粒掉在地上忌用脚踩,忌坐吃饭桌;忌坐别人热板凳;中堂正中忌晒衣服,平时忌衣服反面穿;忌年轻人摸年长人的头;忌砍土地庙旁树和村头、村尾风水树。

四、黎族

黎族主要居住在海南省中南部的通十市、三亚市以及乐东、白沙、陵水和昌江等黎族自治县,保亭、琼中黎族苗族自治县和东方市。黎族源于古代"百越"的一支,早在秦汉以前就从两广地区陆续来到海南岛定居。"黎"这一专有族称始于唐末,沿用至今。

居住环境

黎族村寨依山形地势而建,山区村寨一般建在山脚下,可防范台风袭击,村民多饮用山泉水;而平原的村寨则建在小山坡上,多防避洪水侵袭。黎族传统住房有船形屋和金字形屋两种。船形屋是竹木结构建筑,外形像船篷,用竹木架构;金字形屋以树干作支架,竹片编墙。

黎族船形屋

服饰装束

黎族妇女穿对襟无扣长袖上衣,下着筒裙。脑后束发,插以骨簪、金属簪。有些地区妇女耳环多且重,形大而夸张,从耳根下垂至肩,俗称"儋耳"。我国早在《山海经》中就有关于"儋耳"的记载,称南方有"儋耳"之国。部分地区的妇女保留着文面、文身的习俗。男子留长发,结于额前或脑后,以红布或黑布缠头。

文化艺术

黎族有自己的语言,属汉藏语系壮侗语族。以往黎族没有自己的文字,1957年才创造出一种拉丁字母形式的黎文。

黎族丰富的口头文学,民间故事和歌谣占有很重要的地位,大多围绕英雄人物、征服自然和黎族的风土人情等主题。

鼻箫是黎族喜爱的古老乐器之一,已有1000多年的历史,用五指山特产白竹制成。叮咚琴是黎家同胞在原木上敲击出节奏的一种古老而独特的乐器。黎族的歌舞有其独特的魅力,黎族"竹竿舞"已成为海南最富有特色的民间舞蹈。

黎族妇女的纺织造诣很高,早在唐宋时期,其棉纺织就领先于中原,并以黎锦闻名于世。

生活习俗

黎族主食以大米为主,其次为玉米、番薯。日进三餐,喜稀不喜干,并习惯腌制生鱼、生肉。嗜好烟酒。把猎获物的野味、瘦肉混以糯米和少量盐巴放进竹筒内烤制的"竹筒饭"是招待客人的上好食品。黎族人有嚼槟榔的嗜好,槟榔也是黎族人待客、定婚不可缺少的佳品。食鼠也是黎族独特的饮食习俗,无论是山鼠、田鼠、家鼠和松鼠均可捕食。

知识链接:黎族与槟榔

对居住在热带的黎族人来说,槟榔在生活中占了很重要的地位。黎族妇女自古就有嚼食槟榔的爱好。她们先把槟榔煮熟晾干,在吃时切成小片,加上蚌灰与石灰拌的浆,包在"扶留叶"(俗称"蒌")里慢慢咀嚼,越嚼越香,直至脸颊潮红。

嚼槟榔有解闷、下水肿除瘴气的功效。在海南的一些地区,小伙子求亲都会送一盒槟榔给女方,姑娘的父母如果开盒取出一颗槟榔,就是答应了这门亲事。因此槟榔果被黎族视为吉祥物和男女订婚的象征。

黎族青年男女恋爱自由。"夜游"是黎族青年男女谈情的一种独特形式,它与"隆闺"有密切的联系。"隆闺"是一种不设火灶、地方较小的房屋,有男女之分,专供青年男女对歌、谈情和玩乐之用。黎族人的儿女长到十三四岁即要搬到屋外的"隆闺"去住。每当夕阳西下,男青年们便穿戴整齐,跋山涉水到远山别村的"姐妹隆闺"去"夜游",通过对歌和吹奏口弓、鼻箫来寻找情人,可以说是真正的自由恋爱。情投意合后,男方就向女方送银元、铜钱、针、布衫、腰篓、竹笠等等物品,作为同床过夜的礼物。往后相互邀约,夜间常来常往。

若双方到了谈婚论嫁的地步,男方一家的父母兄弟就要选定吉日,带上聘礼,到女方一家去提亲。黎族的婚姻制度禁止姨表及同宗通婚,另外也盛行"婚后不落夫家"的风俗。黎族人对非婚生子女不歧视,离婚或寡妇再嫁都较自由。

节庆活动

黎族大多数节日与汉族相同。"三月三"是黎族最隆重、最盛大的传统节日,也称为"爱情节"。节日当天,各村寨都要举行祭祖仪式,青年男女盛装打扮聚集到一起,各自以对歌的形式自由交往,选择意中人。此外,还有竹竿舞、荡秋千、土枪射击、射箭、摔跤等娱乐活动。

宗教信仰与禁忌

黎族的宗教信仰以祖先崇拜为主,其次是自然崇拜,有些地区还保留着图腾崇拜的痕迹。

主要禁忌有:大年初一禁忌洗衣、扫地;男女订婚时忌用白鸡,否则会夫妻不和;家中如有人去世,死者家属不能正面穿衣服,要把衣服反过来穿,出葬时,棺木只能用左肩扛,不能换肩;女子不可以摸弄男子的猎枪,男子不可抚弄女子的纺织工具等。

【学生讲坛】

1.观看"印象刘三姐"山水实景演出视频,说说文化与旅游如何找到最佳融合点。

2.位于深圳市的中国民俗文化村,以"二十五个村寨,五十六族风情"的丰厚意蕴赢得了"中国民俗博物馆"的美誉。请用3—5分钟介绍中国民俗文化村,以激发游客的游览兴趣。

【技能训练】

[训练项目]中南、东南主要少数民族民俗大观。

[实训目标]

1.能够通过图书、期刊、网络等途径收集民俗资料。

2.掌握中南、东南主要少数民族民俗文化特点。

[实训内容和方法]

1.5－6人一组,每人分别选择居住、服饰、饮食、文化艺术、节庆等某一专题。

2.通过网络、图书资料搜集中南、东南主要民族民俗的文字、图片资料。

3.归纳整理各组员搜集的文字、图片资料,布置"中华民俗大观"展板。

4.制作PPT演示文稿,分小组交流。

★学习资源

1.姜若愚、张国杰主编.中外民族民俗.北京:旅游教育出版社,2004

2.陶犁主编.民族民俗风情赏析.北京:旅游教育出版社,2006

3.林正秋著.中国旅游与民俗文化.杭州:浙江人民出版社,1990

4.香港中国旅游出版社编.中国少数民族风情游.汕头:汕头大学出版社,2008

5.中国文化网　http://www.chinaculture.org

项目六　博大精深的饮食文化

【学习目标】

● 知识目标

1. 了解中国食文化的主要观念,掌握中国八大菜系的特点及其代表菜。

2. 了解茶文化的形成与发展,掌握茶叶分类、茶具类别、茶的冲泡以及茶道与茶艺的关系、中国茶道的精神。

3. 了解酒的起源,掌握酒的分类、中国名酒以及酒与中国文化。

● 技能目标

1. 能讲解中国各地的饮食特色、代表菜。

2. 能运用饮食文化知识设计茶文化、酒文化专题旅游路线。

【专项旅游线路推荐】

杭州茶文化一日游

行程特色:体验茶文化、品味茶情趣

行程安排:上午访问梅家坞茶叶生产基地,观看并参与茶叶的采摘和炒制,在茶农家用传统中餐。下午参观中国茶叶博物馆,了解中国茶文化;到胡公庙看乾隆皇帝所封的18棵御茶树,聆听乾隆皇帝与龙井茶的故事;到中国茶科所观赏龙井茶机械化生产和大棚茶园,感悟现代科技与古老的茶文化。晚上赴曙光路茶艺街,品尝龙井虾仁等杭州名菜,观看《采茶舞曲》和茶艺表演。

学习任务 1　食文化

【学习导读】

中国饮食文化源远流长,素有"烹饪王国"之称。中国烹饪不仅仅是技术,同时是艺术,是文化,是我国各族人民辛勤劳动的成果和智慧的结晶,是中华民族传统文化的一个重要组成部分。"民以食为天",中华民族在生活生产中,不断探索有利自身生存、延续的饮食,形成了富有地方特色的风味饮食。明清时期是中国食文化的鼎盛时期,其重要标志是八大菜系逐渐形成。

【相关知识】

一、中国食文化的主要观念

（一）"民以食为天"与无所不吃

在中国的饮食观念中，重视饮食是一个重要特征。《礼记·礼运》中有："饮食男女，人之大欲存焉。"中国人历来认为，食是维系生命，性是延续种族，所以在谈到人生欲求时，将食置于性前。相对于西方人重"性"而言，中国人无疑是重"食"的典范。"民以食为天"准确地概括了饮食在人们心中的地位。也正是因为中国人非常重视饮食，才使中国的饮食不仅仅是为了果腹，而是更进一步以品味为目的，追求饮食的艺术性和娱乐性。

中国人对于饮食的重视，可以从两方面看出。一则是在"庙堂之上"，中国人的为政之道，历来把食作为国计民生的头等大事来对待。《论语》一书中，"政"字与"食"字同样都出现了 41 次，可见在深受儒家文化熏染的中国，饮食对于治国安邦的重要性。再则是处"江湖之远"，也就是在市井小民的日常生活中，中国老百姓也向来把"吃"作为人生第一件大事。俗话说"开门七件事，柴米油盐酱醋茶"，无一不与吃有关。

正是基于重视饮食的观念，中国人成就了世界上食谱最广泛的民族，造就了无所不吃的观念和性格。

（二）五味调和与"食不厌精"

味是中国饮食的核心，也是中国人对饮食的追求。正如《中庸》所说："人莫饮食也，鲜能知味也。"清代美食家袁枚《厨者王小于传》更留有"知己难，知味尤难"的名言。

有人曾经把一些国家的菜肴进行过形象的比较，认为法国菜是鼻子的菜（重香），日本菜是眼睛的菜（重形），中国菜是舌头的菜（重味）。中国饮食重味，重视原材料的天然味性与适用性，"有味使其出，无味使其入"；讲究食物的隽美之味，更以"五味调和"为理想。五味是指"甘、酸、苦、辛、咸"。

由于中国人极端重视味道，使中国的某些菜实质上仅仅是味道的载体。例如公认的名贵菜海参、熊掌，其主要成分都是与廉价的肉皮相仿的动物胶，本身并无美味，全靠用鲜汤来使之入味，从而成为可口佳肴。但是，注重味觉并不代表忽视营养、不重视科学饮食。科学饮食一直是中国饮食的优良传统，是中国人饮食观念的主要组成部分。

（三）以"和合"为核心的饮食观

中国人一向讲究"和合"，以之为最高境界，这与中华民族追求美满而轻离别的民族心理息息相关。"政通人和""珠联璧合""天作之合""家和万事兴"等等无不说明了这一道理。其实，"合"的最原始解释，也是从饮食中来的。许慎的《说文解字》对"合"的解释为："合口也，从人从口。"意思是聚集了许多张嘴。可见中国饮食文化和中国烹调的核心，都在于一个"合"字。

在中国烹饪及饮食文化的每一个环节，无不体现"和合"的思想观念：在选料上，讲究荤素搭配来调和烹制；在调味上，讲究"五味调和"，认为任何一种味道都是整体味觉系统中的一个部分，只有比例恰到好处、时机适当，才能调配出正式的美味来；在烹饪工序上，则是将"烹"和"调"有机结合，而不像西方那样决然地分开；在饮食礼仪上，实行的是聚餐制，而不像西方采用分食制。这既是"阖家欢"大团圆传统思想的体现，也是中国哲学中和合的体现。

（四）医食同源、饮食养生的观念

我国素有"医食同道""医食同源"之说，神农氏"尝百草之滋味"的神话就反映原始采集时期中华先民饮食生活与医药的共生关系。古人认为，大部分食物都可入药，民谚有"冬吃萝卜夏吃姜，不用医生开药方"、"日食三个枣，终生不显老"之说。

我国在春秋战国时期就产生了"宁可食补不用药补"的说法，《黄帝内经·素问》说道："毒药攻邪，五谷为养，五果为助，五畜为益，五菜为充，气味合而腹之，以补充精气。"这一食养原则。汉代就提出"食饮有节，起居有常"的养生论点。以后有养生家论述了"饮食养生"主张。如东晋葛洪认为"不欲极饥而食，食不过饱。不欲极渴而饮，饮不过多。凡食过则结积聚，饮过则成疾癖""不欲多啖生冷，不欲饮酒当风"。这些饮食养生原则，符合中国人的体质及以农为主的生活方式。

饮食要随四季变化而易。《吕氏春秋》载："食能以时，身必无灾。""春发散宜食酸以收敛，夏解缓宜食苦以坚硬，秋收敛吃辛以发散，冬坚实吃咸以和软。"饮食还要适应"春宜凉，夏宜寒，秋宜温，冬宜热，四时皆宜平"的规则，使人摄入的食物与自然气候相协调，才能有助于健康。

二、中国菜的地域流派

我国幅员辽阔，各个地域的物产、气候、饮食习俗不同，由此形成具有地域特点的风味饮食，其中一些发展为菜系。黄河孕育了鲁菜，长江上游有川菜，下游有苏菜，珠江两岸是粤菜，湘江造就了湘菜，钱塘江边有浙菜，江淮之畔有徽菜，闽水福地出闽菜。

（一）鲁菜

鲁菜，是山东菜的简称，我国八大菜系之一。鲁菜发端于春秋战国时期，形成于秦汉。宋代后鲁菜逐渐遍及京津塘及东北三省，成为"北食"的代表。鲁菜擅长运用爆、炒、烧、扒、炸、氽、拔丝、蜜汁、挂霜等烹调技法；口味以鲜咸为主，亦不乏清鲜之品；喜用酱、豉、葱、蒜调味，尤善用汤。喜食大葱蘸酱是山东人饮食的一大特色。

随着历史的演变和经济、文化、交通的发展，鲁菜系逐渐形成济南和胶东两个地方风味，以及堪称"阳春白雪"的典雅华贵的孔府菜。济南菜以汤著称，清汤、奶汤极为考究，独具一格。其中奶汤蒲菜被人们誉为"济南第一汤菜"。胶东菜以海鲜见长，有许多仅用海味制作的宴席，如全鱼席、鱼翅席、海参席、海蟹席、小鲜席等。

鲁菜的代表菜有：糖醋鲤鱼、清蒸加吉鱼、九转大肠、锅烧肘子、葱爆羊肉、葱烧海参、爆双脆、油爆海螺、炸蛎黄等。

知识链接：九转大肠

"九转大肠"出于清光绪年间，由济南"九华楼"酒店首创。九华楼烹制的"红烧大肠"很出名，做法

九转大肠

也别具一格：下料狠，用料全，五味俱有，制作时先煮、再炸、后烧，出勺入锅反复数次，直到烧煨至熟，红润透亮，肥而不腻。许多著名人士在该店设宴时均备"红烧大肠"一菜。一些文人

雅士食后,感到此菜确实与众不同,别有滋味,为取悦店家喜"九"之癖,并称赞厨师制作此菜像道家"九炼金丹"一样精工细作,便将其更名为"九转大肠"。

（二）川菜

川菜,是四川风味菜的简称,源于四川、重庆地区,为我国八大菜系之一。三国时期就已经形成,清代进入成熟期。川菜取材广泛,调味多变,菜式多样,有"一菜一格,百菜百味"之说。川菜以善用麻辣著称,尤其是号称"三椒"的花椒、胡椒、辣椒;"三香"的葱、姜、蒜。川菜还有"七滋"和"八味"之说,"七滋"指甜、酸、麻、辣、苦、香、咸;"八味"即是鱼香、酸辣、椒麻、怪味、麻辣、红油、姜汁、家常。

川菜主要存在着两大派别:重庆川菜和成都川菜,它们分别代表了川东和川西两个不同地域的风味特色。重庆川菜以刚烈浑厚、豪放洒脱为主旋律,特点是能采各地之长,敢于创新,适应不同顾客需要。成都川菜则以婉约雅致、文化韵味浓厚著称,特点是荤素并用。

川菜的代表菜有:宫爆鸡丁、回锅肉、麻婆豆腐、夫妻肺片、樟茶鸭子、干煸牛肉丝、怪味鸡、灯影牛肉、鱼香肉丝、水煮牛肉、锅巴肉片等。

知识链接:宫保肉丁

"宫保肉丁"又称"宫爆肉丁"、"宫爆鸡丁",是重庆万县的名菜,因四川总督丁宝桢喜食而得名。丁宝桢,贵州人,清代同治年间曾任四川总督,封号为"太子少保",故又名"丁宫保"。因丁宝桢坚决在四川禁烟,并大义灭亲将吸毒的儿子斩首,以警告民众。丁宝桢由此声誉鹊起,名声大噪。人们爱屋及乌,以其名字来命名其爱吃的菜。此菜酸甜辛香,色泽红亮,滑嫩可口,下酒最宜。

（三）苏菜

江苏菜始于春秋,兴于隋唐,盛于明清,有"东南第一佳味,天下之至美"的美誉。江苏菜选料严谨,有"醉蟹不看灯、风鸡不过灯、刀鱼不过清明、鲥鱼不过端午"之说。江苏菜讲究刀工,制作精细,风格雅丽;菜品追求本味,清鲜平和;善用火候,擅长炖、焖、煨、焐、蒸、烧、炒。

江苏菜有许多风味流派。徐海风味自徐州沿东陇海线至连云港一带为代表,以鲜咸为主,注意"食疗、食补"作用。淮扬风味以扬州、淮安为代表,制作精细,重视调汤,口味清淡鲜美。金陵风味以南京菜为代表,以善制鸭馔而出名,素有"金陵鸭馔甲天下"的美誉。苏锡风味以苏州、无锡为代表,善烹河鲜、湖蟹,口味偏甜,而无锡菜尤甚。苏州在民间拥有"天下第一食府"的美誉。

江苏菜的代表菜有:金陵盐水鸭、清炖蟹粉狮子头、黄泥煨鸡（叫花鸡）、松鼠鳜鱼、三套鸭、水晶肴蹄、霸王别姬、羊方藏鱼等。

知识链接:松鼠鳜鱼

相传乾隆皇帝第四次下江南时,信步走进了苏州松鹤楼。当时适逢农历正月初五,店内正按习俗摆酒设案,迎接赵公元帅。乾隆见神台上欢蹦乱跳的祭品鲤鱼,煞是好看,便要烹制食用。

松鼠鳜鱼

虽说此鱼属敬神的祭品,但店家慑于圣命不敢怠慢,即命厨师宰杀烹制。不多时一条"头昂尾巴翘,色泽逗人笑,形态似松鼠,打卤吱吱叫"的松鼠鲤鱼就上桌了。乾隆品尝后大为赞赏,事后松鼠鲤鱼也出了名。松鹤楼为了迎合文人雅士的需要将鲤鱼改为鳜鱼(因鲤鱼能跳龙门,读书人都不吃鲤鱼),从此"松鼠鳜鱼"就成为达官贵人、文人雅士来松鹤楼菜馆必食的佳肴,名声大振,一直流传至今。

(四)粤菜

粤菜,是广东菜的简称。它是起步较晚的菜系,萌生于秦,成形于汉魏,发展于唐宋,明清时期十分兴盛,清末有"食在广州"之说。广东地处我国东南沿海,山地丘陵,岗峦错落,河网密集,海岸群岛众多,海产品种多而奇。粤菜用料广博,菜肴新颖奇异,烹调吸收西菜制作方法,具有清鲜、嫩滑、脆爽的特点。粤菜讲究清而不淡,鲜而不俗,嫩而不生,油而不腻,还注重季节搭配。广东夏季长,冬季短,平均气温较高,所以比较喜欢清淡口味。因此,逐渐形成了清淡生脆、爽口、偏甜的烹调特点。

广州风味以广州菜为代表,注重质、味,比较清淡,力求清中求鲜、淡中求美。客家风味又称东江风味,以惠州菜为代表。菜品多用肉类,极少水产,主料突出,讲求香浓,下油重,味偏咸,酱料简单,以砂锅菜见长。喜用三鸟、畜肉,很少配用菜蔬。潮汕风味以潮州菜为代表,菜肴特色自成一格。潮州菜注重刀工和造型,以烹调海鲜见长,甜菜较多。爱用鱼露、沙茶酱、梅糕酱、红醋、姜酒等调味品。潮州菜的另一特点是喜摆十二款,上菜次序又喜头、尾甜菜,下半席上咸点心。

粤菜代表菜有:龙虎斗、烤乳猪、白云猪手、爽口牛丸、鲜莲冬瓜盅、东江盐焗鸡、太爷鸡等。

知识链接:菊花龙虎凤

"秋风起,三蛇肥"是广州的一句民谚,即秋季是吃蛇的最好季节。我国吃蛇的历史悠久。距今 2000 年前,汉代刘安的《淮南子》就有记载:"越人得蚺蛇以为上肴,中国得而弃之无用。"蛇菜中以菊花龙虎凤最为有名。相传清代同治年间,广东韶关有个官僚辞官回家做七十大寿,用一条蛇和一只猫烹制成"龙虎斗",食后感到猫肉鲜味不足,就加了一只鸡煮成"龙虎凤"。现在的"菊花龙虎凤"是用"过树榕、眼镜蛇、金环蛇"三种蛇肉和豹狸肉、鲍鱼丝等 27 种高档原料加工而成。品尝这道菜时,一般佐以柠檬叶丝和菊花瓣。

(五)浙菜

浙菜是浙江菜的简称。浙菜起源于新石器时代,经越国先民的开拓积累,汉唐时期的成熟定型,宋元时期达到繁荣,到了明清时期浙江菜的基本风格已经形成了。浙菜选料讲究品种和季节时令,以充分体现原料质地的柔嫩与爽脆,所用海鲜、果蔬之品,无不以时令为上,所用家禽、畜类,均以特产为多,充分体现了浙菜选料讲究鲜活、用料讲究部位,遵循"四时之序"的选料原则。浙菜注重清鲜脆嫩,保持主料的本色和真味,形态精巧细腻,清秀雅丽。

浙江菜,由杭州、宁波、绍兴和温州为代表的四个地方流派组成。杭州菜素有"南料北烹","口味交融"的特点。宁波菜又叫"甬帮菜",是浙菜的一个重要流派。宁波濒临东海渔场,菜肴咸鲜合一,以烹制海鲜见长,讲究鲜嫩软滑,重原味,强调入味。绍兴菜擅长烹制河鲜家禽,菜品强调入口香绵酥糯,汤浓味重,富有乡村风味。温州菜则以海鲜入馔为主,口味清鲜,淡而不薄,烹调讲究"二轻一重",即轻油、轻芡、重刀工。

浙菜的代表菜有:西湖醋鱼、东坡肉、龙井虾仁、宋嫂鱼羹、干炸响铃、油焖春笋、西湖莼菜汤、蜜汁火方、冰糖甲鱼、霉干菜焖肉、清汤越鸡等。

知识链接:西湖醋鱼

"西湖醋鱼"又叫"叔嫂传珍"。选用鲜活草鱼为原料,烹制前先将捕得的鱼放置于鱼笼中饿养一段时间,使鱼脱去泥土气。烹制时对火候要求非常严格,成菜鱼身完整,胸鳍坚挺,鱼肉嫩美,带有蟹肉滋味,别具特色。西湖醋鱼起源于南宋"叔嫂传珍"的故事。传说古时西湖边上住有宋氏兄弟,以打

西湖醋鱼

鱼为生。当地恶棍赵大官人欲占其嫂,害死宋兄,宋弟告官不成。宋嫂劝小叔外逃,并制糖醋鱼为其饯行。后小叔得功名回杭,为其兄报了仇,但却与嫂嫂失散。一次偶然的机会,小叔又尝到一酸甜味的鱼菜,才知嫂嫂在那里帮厨,叔嫂终于团聚。

(六)湘菜

湘菜历史悠久,早在汉朝就已经形成菜系。由于气候湿润,故湖南人喜食辣椒,丝毫不亚于四川人,所以湘菜多用辣椒调味,口味酸辣、香鲜。湘菜善用烟熏腊肉为原料,烹饪技法多样,尤其重煨。湘菜刀工精妙,基本刀法有十六种之多,使菜肴千姿百态,变化无穷。

湘江流域的菜以长沙、衡阳、湘潭为中心,是湖南菜系的主要代表。它制作精细,用料广泛,油重色浓,在品味上注重酸辣、香鲜、软嫩。洞庭湖区的菜,以烹制河鲜、家禽和家畜见长,多用炖、烧、腊的制法,其特点是芡大油厚,咸辣香软。湘西菜擅长制作山珍野味、烟熏腊肉和各种腌肉、风鸡,口味侧重咸香酸辣,有浓厚的山乡风味。

湘菜代表菜有:麻辣子鸡、辣味合蒸、东安鸡、红烧全狗、吉首酸肉、炒腊野鸭条等。

知识链接:麻辣子鸡

麻辣子鸡首创于长沙玉楼东酒家,已有近百年历史。成菜色泽金黄,麻辣鲜香,深为人们所赞许,故有"麻辣子鸡汤饱肚,令人常忆玉楼东"的诗句。后经长沙市潇湘酒家厨师改进,味道更佳。民间流传有这样一首打油诗:"外焦内嫩麻辣鸡,色泽金黄味道新。若问酒家何处好,潇湘胜过玉楼东。"现在各酒家均各显其能,在配料和烹调上加以创新改进,使麻辣子鸡更上一层楼。

(七)闽菜

闽菜是福建菜的简称,自南宋以后逐渐发展起来,清中叶后闽菜逐渐为世人所知。闽菜以烹调山珍海味著称,在色香味形俱佳的基础上,尤以"香"、"味"见长。闽菜选料精细,刀工严谨,有"剖花如荔,切丝如发,片薄如纸"的美誉。闽菜讲究火候,注重调味,偏于甜、酸、淡。闽菜烹调细腻,雅致大方,以炒、蒸、煨的技术最为突出。食用器皿别具一格,多采用小巧玲珑、古朴大方的盖碗。

闽菜最早起源于福建闽侯县,在后来发展中形成福州、闽南、闽西三种流派。福州菜包

括泉州、厦门菜,菜肴淡爽清鲜,重酸甜,讲究用汤提鲜;闽南菜包括漳州一带,讲究作料调味,重酸辣;闽西菜包括长汀及西南一带地方,偏重咸辣,烹制多为山珍,带有山区风味。

闽菜代表菜有:佛跳墙、炒西施舌、醉糟鸡、七星丸、沙茶焖鸭块、鸡汁氽海蚌等。

知识链接:佛跳墙

佛跳墙

原名"荤罗汉",相传始于清代。此菜以十八种主料、十二种辅料互为融合。三十种原料与调料分别加工调制后,分层装进绍兴酒坛中,先用荷叶密封坛口,然后加盖。煨"佛跳墙"选用质纯无烟的炭火,旺火烧沸后用微火煨五六个小时而成。煨成开坛,略略掀开荷叶,便有酒香扑鼻。此菜汤浓色褐,却厚而不腻。食时酒香与各种香气混合,香飘四座,烂而不腐,口味无穷。

(八)徽菜

徽菜在南宋年间发端于歙县,清代以后,随着商业的发展,大量绩溪人从事徽菜馆业,并逐渐扩大到长江流域大小城镇。新中国成立以后,徽菜进一步面向全国,在海外也享有盛誉。徽菜讲究色、香、味、形和汤卤,以烹制山珍野味著称,主料和配料大都取自本地的土特产品。徽菜的制作风格独特,讲究"三重",即重油、重色、重火功。

安徽菜由皖南、沿江和沿淮三种地方风味构成。皖南风味以徽州地方菜肴为代表,擅长烧、炖,讲究火功,并习以火腿佐味,冰糖提鲜,善于保持原汁原味。沿江风味盛行于芜湖、安庆及巢湖地区,它以烹调河鲜、家禽见长,讲究刀工,注重形色,善用糖调味,擅长红烧、清蒸和烟熏技艺,其菜肴具有酥嫩、鲜醇、清爽、浓香的特色。沿淮风味主要盛行于蚌埠、宿县、阜阳等地,擅长烧、炸、熘等技法,善用芫荽、辣椒配色佐味,其菜肴具有质朴、酥脆、咸鲜、爽口的特色。

徽菜代表菜有:红烧果子狸、火腿炖鞭笋、符离集烧鸡、无为熏鸭、毛峰熏鲥鱼、凤阳瓤豆腐等。

知识链接:凤阳瓤豆腐

此菜出自明太祖朱元璋的家乡安徽凤阳县,至今已有 600 余年历史。相传朱元璋年幼家贫,于 17 岁在钟离县(后改凤阳)玉皇寺(后改皇觉寺)落发为僧,因为清规戒律,加上连年灾荒,被方丈疏散出寺,云游化缘,过着近乎乞讨的生活。有一天,他来到钟离县西南二十里处一位姓黄的厨师门口化缘。黄厨师见他衣衫褴褛,骨瘦如柴,顿起恻隐之心,遂将刚出锅一块"瓤豆腐"施舍给了他。朱元璋饥寒交迫之中,得此美味果腹,遂终生难忘。后来朱元璋在南京登基,当了皇帝,常常想到赠食的"瓤豆腐",令御厨如法烹制,可是都不会做,于是就降旨召黄厨师进京,并封为御膳师,专门做"瓤豆腐"。从此,"瓤豆腐"驰名于世,成为凤阳一绝。

三、中国菜的其他风味流派

（一）宫廷菜

宫廷菜是指专供帝王和后妃所享用的具有特定规格和典式的菜肴。封建帝王拥有一统天下的特权，造就了宫廷饮食规模之庞大、种类之繁多、选料之考究等特点。

宫廷菜始于初夏，终于清末，历时达4000余年。据文献记载：夏启有"钧台之享"；商纣王有"酒池肉林"、"为长夜之饮"；周天子有"食用六谷，饮用六清，馐用百二十品，珍用八物，酱用百有二十瓮"的专门格式。清代的宫廷菜，无论花色品种或者膳食规模，均远超历代，达到顶峰，并出现了菜品多达一百数十道的满汉全席、全羊席等巨型筵席和人数高达千人以上的千叟宴等盛大宴会。慈禧身边八大贴身女官之一的德龄所著的《御香飘渺录》中有一段形容慈禧仅是从北京坐火车至奉天，就有四节车厢作"御膳房"，设有"厨子下手五十人"，"炉灶五十座"，每餐有"正菜一百种"，"糕点、水果、粮食、干果等亦一百种，除了正餐之外的小吃，至少有二十碗，平时总在四五十碗左右"。由此，宫廷饮食的隆重可见一斑。

以几大古都为代表，宫廷菜可分为南、北两种风味。南味以金陵（今南京）、临安（今杭州）为代表，北味以长安（今西安）、洛阳、汴梁（今开封）、北京为代表。保留至今的宫廷菜主要是元、明、清三代，尤其是清代北京的宫廷菜肴。其菜点华贵珍奇，选料考究，菜名寓意吉祥如意，餐具豪华独特，集中了中国传统烹饪技艺的精华，成为中国传统饮食文化最高成就的标志。

（二）官府菜

我国历代封建王朝的许多高官极其讲究饮食，常请各地名厨为其服务创造了许多有特色的名菜名典，形成了有一定影响的官府菜，尤以孔府菜和谭家菜为代表。

1. 孔府菜

孔府菜是我国最著名、最典型的官府菜。孔府菜汲取了济南菜和胶东菜的精华，继承了孔子"食不厌精，脍不厌细"的传统，在孔氏家庭长期享有种种政治、经济特权的基础上，由孔府历代厨师辛勤创作而制成的名馔丰盛、规格严谨、风味独具的特殊菜肴流派。其主要特点是用料精广，制作精巧；技法全面，擅长清蒸、清余、清炒，保持原汁、原味、原色、原形；讲究盛器，按席配套，流传着"美食不如美器"的说法；菜名寓意深远，古朴典雅。

孔府菜大致可分为宴席菜和家常菜两类。在烹饪上两者有很大的区别：宴席菜全用山珍海味为原料，精雕细琢，制作难度大，且礼仪庄重，等级分明；家常菜一般系用鸡鱼肉蛋、时令蔬菜为原料，具有较浓厚的鲁西南乡土风味。主要名菜有孔府一品锅、八仙过海闹罗汉、诗礼银杏、合家平安、怀抱鲤、烤花揽鳜鱼等。

2. 谭家菜

谭家菜是清末官僚谭宗浚家庭的菜肴，是清代家庭风味的典型，民间有"戏界无腔不学谭，食界无口不夸谭"的说法。谭氏父子酷爱珍味美馔，不惜重金礼聘名厨，不断吸收各派各家之长，终于成功地将南方菜和北方菜融为一体，独创一派。谭家菜讲究原汁原味，咸甜适口，南北均宜，制作讲究火候足，下料狠，菜肴质地软嫩酥烂。谭家菜还最擅长制作海味，其中燕窝、鱼翅的烹调极为有名。主要名菜有清汤燕窝、黄焖鱼翅、红烧鲍鱼、扒大乌参等。

（三）素菜

素菜亦称蔬食，即以非动物性原料（蛋、奶除外）烹制而成的各种菜肴的总称。素菜主要由寺院素菜、宫廷素菜和民间素菜三种风味类别构成。元明清三代,素菜发展进入不断丰富的"黄金时代",宫廷御膳机构中设立了专烹素食的"素局",各地出现了一批以素菜制素菜著称的寺院,饮食市场上的素菜馆也急剧增加,花色品种较之宫廷、寺院更为丰富多彩。

素菜的特点有三:一是营养独特,健身疗疾;二是选材广泛,珍品繁多,制作考究;三是模仿荤菜,形态逼真,口味相似或相近。

(四)药膳

我们的祖先为了生存繁衍,在自然界寻觅食物的过程中,逐渐地认识了一些动植物既可果腹充饥,又能治疗疾病,逐步积累了饮食健身治病的经验,开辟了养生食疗的先河。成书于战国的医学理论专著《黄帝内经》,记载了许多既是食物又是药物,药食同源,药补不如食补这一养生之道的内容。汉代《神农本草经》中共记载了 365 种药物,其中有不少食物如薏苡子、大枣、薯蓣(山药)作为可以长期服用、补养身体的药物来对待。唐代孙思邈在《备急千金药方》一书中专辟了"食治篇"。这是现存最早的食疗专著,其中收载食物达 150 多种。

药膳具有以下特点:

(1)重五味调和,忌五味偏嗜。五味各有所归,"夫五味入胃,各归所喜,故酸先入肝,苦先入心,甘先入脾,辛先入肺,咸先入肾,久而增气,物化之常也。气增而久,夭之由也"(《素问·至真要大论》)。反之,"多食咸,则脉凝泣而变色;多食苦,则皮槁而毛拔;多食辛,则筋急而爪枯;多食酸,则肉胝绉而唇揭;多食甘,则骨痛而发落,此五味之所伤也"(《素问·五脏生成篇》)。

(2)重素食,忌厚味。习尚清淡素食,少食厚味肥腻。

(3)重饮食有节,忌暴饮暴食。主张大渴不大饮,大饥不大食。食欲数而少,不欲顿而多。

(4)重五味应时,忌五味所禁。食疗应考虑食物与季节的关系,根据季节,疾病症候,审时度势,辨证施治。

(五)少数民族菜

少数民族菜也称民族风味菜,是我国饮食文化的主要组成部分。各民族都有自己的饮食风格和特点,详见"项目五 纯朴自然的民族风情"。

【学生讲坛】

1.分析比较中西方饮食文化的差异。

2.说说为什么各地饮食皆不同。

【技能训练】

[训练项目]介绍家乡食文化。

[实训目标]

1.能够通过图书、期刊、网络等途径收集家乡食文化资料。

2.能够运用所学知识赏析家乡食文化特色。

[实训内容和方法]

1.按生源所在地 5—8 人一组,利用图书、期刊、网络收集家乡食文化资料。

2.分析家乡菜肴特色、代表菜及其典故,制作 PPT 演示文稿。

3.每组推荐一位同学,结合 PPT 介绍家乡的食文化。

学习任务2　茶文化

【学习导读】

中国是世界上最早种茶、制茶和饮茶的国家,是茶文化的发祥地。茶文化是中华传统文化的一支奇葩,具有悠久的历史、完美的形式,渗透着中华民族传统文化的精华。它不仅体现了儒、道、佛各家的深刻哲理和思想精髓,且茶风之儒雅、茶艺之精美、茶道之高深,为世人所称道。

【相关知识】

一、茶文化的形成与发展

茶文化从广义上讲,指茶的自然科学和茶的人文科学两方面,是人类社会历史实践过程中所创造的与茶有关的物质财富和精神财富的总和。从狭义上讲,着重于茶的人文科学,主要指茶对精神和社会的功能。由于茶的自然科学已形成独立的体系,因而,现在常讲的茶文化偏重于人文科学。

（一）三国以前的茶文化启蒙

"茶"字的起源,最早见于《神农本草》:"神农尝百草,日遇七十毒,得茶而解之。"这里的"茶"指的就是茶。东汉华佗《食经》中:"苦茶久食,益意思",记录了茶的医学价值。西汉已将茶的产地县命名为"茶陵",即湖南的茶陵。三国魏代《广雅》中最早记载了饼茶的制法和饮用:荆巴间采叶作饼,叶老者饼成,以米膏出之。这一时期茶以物质形式出现渗透至其他人文科学而形成茶文化。

知识链接:茶之为饮始于巴蜀

顾炎武曾道:"自秦人取蜀后,始有茗饮之事",肯定了中国和世界的茶文化最初是在巴蜀发展起来的。这与巴蜀为中国最大盆地的气候有关。巴蜀地区雾多、阴天多、湿气重,是瘟疫多发的"烟瘴"之地,"番民以茶为生,缺之必病",饮食习惯偏重辛辣。正是巴蜀的自然环境及饮食习俗,使巴蜀人"煎茶"饮用以除瘴气,解热毒,久服成习,养成了平常的饮茶习俗。

（二）晋代、南北朝茶文化的萌芽

随着文人饮茶的兴起,有关茶的诗词歌赋日渐问世,茶已经脱离一般形态的饮食,走入文化圈,起着一定的精神、社会作用。

（三）唐代茶文化的形成

公元758年,陆羽写成了世界上最早的茶叶专著《茶经》,标志着我国茶文化的形成。《茶经》概括了茶的自然和人文科学双重内容,探讨了饮茶艺术,把儒、道、佛三教的思想文化融入饮茶中,首创中国茶道精神,陆羽因此被尊为"茶圣"。可以说,《茶经》对于当时系统传播茶的科学知识、指导茶叶生产和繁荣茶事活动,都起到积极推动作用。唐代佛教的流行和文学诗歌的兴起,更对茶文化的兴盛起了推波助澜的作用。因茶有提神益思、生津止渴功能,故寺庙崇尚饮茶,在寺院周围植茶树,制定茶礼。另外,贡茶之制也在唐代得以确立。

（四）宋代茶文化的兴盛

宋代茶业已有很大发展,推动了茶文化的繁荣,在文人中出现了专业品茶社团,有官员组成的"汤社"、佛教徒的"千人社"等。宋太祖赵匡胤是位嗜茶之士,在宫廷中设立茶事机关。宫廷用茶已分等级,茶仪已成礼制,赐茶已成皇帝笼络大臣、眷怀亲族的重要手段,还赐给国外使节。至于下层社会,茶文化更是生机活泼,乔迁新居邻里要"献茶",宾客来到要敬"元宝茶",定婚时要"下茶",结婚时要"定茶",同房时要"合茶"。民间"斗茶"风起,为茶文化增添了灿烂的光彩。

（五）明、清茶文化的普及

此时已出现蒸青、炒青、烘青等各茶类,茶的饮用已改成"撮泡法"。明代不少文人雅士留有传世之作,如唐伯虎的《烹茶画卷》《品茶图》,文徵明的《惠山茶会记》《陆羽烹茶图》《品茶图》等。这一时期茶类增多,泡茶技艺多样,茶具的款式、质地、花纹千姿百态。到清朝茶叶出口已成一种正式行业,茶书、茶事、茶诗不计其数。

二、丰富多彩的茶类和名茶举要

中国茶类极其丰富。采用常规的加工工艺,茶叶产品的色、香、味、形符合传统质量规范的,叫基本茶类,如绿茶、红茶、乌龙茶等;以基本茶类为原料进一步加工,使茶叶某些品质特征发生根本性的改变或是改变了茶叶产品的形态、饮用方式和饮用功效的,叫再加工茶类,如花茶、紧压茶、果味茶等。

（一）基本茶类

基本茶类一般都以茶叶鲜叶为原料,经过不同的工艺加工而成。按茶色不同,基本茶类划分为绿茶、红茶、乌龙茶、黄茶、白茶、黑茶六大类。

1. 绿茶

绿茶是不发酵茶,将鲜叶先高温杀青,然后经过揉捻、干燥后制成。其干茶色泽和冲泡后的茶汤、叶底以绿色为主调,故名。我国著名的绿茶有西湖龙井、洞庭碧螺春、黄山毛峰、庐山云雾、信阳毛尖、蒙顶茶、六安瓜片、顾渚紫笋茶等。

知识链接:绿茶中的维生素C含量

茶叶中维生素C含量较高,每100克绿茶中含量高达100～250毫克,高级龙井茶含量360毫克以上,比柠檬、柑橘等水果含量还高。红茶、乌龙茶因加工中经发酵工序,维生素C受到氧化破坏而含量下降,每100克茶叶只剩几十毫克,尤其是红茶,含量更低。因此,绿茶档次越高,其营养价值相对越高。每人每日只要喝10克高档绿茶,就能满足人体对维生素C的日需要量。

西湖龙井茶

西湖龙井茶产于浙江省杭州西湖龙井村一带山区,属全炒型名茶,素以形美、色绿、香郁、味醇"四绝"著称,堪称茶中之冠。依产区不同,西湖龙井茶可分为"狮"、"龙"、"云"、

"虎"、"梅",尤以狮峰山所产最佳。采摘制作龙井茶的鲜茶叶要求十分完整,如仅一个嫩芽的叫"莲心",一芽一叶叫"旗枪",一芽二叶初展叫"雀舌",都极为名贵。成品外形扁平光滑,色泽嫩绿。冲泡后,芽芽直立,香气清高持久,香馥若兰,汤色杏绿明亮。用虎跑泉水冲泡西湖龙井茶,被称为杭州"双绝"。

龙井茶

碧螺春

洞庭碧螺春

洞庭碧螺春产于江苏省吴县洞庭山一带,原名"吓煞人香",康熙皇帝南巡太湖时赐名"碧螺春"。成品条索纤细,卷曲成螺,披满茸毛,色泽银绿。汤色绿而清澈,叶底嫩绿明亮。高级碧螺春可先冲水后放茶,茶叶依次徐徐下沉,展叶放香,这是茶叶芽头壮实的表现,其他茶所不能比拟。

知识链接:洞庭碧螺春茶外形特征

洞庭碧螺春茶外形有三大特征:(1)满身毛:白毫遮掩,茸毛紧贴茶叶,按照遮掩程度即茸毛密布的程度区分碧螺春茶的优次。(2)铜丝条:条索细紧坚实,冲泡时迅速下沉,不浮在水面。(3)蜜蜂腿:形态像蜜蜂的腿,这是区分真假碧螺春和加工技术好坏的重要特征之一。

2. 红茶

红茶是发酵茶,最早出现在清代。是将鲜叶经过萎凋、揉捻(切)、发酵、干燥等工艺过程精制而成,形成了红茶所特有的红汤红叶、香甜味醇的特征。红茶分小种红茶、功夫红茶和红碎茶三种。

祁门红茶　祁门红茶简称"祁红",产于安徽省祁门县及其毗邻地区,1915年获巴拿马国际博览会金奖。成品条索细紧秀丽,锋苗显露,色泽乌润油光。汤色红亮,滋味甘鲜醇和。祁门功夫红茶素以高香闻名,并与印度的大吉岭茶、斯里兰卡的乌伐茶并称为世界三大高香名茶。

滇红功夫茶　滇红功夫茶产于云南省勐海、凤庆、临沧、普文等地。成品条索紧结肥壮、身骨重实,色泽乌润,金黄色毫尖多,香气鲜郁。汤色红艳,滋味浓厚鲜爽,有刺激性。

3. 乌龙茶

乌龙茶亦称青菜,属半发酵茶。其综合了绿茶和红茶的制法,品质介于绿茶和红茶之间,既有红茶的浓鲜味,又有绿茶的清香,并有"绿叶红镶边"的美誉。乌龙茶为我国特有的茶类,主要产于福建的闽北、闽南及广东、台湾等地。我国著名的乌龙茶有武夷岩茶、大红袍、铁观音、台湾冻顶乌龙茶等。

武夷岩茶　武夷岩茶产于福建省北部武夷山岩壁上的乌龙茶茶类的总称,尤以大红袍最为著名。炒制基本工艺是萎凋、做青、杀青、揉捻、烘焙五道工序。成品外形壮实紧结匀整,色泽青褐油润,香气馥郁透兰花香,滋味醇和回甘,含有"岩韵"。汤色橙黄清澈,叶底绿叶红镶边。

安溪铁观音　安溪铁观音产于福建省安溪县。成品外形为螺旋条索形,色青褐绿,香气馥郁持久,滋味醇厚甘鲜。汤色金黄清澈,叶底肥壮明亮。耐冲泡,冲泡七次香味犹存。

4. 白茶

白茶属轻微发酵茶。白茶是我国特产,最主要的工艺特点是不揉捻,因为白茶之"白"来自芽叶表面的白色茸毛,不揉捻的目的正是为了保证这种白色茸毛完好无损。

白毫银针　白毫银针产于福建省的政和、福鼎两市。加工基本工艺是萎凋、干燥两道工序。芽肥挺直如针,满身披毫,色白如银,毫香清鲜,汤色浅淡,滋味甜爽。

5. 黄茶

黄茶属于轻微发酵茶。其基本工艺近似绿茶,但制作过程中加以闷黄,因此具有黄叶黄汤的特点。黄茶依原料芽叶的嫩度大小可分为黄芽茶、黄小茶和黄大茶等。

君山银针　君山银针产于湖南省洞庭湖的君山岛。历史上有多个朝代将此茶列为贡茶。君山银针茶芽头肥壮,坚实挺直,芽身金黄,披满银毫。冲泡后汤色浅黄,滋味甘醇,香气清雅。若以玻璃杯冲泡,可见芽尖冲上水面,悬空竖立,然后徐徐下沉;再冲泡,再竖起,能够三起三落。

6. 黑茶

黑茶属后发酵茶,是我国特有的茶类。黑茶的加工工艺特点在于渥堆工序,即在鲜叶杀青、揉捻或初步干燥后,在室温 25℃以上、相对湿度 85% 以上的条件下堆放 20 多小时,通过氧化作用令茶叶色泽变得油黑或深褐,然后进行干燥。黑茶产地较广,取料较粗老,香味较为醇厚,汤色深,橙黄带红。黑茶产量仅次于红茶和绿茶,是我国第三大茶类,以边销为主,部分内销,少量外销。各种黑茶的紧压茶是我国少数民族日常生活的必需品。

君山银针

云南普洱茶　普洱茶产于云南省南部西双版纳傣族自治州和澜沧江沿岸各县,其产茶历史悠久,早在唐代已有记载。普洱茶有散茶和紧压茶两种。散茶外形条索粗壮、重实、色泽褐红。紧压茶则是由散茶压制而成,外形端正匀整,并按其形状而命名。如长方形的称为"砖茶",正方形的称为"方茶",圆饼形的称为"饼茶",圆锥窝头状的称为"沱茶"。普洱茶品质别具一格,汤色红黄,香气馥郁,有独特的陈香,滋味醇厚回甘,饮后回味无穷。普洱茶茶性温和,是一种具有保健功效的饮料,有降低血脂、减肥、抑菌、助消化、暖胃、生津、止渴、解毒等多种功效,因此我国港澳地区以及日本称其为"美容茶"、"减肥茶"、"益寿茶"。

普洱茶

（二）再加工茶类

再加工茶类主要包括花茶、果味茶、药用保健茶、萃取茶和含茶饮料等。花茶又名窨花茶、香片茶，由茶叶和香花拼和窨制而成。萃取茶是以各种成品茶为原料，用热水萃取茶叶中的可溶物，过滤弃去茶渣获得茶汤，经浓缩、干燥制成固态"速溶茶"，或不经干燥制成"浓缩茶"，或直接将茶汤装入瓶、罐制成液态的"罐装饮料茶"。果味茶是在茶叶成品或半成品中加入果汁制成的茶。药用保健茶是茶叶和某些中草药配伍后制成的各种保健茶，主要有"枸杞茶"、"绞股蓝茶"、"明目茶"、"杜仲茶"、"戒烟茶"、"益寿茶"、"健胃茶"、"降压茶"等。含茶饮料是在各种饮料中添加茶汁制成的。

三、茶的冲泡

同样质量的茶叶，如用水不同、茶具不同或冲泡技术不一，泡出的茶汤会有不同的效果。泡好一壶茶，要了解各类茶叶的特点，掌握科学的冲泡技术，使茶叶的固有品质能充分地表现出来。

（一）茶叶选择

一般红、绿茶的选择，应注重"新、干、匀、香、净"五个字。"新"，一般把当年甚至当季采制的茶叶称新茶，因为新茶香气清鲜，维生素 C 含量较高，多酚物质较少氧化，汤明叶亮，给人以新鲜感。"干"，是指茶叶中水分含量少。"匀"，指茶叶的粗细和色泽均匀一致。"香"，指香气高而纯正。"净"是指净度好，茶叶中不掺杂异物。

（二）泡茶用水

泡茶用水要求水甘而洁，活而清鲜，一般都用天然水。陆羽将水分为三等，以山上泉水为上，江水为中，井水为下。"龙井茶，虎跑泉"、"蒙顶山上茶，扬子江中水"堪称茶与水的最好搭档。名泉名水伴名茶，可谓相得益彰。除泉水与江水外，古人又极重视雪水，认为雪水是天泉。自然界中来自天上的甘霖，用它来泡茶，自然有一种无可比拟的韵味，雨水也是如此。

现代人泡茶主要用自来水。自来水，一般指经过人工净化、消毒处理后的江水或湖水。但是因为在净化消毒过程中用了氯化物，有时氯气会过重。这样的水最好在缸中贮存一晚上，让氯气自然消失，再用来泡茶。

选择泡茶用水时还要注意水的硬度。软水泡茶，有利于茶叶中有效成分的溶解；硬水中含有较多的钙、镁离子和矿物质，不利于茶叶中有效成分的溶解。以此，泡茶用水应选择软水。此外，泡茶的水在酸碱度方面以中性为好，

（三）茶具选用

泡茶不仅重茶、重水，还重器。我国茶具种类繁多，造型优美，具有实用和鉴赏价值，为历代饮茶爱好者所青睐。茶具影响茶汤，主要表现在两个方面：一是茶具颜色对茶汤色泽的影响。二是茶具的材料对茶汤滋味和香气的影响，材料除要求坚实耐用外，还要不损茶质。

瓷器茶具：具有传热不快、保温适中，对茶不会产生化学反应，能使茶汤获得较好的色香味等优点。青瓷茶具除具有瓷器茶具的众多优点外，因色泽青翠，用来冲泡绿茶，更有益汤色之美。

紫砂茶具：造型典雅、色泽古朴，用来沏茶香味醇和、汤色澄清、保温性能好，即使夏天也

不易变质。

玻璃茶具:玻璃杯泡茶,茶汤的鲜艳色泽,茶叶的细嫩柔软,茶叶在冲泡过程中的上下浮动、叶片的逐渐舒展等,可一览无余,是一种动态的艺术欣赏。特别是冲泡名品绿茶,茶具晶莹剔透,杯中轻雾缥缈,澄清碧绿,芽叶亭亭玉立,观之赏心悦目,别有风趣。玻璃器具的缺点是容易破碎,比陶瓷器皿烫手。

金属茶具:是用金、银、铜、铁、锡等金属材料制作而成的茶具。锡瓶、锡罐的密闭性好,作为贮茶器具有较大的优越性,能防潮、防氧化、防光、防异味。

（三）茶叶用量

茶叶用量的多少,关键是掌握茶与水的比例。茶多水少则味浓,茶少水多则味淡。一般要求冲泡一杯绿茶或红茶时,茶与水的比例是1∶50～1∶60,即每杯放3g干茶加沸水150～180ml。乌龙茶的茶叶用量为壶容量的二分之一以上。

（四）泡茶水温

水温高低是影响茶叶水溶性物质溶出比例和香气成分挥发的重要因素。一般情况下,泡茶水温与茶叶中有效物质在水中溶解度正相关,水温愈高,溶解度愈大,茶汤就愈浓。但水温过高,尤其加盖长时间闷泡嫩芽茶时,易造成汤色和嫩芽变黄,茶汤也变得混浊。高级绿茶,一般泡茶水温以80℃左右为宜。泡饮各种花茶、红茶和中低档绿茶,则要用95℃的沸水。乌龙茶每次用茶量较多,而且茶叶粗老,必须用100℃的沸滚开水冲泡。有时为了保持和提高水温还要在冲泡前用开水烫热茶具,冲泡后在壶外淋热水。

（五）冲泡时间

根据研究测定,茶叶经沸水冲泡后,首先从茶叶中浸出维生素、氨基酸、咖啡碱等物质,一般浸泡到3分钟时,上述物质在茶汤中已有较高的含量,茶汤喝起来有鲜爽醇和之感。随着浸泡时间的延长,茶叶中的茶多酚类物质陆续被浸出,一般当茶叶浸泡到5分钟时,茶汤中的多酚类物质已相当高了。这时的茶汤,喝起来鲜爽味减弱,苦涩味等相对增加。因此,要泡上一杯既有鲜爽之感,又有醇厚之味的茶,对一般普通等级红茶、绿茶来说,经浸泡三四分钟后饮用,就能获得最佳的味感。此外,泡茶时间的长短与泡茶水温的高低、茶叶数量的多少也直接相关。

知识链接:茶的药理作用

茶为药用,在我国已有2700年历史。东汉的《神农本草》、唐代陈藏器的《本草拾遗》、明代顾元庆《茶谱》等史书,均详细记载了茶叶的药用功效。《中国茶经》中记载茶叶药理功效有24例。日本僧人荣西禅师在《吃茶养生记》中将茶叶列为保健饮料。现代科学大量研究证实,茶叶确实含有与人体健康密切相关的生化成分,茶叶不仅具有提神清心、清热解暑、消食化痰、去腻减肥、清心除烦、解毒醒酒、生津止渴、降火明目、止痢除湿等药理作用,还对现代疾病,如辐射病、心脑血管病、癌症等,有一定的药理功效。

四、茶艺与茶道

茶艺和茶道都是讲茶的品饮艺术,但茶艺重点在于表演,而茶道着重于精神,通过品茶艺术达到精神境界。茶艺和茶道是茶文化的核心,茶艺与茶道结合,艺中有道,道中有艺,是物质与精神高度统一的结果。

（一）茶艺

茶艺是指茶在选择、烹制和饮用方面的艺术，是茶文化的外在表现形式。茶艺以人为主体分为宫廷茶艺、民俗茶艺和宗教茶艺；以表现形式分为生活型茶艺和表演型茶艺；以茶为主体分为绿茶茶艺、红茶茶艺、乌龙茶茶艺、花茶茶艺等。

1. 绿茶茶艺

绿茶茶艺关键要掌握择器、置水、投茶和冲泡四个环节。器具的选择以玻璃杯为宜。投茶分上投、中投和下投，上投和中投适用于冲泡高档名品，中低档次绿茶则可采用下投冲泡。

以西湖龙井茶为例，一般采用中投法，茶艺程序有12道，分别是：

①烧水：壶煮三江水，迎客示座；②洗杯：清水沐芙蓉，尊茶重教；③凉汤：玉壶养太和，严控水温；④投茶：清宫迎佳人，投茶入杯；⑤润茶：甘露润莲心，吸入舒展；⑥冲水：凤凰三点头，高山流水；⑦泡茶：碧玉沉清江，银鱼戏水；⑧奉茶：观音捧玉瓶，祈祷吉祥；⑨赏茶：春波展旗枪，刀枪林立；⑩闻香：慧心悟茶香，思飘物外；⑪品茶：淡中品滋味，无求自高；⑫谢茶：自斟乐无穷，怡然自得。

2. 九道茶茶艺

九道茶主要流行于我国西南地区，以昆明地区为代表。泡九道茶一般以普洱茶最为常见，多用于家庭接待宾客，所以，又称迎客茶。因饮茶有九道程序，故名"九道茶"。其程序有：

①赏茶：将普洱茶置于小盘，请宾客观形、察色、闻香，以激发宾客的饮茶情趣；②洁具：以选用紫砂茶具为上，用开水冲洗，既可清洁茶具，又可提高茶具温度，以利茶汁浸出；③置茶：视茶具容量大小，按50—60毫升沸水泡1克茶的比例将普洱茶投入壶；④泡茶：用刚沸的开水迅速冲入壶内，至3—4分满。⑤浸茶：冲泡后，立即加盖，稍加摇动，静置5分钟左右；⑥匀茶：启盖后，再向壶内冲入开水，使茶汤浓淡合适；⑦斟茶：将茶汤斟入半圆形排列的茶杯中，从左到右，来回斟茶，至八分满；⑧敬茶：主人手捧茶盘，按长幼辈份，依次敬茶；⑨品茶：先闻茶香清心，再细细品味，以享饮茶之乐。

3. 乌龙茶茶艺

乌龙茶宜用紫砂壶或小盖碗冲泡，讲究"高冲、低斟、刮沫、淋盖，烫罐、热杯、澄清、滤尽"等艺术。泡法因品种、选择茶器不同而有异。较简便、易学的有王文礼所创的"三才"泡法。三才泡法即用"三才杯"（俗称盖杯）来冲泡乌龙茶。"三才杯"的杯盖代表天，杯托代表地，杯身代表人。"三才"泡法的基本理念是：茶是天涵之，地载之，人育之的天地间的精华。共八道程序：

①洗杯：白鹤沐浴，用开水洁净茶具，并提高其温度；②落茶：乌龙入宫，将茶投入杯中，茶量因人而异；③冲茶：高山流水，高壶冲入，使茶叶随开水在杯中旋转；④刮沫：春风拂面，用杯盖刮去浮在杯面的泡沫；⑤巡茶：关公巡城，把杯中茶汤依次倒入品饮的小茶杯中；⑥点茶：韩信点兵，将杯中剩下的茶汤一点点地滴注到各茶杯中，使每杯茶都浓淡均匀；⑦看茶：赏色闻香，观赏汤色，闻其茶香；⑧品茶：品啜甘露，奉茶、品茶，要边啜边嗅，浅尝细品。

4. 红茶茶艺

红茶茶艺程序简单，一般有洁具、投茶、冲水、敬茶、谢茶等。

（二）茶道

茶道是修身养性的一种方式，通过沏茶、赏茶、饮茶，参悟大道。中国人至少在唐或唐以前，就在世界上首先将茶饮作为一种修身养性之道。唐朝《封氏闻见记》中就有这样的记载："茶道大行，王公朝士无不饮者。"这是现存文献中对茶道的最早记载。中国茶道的主要内容讲究五境之美，即茶叶、茶水、火候、茶具、环境，同时配以情绪等条件，以求"味"和"心"的最高享受。

我国茶文化界对茶道精神加以总结，把中国茶道的基本精神归纳为：和、静、怡、真。

1. "和"中国茶道哲学思想的核心

茶道追求的"和"源于《周易》中的"保合太和"，意指世间万物皆由阴阳两要素构成，阴阳协调，保全太和之元气以普利万物才是人间真道。陆羽在《茶经》中对此论述得很明白。他用250个字来描述所设计的风炉：风炉用铁铸从"金"，放置在地上从"土"，炉中烧的木炭从"木"，木炭燃烧从"火"，风炉上煮的茶汤从"水"。煮茶的过程就是金木水火土相生相克并达到和谐平衡的过程。可见五行调和理念是茶道的哲学基础。

儒家从"太和"的哲学理念中推出"中庸之道"的中和思想。在儒家眼里"和"是中，是度，是宜，是当，"和"是一切恰到好处。儒家对和的诠释，在茶事活动中表现得淋漓尽致。在泡茶时，表现为"酸甜苦涩调太和，掌握迟速量适中"的中庸之美。在待客时表现为"奉茶为礼尊长者，备茶浓意表浓情"的明礼之伦。在饮茶过程中表现为"饮罢佳茗方知深，赞叹此乃草中英"的谦和之礼。在品茗的环境与心境方面表现为"朴实古雅去虚华，宁静致远隐沉毅"的俭德之行。

2. "静"中国茶道修习的必由之径

中国茶道是修身养性，追寻自我之道。静是中国茶道修习的必由途径。如何从小小的茶壶中去体悟宇宙的奥秘？如何从淡淡的茶汤中去品味人生？如何在茶事活动中明心见性？如何通过茶道的修习来涤荡精神，锻炼人格，超越自我？答案只有一个——静。

中国茶道正是通过茶事创造一种宁静的氛围和一个空灵虚静的心境。古往今来，无论是羽士、高僧，还是名宦、大儒，都殊途同归地把"静"作为茶道修习的必经大道。因为静则明，静则虚，静可虚怀若谷，静可内敛涵藏，静可洞察明激，体道入微。可以说："欲达茶道通玄境，除却静字无妙法"。

3. "怡"中国茶道中茶人的身心享受

"怡"指和悦、愉快之意。中国茶道是雅俗共赏之道，体现于日常生活之中，不讲形式，不拘一格，体现了道家"自恣以适己"的随意性。历史上王公贵族讲茶道重在"茶之珍"，意在炫耀权势，夸示富贵，附庸风雅。文人学士讲茶道重在"茶之韵"，托物寄怀，激扬文思，交朋结友。佛家讲茶道重在"茶之德"，意在驱困提神，参禅悟道，见性成佛。道家讲茶道，重在"茶之功"，意在品茗养生，保生尽年，羽化成仙。普通老百姓讲茶道，重在"茶之味"，意在去腥除腻，涤烦解渴，享受人生。无论什么人都可以在茶事活动中取得生理上的快感和精神上的畅适与心灵上的怡悦。

4. "真"中国茶道的终极追求

"真"是中国茶道的起点，也是中国茶道的终极追求。中国茶道在从事茶事时所讲究的"真"，不仅包括茶应是真茶、真香、真味，环境最好是真山真水，挂的字画最好是名家名人的真迹，用的器具最好是真竹、真木、真陶、真瓷，还包含了对人要真心，敬客要真情，说话要真诚,心境要真闲。茶事活动的每一个环节都要认真,每一个环节都要求真。

中国茶道追求的"真"有三重含义:一是追求道之真,即通过茶事活动追求对"道"的真切体悟,达到修身养性,品味人生之目的;二是追求情之真,即通过品茗述怀,使茶友之间的真情得以发展,达到茶人之间互见真心的境界;三是追求性之真,即在品茗过程中,真正放松自己,在无我的境界中去放飞自己的心灵,放牧自己的天性,达到"全性葆真"。

【学生讲坛】

1.龙井茶、虎跑泉,素称"杭州双绝"。古往今来,凡是来杭州旅游的人们,无不以能身临其境品尝一下以虎跑甘泉冲泡的西湖龙井茶为快事。请说说关于龙井茶和虎跑泉的传说。

2.谈谈你对茶与健康关系的理解。

【技能训练】

[训练项目]介绍家乡茶文化。

[实训目标]

1.能够通过图书、期刊、网络等途径收集家乡茶文化资料。

2.能够运用所学知识赏析家乡茶文化特色。

[实训内容和方法]

1.按生源所在地 5—8 人一组,利用图书、期刊、网络收集家乡茶文化资料。

2.分析家乡茶文化特色、名茶及其典故、茶艺表演规程等,制作 PPT 演示文稿。

3.每组推荐一位同学,结合 PPT 介绍家乡的茶文化。

学习任务 3　酒文化

【学习导读】

中国是酒的故乡,中华民族五千年历史长河中,酒和酒类文化一直占据着重要地位,酒是一种特殊的食品,是属于物质的,但酒又融于人们的精神生活之中。酒文化作为一种特殊的文化形式,在几千年的文明史中,渗透到社会生活中的各个领域。

【相关知识】

一、酒的起源

中国是世界上最早酿酒的国家之一,远在 5000 年前的龙山文化时期,我国劳动人民就掌握了酿酒技术。根据现有资料的记载,酿酒归于何人发明,谁是酿酒的祖宗等,皆不足于考证,但作为一种文化的认同现象,有如下传说:

1.酿酒始于黄帝时期

古医书《黄帝内经·素问》中记载了黄帝与歧伯讨论酿酒的情景,黄帝问道:"为五谷汤液及醴醪奈何?"歧伯答曰:"必以稻米,炊之稻薪,稻米则完,稻薪则坚。"书中还提到一种古老的酒——醴酪,即用动物的乳汁酿成的甜酒。

2. 仪狄酿酒

仪狄酿酒相传是在夏禹时期。公元前 2 世纪史书《吕氏春秋》云:"仪狄作酒。"汉代刘向编的《战国策》则进一步说明:"昔者,帝女令仪狄作酒而美之,进之禹,禹饮而甘之,曰'后世必有以酒亡其国者'。遂疏仪狄而绝旨酒。"

3. 杜康酿酒

有关杜康酿酒的传说流传最广,杜康亦为传说中夏朝时代的人。战国史官所作的《世本》、东汉许慎的《说文解字》中均有"杜康作秫酒"的记载。宋朝高承在《事物纪原》一书中载:不知杜康何世人,而古今多言其始造酒也。在今河南汝阳有为纪念杜康而建造的酒祖殿。

二、酒的种类与中国名酒鉴赏

(一)酒的种类

酒既是食品,也是一种带刺激性的特殊饮料。它可令人兴奋,也可使人麻醉。酒的主要成分是乙醇和水,另外还含有少量的有机酸类、糖类、甲醇、醛类、矿物元素、维生素等。根据不同原料和辅料及生产工艺,饮料酒可分成发酵酒、蒸馏酒、配制酒三类。

1. 发酵酒

发酵酒又称酿造酒,是原料经糖化、发酵后,再经过澄清过滤或压榨而得的酒。其特点为:酒度低,保质期短,不宜长期贮存。包括啤酒、葡萄酒、果酒、黄酒等。

啤酒:以麦芽为主要原料,加酒花,经酵母发酵酿制而成,含二氧化碳,酒精度低,酒精含量 2.5%—7.5%。

葡萄酒:以葡萄汁为原料,经全部发酵或部分发酵酿制而成,酒精含量 7%—24%。根据酒中含糖量,分为甜葡萄酒(含糖量大于 45 克/升)、半甜葡萄酒(含糖量 12.1—45 克/升)、半干葡萄酒(含糖量 4.1—12 克/升)和干葡萄酒(含糖量小于等于 4 克/升)四类;根据酒的色泽,分为红葡萄酒和白葡萄酒。

果酒:以其他水果或果汁为原料酿制而成,酒精含量 7%—18%。

黄酒:以稻米、小麦等谷物为原料酿制而成,酒精含量 15%—16%。因色泽黄亮,故名。黄酒是我国传统饮用酒,历史悠久,大约于 2400 年前的战国就开始生产黄酒。绍兴黄酒是黄酒中的佼佼者。

知识链接:绍兴黄酒"女儿红"

绍兴女儿红是糯米酒的一种,是绍兴女儿红酿酒有限公司的当家产品。早在宋代,绍兴就是有名的酒产地,绍兴人家里生了女儿,等到孩子满月时,就会选酒数坛,泥封坛口,埋于地下或藏于地窖内,待到女儿出嫁时取出招待客人,名曰"女儿红"。因酒坛上绘有一些吉祥图画,故也称花雕酒。晋代上虞人嵇含《南方草木状》记载:"女儿酒为旧时富家生女、嫁女必备之物。"女儿红主要用优质的糯米、上好的酒曲,辅以明净澄澈的湖水,古法酿制,再窖藏数年。其酒酒性柔和,酒色橙黄清亮,酒香馥郁芬芳,酒味甘香醇厚。

2. 蒸馏酒

蒸馏酒是指原料经糖化、发酵,再经过蒸馏技术酿制而成的酒。其特点是:含酒精高,一般在 30% 以上。蒸馏酒包括白酒、白兰地、威士忌、朗姆酒、伏特加、金酒等。

白酒：以高粱等粮食为主要原料，加糖化发酵剂，经蒸煮、糖化、发酵、蒸馏、陈酿、勾兑而成，酒精度 38%—60%不等。

白兰地：以果汁为原料，经发酵、蒸馏、贮存、调制而成。酒精度 40%左右，多数为以葡萄汁为原料的白兰地。

3. 配制酒

此类酒品种特别多，制造技术也极为不同。它是以酿造酒、蒸馏酒或食用发酵酒精为酒基，用混合蒸馏、浸泡、萃取液混合等各种方法，混入香料、药材、动植物、花等组成，使之形成独特的风格。这类酒差异很大，但共同特点是经过风味物质、营养物质或疗效性物质等强化的酒。其酒精浓度通常介于发酵酒和蒸馏酒之间，一般为 18%—38%。配制酒包括露酒、药酒等。

（二）中国名酒鉴赏

中国名酒是经过国家有关部门组织的评酒机构，间隔一定时期，经过严格的评定程序确定的，代表了我国酿酒行业酒类产品的精华。下面介绍几种国家名酒。

1. 茅台酒

贵州茅台酒，被尊为"国酒"，也是世界三大名酒之一，产于贵州省仁怀县茅台镇，迄今已有 270 多年的历史。

茅台酒是我国传统白酒中的典型代表，素以低而不淡、香而不艳著称。茅台酒是酱香型白酒的典型代表，以酱香突出、幽雅细腻、酒体醇厚、回味悠长、空杯留香持久的完美风格而技压群芳。它是用高粱和小麦作原料，再加上当地的优质矿泉水，在每年重阳之际投料，巧妙地利用茅台镇特有的气候，应用传统独特的工艺精酿而成。用曲多、发酵期长、多次发酵、多次取酒等独特工艺，是茅台酒风格独特、品质优良的重要原因。整套工艺长达 8 个月之久，比其他酒类发酵时间长得多。再陈贮三年以上，勾兑调配，然后再贮存一年，使酒质更加和谐醇香，绵软柔和，方准出厂。

知识链接：茅台酒商标"飞仙"图案的由来

相传有一年除夕，茅台镇突然大雪纷飞，寒风刺骨，镇上住有一李姓青年，他见一位衣衫褴褛的老妇僵卧门口，便将其背进屋生火取暖，以自酿米酒款待老人，又将床铺让给老妇安寝，自己躺在炉边地上。朦胧中听到奇妙琴声，天边飘来一位仙女，身披五彩羽纱，手捧熠熠闪光的酒杯，站立面前，随将杯中酒倾向地面，顿时空中弥漫了浓郁的酒香，眼前出现了一道闪烁的银河。这青年一觉醒来，屋里炉火很旺，水、饭尚温，床上被褥整齐，似无人睡过一般，推门一看，风、雪俱停，一条晶莹的小河从家门口淌过，河面上飘出阵阵酒香。此后，当地人就用仙女赐予的河水酿酒，用"飞仙"图案作茅台酒的商标。

2. 五粮液酒

五粮液，原名为"杂粮酒"，产于四川省宜宾市，因用高粱、糯米、大米、小麦和玉米五种谷物为原料酿制而成，故称"五粮液"，相传创始于明代。原材料和辅助材料在蒸馏和发酵前经过仔细、严格地挑选和按一定比例配置，然后这些原料放在密封的酒窖里发酵，最后精炼成纯酒。该酒以其浓郁的芳香成为浓香型白酒的典型代表，具有"香气悠久，酒味醇厚，入口甘美，入喉净爽，各味协调，恰到好处"的独特风格。

3. 四川剑南春

产于四川省绵竹县,因绵竹在唐代属剑南道,又因旧时称酒为春,故名剑南春。绵竹县素有"酒乡"之誉,早在唐代就产名闻遐迩的名酒——"剑南烧春",被列为皇族贡品,有"剑南贡酒"之名。相传李白为喝此美酒曾在这里竟把皮袄卖掉买酒痛饮,留下"士解金貂"、"解貂赎酒"的佳话。

剑南春酒以红高粱、大米、小麦、糯米、玉米五种粮食为原料,用优质小麦制大曲为糖化发酵剂,采取独特的酿造工艺,经过长期贮存,细心勾兑调味而成。该酒属浓香型白酒,芳香浓郁,醇和甘甜,清洌净爽,余香悠长。

4. 汾酒

汾酒产于山西汾阳县杏花村。据史料记载,汾酒创始于南北朝时期,已有1500多年的酿造历史。汾酒在唐代已有盛名,唐代诗人杜牧在《清明》里写道:"清明时节雨纷纷,路上行人欲断魂。借问酒家何处有? 牧童遥指杏花村。"

汾酒是清香型白酒的典型代表。它以晋中平原所产的"一把抓"高粱为原料,用大麦、豌豆制成的"青茬曲"为糖化发酵剂,取古井和深井的优质水为酿造用水,沿用传统的古老"地缸"发酵法,采用独特的"清蒸二次清"工艺酿造而成。酒液无色透明,清香雅郁,入口醇厚绵柔甘洌,余味清爽,回味悠长,酒精度高而无强烈刺激之感。

5. 泸州老窖特曲

四川省泸州市曲酒厂生产,因采用多年老窖酿造,酒质优良,故名。唐贞观年间当地已有众多酿酒作坊,曾被列为贡品。它的主要原料是当地的优质糯高粱,酿造用水为龙泉井水和沱江水,采用混蒸连续发酵法酿制而成。该酒为浓香型白酒的典型代表,以"醇香浓郁,清洌甘爽,饮后尤香,回味悠长"的独特风格而闻名。

泸州老窖特曲,之所以驰名中外,秘密藏在窖里。它所使用的窖用黄泥建成,在经过长期使用后产生奇异的香气,这样一来,发酵醅与酒窖泥接触,蒸馏出的酒也就有了浓郁的香气。泸州老窖古窖池群于1996年被国务院批准为全国重点文物保护单位,誉为"国宝窖池"。

6. 西凤酒

西凤酒产于陕西省凤翔县柳林镇,该县唐时为陪都,称"西京",故名。它以当地特产高粱为原料,取甘洌井水为酿造用水,采用续渣发酵法酿制而成。发酵窖分为明窖与暗窖两种。该酒集浓香型和清香型白酒的特点于一身,是其他香型白酒的典型代表。酒液无色清亮透明,醇馥突出,清而不淡,浓而不酽,诸味谐调,回味舒畅,"酸、甜、苦、辣、香"五味俱全而各不出头。

7. 古井贡酒

古井贡酒为安徽省亳州市古井酒厂生产,因用古井水酿制,且明万历年间一直延至清代都列为贡品,故名。它以本地优质高粱为原料,沿用陈年老发酵池,继承了混蒸、连续发酵工艺,并运用现代酿酒方法,加以改进,博采众长,形成自己的独特工艺,酿出了风格独特的古井贡酒。该酒为浓香型白酒,酒液清澈如水晶,香醇如幽兰,酒味醇和,浓郁甘润,黏稠挂杯,余香悠长。

8. 董酒

董酒因产于遵义市北郊的董公寺,故名董酒。它选用优质高粱为原料,取甘洌泉水,以大米加入 95 味中草药制成的小曲和小麦加入 40 味中草药制成的大曲为糖化发酵剂,采用"两小两大、双醅串蒸"工艺酿制而成。该酒为其他香型白酒中独树一帜的"药香型"或"董香型"的典型代表,酒液无色透明,香气幽雅舒适,既有大曲酒的浓郁芳香,又有小曲酒的柔绵、醇和、回甜,还有淡雅舒适的药香和爽口的微酸,入口醇和浓郁,饮后甘爽味长。

9. 绍兴加饭酒

绍兴酒古称"山阴甜酒"、"越酒",又称"绍兴老酒",属于黄酒,产于浙江绍兴酿酒总厂。绍兴酿酒历史悠久,在春秋时期已有文字记载,距今约 2400 余年历史。宋代以来,尤其是南宋政权建都于杭州后,绍兴酒有了长足的发展。南宋诗人陆游的诗句中,不少都流露出对家乡黄酒的赞美之情。清代是绍兴酒的全盛时期,绍酒几乎成了黄酒的代名词。

绍兴酒中,首推绍兴加饭酒。加饭酒,顾名思义,就是在酿酒过程中,增加酿酒用米饭的数量。以精白糯米为原料,取水质优良的鉴湖水,采用摊饭法酿制而成。该酒是一种半干酒,酒度 15°左右,糖分 0.5%—3%。其色泽橙黄清澈,香气芬芳浓郁,滋味鲜甜醇厚,具有越陈越香、久藏不坏的特点。

10. 福建龙岩沉缸酒

龙岩沉缸酒产于福建省龙岩市,因在酿造过程中,酒醅经"三浮三沉",最后酒渣沉落缸底,故取名"沉缸酒",属于黄酒,是一种特甜型酒。其酒度在 14°—16°,总糖可达 22.5%—25%。酿造时,先加入药曲、散曲和白曲,酿成甜酒酿,再分别投入著名的古田红曲及特制的米白酒,长期陈酿而成。龙岩沉缸酒有不加糖而甜、不着色而艳红、不调香而芬芳三大特点。酒质呈琥珀光泽,甘甜醇厚,风格独特,饮后回味绵长。

11. 山西竹叶青

竹叶青产于山西省杏花村汾酒厂。它是汾酒的再制品,以汾酒为酒基,配以广木香、紫檀香、公丁香、当归、砂仁等十余种名贵药材和竹叶配制而成。杏花村竹叶青酒早在 1400 多年前就已成珍品,具有养血、舒气、和胃、益脾、消食等功效,对于心脏病、高血压、冠心病和关节炎等疾病也有明显的医疗效果。其酒度为 45°,糖分为 10%,酒液清澈透明,色泽金黄带绿,芳香浓郁,酒香药香谐调均匀,入口香甜,柔和爽口,口味绵长。

12. 青岛啤酒

山东省青岛啤酒厂生产,选用原料为新鲜、干燥、优质的二棱大麦,配以自产的优质啤酒花和崂山泉水,采用传统德国工艺精制而成。酒液呈浅金黄色,清澈透明,富有光泽,二氧化碳气充足,泡沫洁白、细腻、持久,挂杯性能良好,有浓郁的酒花清香和麦芽香气,入口清凉爽口,柔和醇厚,有愉快的微苦味,余味纯净。

13. 葡萄酒名品

新疆是我国葡萄酒生产最早的地方。唐代著名诗句"葡萄美酒夜光杯",说明当时我国西北地区流行饮葡萄酒。华侨张弼士于 1892 年创建的烟台张裕葡萄酒厂,是我国第一家葡萄酒酿造企业。

在全国品酒会上被评为"国家名酒"的葡萄酒有烟台红葡萄酒、味美思、金奖白兰地、中国红葡萄酒、长城干白葡萄酒、天津王朝半干白葡萄酒、河南民权白葡萄酒等。其中张裕葡萄酒厂生产的烟台红葡萄酒、味美思、金奖白兰地和雷司令,在 1915 年的巴拿马国际博览会上全获金奖,烟台红葡萄酒、味美思、金奖白兰地在 1952—1984 年的全国评酒会上连续四届被评为"国家名酒"。

知识链接:历次全国评酒会

自从中华人民共和国成立以来,共进行了五次国家级的名酒评选活动。第一次全国评酒会于 1952 年在北京召开,由中国专卖实业公司主持,共评出 8 种国家级名酒,其中白酒 4 种、黄酒 1 种、葡萄酒类 3 种。第二次全国评酒会于 1963 年在北京召开,由轻工业部主持,并首次制定了评酒规则,共评出国家级名酒 18 种,其中白酒 8 种、黄酒 2 种、啤酒 1 种、葡萄酒类 6 种、露酒 1 种。第三次全国评酒会于 1979 年在辽宁大连举行,由轻工业部主持,共评出 18 种国家名酒。第四次全国评酒会于 1984 年在山西太原举行,由中国食品协会主持,共评出国家名酒 28 种。第五次全国评酒会于 1989 年在安徽合肥市举行,从白酒中评出 17 种国家名酒,其他酒类未评。

三、酒的品评

酒的品评是一门科学,也是古代留传下来的传统技艺。明代胡光岱在《酒史》中,已对"酒品"的"香、色、味"提供了较为系统的评酒术语。由此可见,对酒的芳香及其微妙的口味差别,从古到今,用感官鉴定法进行鉴别,仍具有其明显的优越性。酒好、酒坏,"味"最重要。在评酒记分时,"味"一般占总分的 50%。苏东坡认为,评判酒的好坏,"以舌为权衡也",确是行家至理。

1. 对酒品色泽的鉴定

各种酒品都有一定的色泽标准要求:如白酒的色泽要求是无色,清亮透明,无沉淀;白兰地的色泽要求是浅黄色至赤金黄色,澄清透明,晶亮,无悬浮物,无沉淀;黄酒的色泽要求是橙黄色至深褐色,清亮透明,有光泽,允许有微量聚集物;葡萄酒的色泽要求是白葡萄酒应为浅黄微绿、浅黄、淡黄、禾秆黄色,红葡萄酒为紫红、深红、宝石红、红微带棕色,桃红葡萄酒应为桃红、淡玫瑰红、浅红色,加香葡萄酒应为深红、棕红、浅黄、金黄色,澄清透明;淡色啤酒的色泽要求是淡黄,清亮透明,没有明显的悬浮物,当注入洁净的玻璃杯中时,应有泡沫升起,泡沫洁白细腻,持久挂杯。对这些色泽标准要求,必须利用肉眼来看酒的外观、色泽、澄清度、异物等。对酒的观看方法是:当酒注入杯中后,将杯举起,白纸作底,对光观看;若是啤酒,首先观泡沫和气泡的上升情况。正常的酒品,应符合上述标准要求;反之,为不合格的酒品。

2. 对酒品香气的鉴定

人的嗅觉器官是鼻腔。嗅觉是有气味物质的气体分子或溶液,在口腔内受体温热蒸发后,随着空气进入鼻腔的嗅觉部位而产生的。酒类含有芳香气味成分,其气味成分是酿造过程中由微生物发酵产生的代谢产物,如各种酶类等。酒进入口腔时的气味所挥发的分子进入鼻咽后,与呼出的气体一起通过两个鼻孔进入鼻腔,这时,呼气也能感到酒的气味。而且酒经过咽喉时,下咽至食管后,便发生有力的呼气动作,带有酒气味分子的空气,便由鼻咽急速向鼻腔推进,此时,人对酒的气味感觉会特别明显。这是气味与口味的复合作用。酒的气味不但可以通过咽喉到鼻腔,而且咽下以后还会再返回来,一般称为回味。回味有长短,并可分辨出是否纯净(有无邪、杂气味),有无刺激性。酒的香气与味道是密切相关的,人们对滋味的感觉,有相当部分要依赖于嗅觉。人的嗅觉极容易疲劳,对酒的气味嗅的时间过长,就会迟钝不灵,这叫"有时限的嗅觉缺损"。人们嗅闻酒的香气时,不易过长,要有间歇,借以保持嗅觉的灵敏度。

3. 对酒品滋味的鉴别

人的味觉器官是口腔中的舌头。由于舌头上味蕾的分布不同、味蕾的形状不同,各部位的感受性也各不相同。在舌头的中央和背面,没有味蕾,就不受有味物质的刺激,没有辨别滋味的能力,但对压力、冷、热、光滑、粗糙、发涩等有感觉。舌前 2/3 的味蕾与面神经相通,舌后 1/3 的味蕾与舌咽神经相通。软腭、咽部的味蕾与迷走神经相通。味蕾接受的刺激有酸、甜、苦、咸四种,除此之外的味觉都是复合味觉。舌尖对甜味最为敏感,舌根的反面对苦味敏感,舌的中央和边缘对酸味和咸味敏感,涩味主要由口腔黏膜感受,辣味则是舌面及口腔黏膜受到刺激所产生的痛觉。味蕾的数量随着年龄的增长而变化,一般十个月的婴儿味觉神经纤维已成熟,能辨别出咸、甜、苦、酸,味蕾数量在 45 岁左右增长到顶点,到 75 岁以后味蕾数量大为减少。酒类含有很多呈味成分,主要有高级醇、有机酸、羰基化合物等。人们对酒的呈味成分,是通过口腔中的舌头、刺激味蕾,产生感觉,从而鉴定酒质优劣、滋味好坏。

四、酒与中国文化

（一）酒与中国文学艺术

1. 酒与诗文

人们常说酒为诗礼,中国文人墨客嗜酒成风,不同时期不同的政治经济背景下,诗人饮酒赋诗,借以抒发不同的情怀。魏晋文人,处在政治动荡的社会,朝不保夕,心中充满忧伤和恐惧,饮酒是为了消忧,逃避现实,无法谱出昂扬的情调,因而留下了"何以解忧,惟有杜康"的千古名句。

唐代的酒业到了鼎盛时期,唐代的诗歌创作也达到高峰。酒与诗,相得益彰。杜甫《饮中八仙歌》写道:"李白斗酒诗百篇,长安市上酒家眠。天子呼来不上船,自称臣是酒中仙。"在唐代许多诗人的心目中,人生的最大快乐,不是封侯拜相,不是拥有金山银海,不是得道成仙,而是有诗与酒的享受。

2. 酒与书法绘画

在我国历史上,诸多书画名家,常常"每欲挥毫,先必酣饮"。"书圣"王羲之醉时挥毫而作《兰亭序》,"遒媚劲健,绝代无双",而至酒醒时"更书数十本,终不能及之"。

明代著名画家唐伯虎,酷好饮酒。求画者纷纷载酒而来,常常与其畅饮终日始得一画,因此当时流传着"欲得伯虎画一幅,须费兰陵酒千锺"的谚语。

清代扬州八怪之首郑板桥,有"诗书画三绝"之誉。他常常写字不离酒,酣饮始作画。正如他在《自遣》诗中所言:"看月不妨人尽去,对花只恨酒来迟。笑他缣素求书辈,又要先生(自指)烂醉时。"可谓"酒中有画,画中有酒"。

（二）饮酒的节庆习俗

酒与民俗不可分,诸如农事节庆、婚丧嫁娶、生期满月、庆功祭奠、奉迎宾客等民俗活动,酒都成为中心物质。中国人一年中最重要的节日,往往离不开饮酒:

春节期间要饮屠苏酒、椒花酒(椒柏酒),寓意吉祥、康宁、长寿。

农历正月十五元宵节,是三官大帝的生日,人们都向天宫祈福,必用五牲、果品、酒供祭。祭礼后,撤供,家人团聚畅饮一番,以祝贺新春佳节结束。

清明节饮酒有两种原因：一是寒食节期间，不能生火吃热食，只能吃冷食，饮酒可以增加热量；二是借酒来平缓或暂时麻醉人们哀悼亲人的心情。古人对清明饮酒赋诗较多，唐代白居易在诗中写道："何处难忘酒，朱门美少年。春分花发后，寒食月明前。"杜牧在《清明》一诗写道："清明时节雨纷纷，路上行人欲断魂。借问酒家何处有？牧童遥指杏花村。"

端午节人们为了辟邪、除恶、解毒，有饮雄黄酒的习俗。

中秋节时，无论家人团聚，还是挚友相会，人们都离不开赏月饮酒。韩愈写道："一年明月今宵多，人生由命非由他，有酒不饮奈明何？"到了清代，中秋节以饮桂花酒为习俗。

除了各种节日之外，民间的婚丧嫁娶、开业、远行等活动往往都离不开酒，如"满月酒"或"百日酒"、"寿酒"、"上梁酒"、"进屋酒"、"送行酒"等。

（三）酒与政治

历史上也有许多借酒而达到目的的历史故事。宋代第一个皇帝赵匡胤自从陈桥兵变，一举夺得政权之后，担心从此之后他的部下也效仿之，想解除手下一些大将的兵权。于是在961年，安排酒宴，召集禁军将领石守信、王申琦等饮酒，叫他们多积金帛田宅以遗子孙，从此解除了他们的兵权。在969年，又召集节度使王彦超宴饮，解除了他们的藩镇兵权，这就是著名的"杯酒释兵权"。

（四）酒令

酒令，又称行令饮酒。我国的酒令最早始于西周，至今已有2000多年的历史。唐代的酒令极为兴盛，现今盛行的酒令多形成于唐朝。

流传至今的酒令主要有四类，即：筹令、雅令、骰令和通令。

筹令，是一种既简单又雅俗共赏的酒令，是将酒令写在酒筹上，抽出酒筹者按酒令规定饮酒。筹令在唐朝非常流行，内容广杂，多以唐诗筹、人名筹等为常见。如属于人名筹的"饮中八仙令"，先制作八枚筹签，再由令官指定某人开始依次轮流抽签，依照酒筹上的要求饮酒。此筹令的内容是：贺知章——已醉不饮，李玉进——饮三大杯，李适之——一口饮进一大杯，花宗之——作白眼仰头望天饮一大杯，苏晋——逃禅不饮，李白——饮一巨杯，张旭——做醉酒模样饮三大杯，焦遂——饮五大杯。

雅令，多为文人学士的风雅之事，其形式有对诗、拆字、联句、道名等，是酒令中品味最高、难度最大的一种。《西湖佳话》记有苏轼、秦观、黄庭坚、佛印和尚四人在湖舟中会饮，苏轼出一酒令：一种花落地无声，接一个与这种花有关系的古人，这古人又须引出另一个古人，前古人问后古人一件事，后古人须以唐诗作答。要求前后串联，不能硬凑。东坡云："雪花落地无声，抬头见白起（雪为白色），白起问廉颇（二者皆为战国时武将）：'为何不养鹅（鹅又是白色）？'廉颇曰：'白毛浮绿水，红掌拨清波。'"秦观接令："笔花落地无声，抬头见管仲（管城子是笔的别称），管仲问鲍叔（同为春秋时齐桓公的大夫）：'如何不种竹（竹是制笔管的材料）？'鲍叔曰：'只须三两根，清风自然足。'"黄庭坚应令道："虫花落地无声，抬头见孔子（虫蛀的地方有孔），孔子问颜回（二人为师徒）：'因何不种梅（梅花有色，同"颜"相接）？'颜回曰：'前村深雪里，昨夜一支开。'"佛印禅师道："天花落地无声，抬头见宝光（天竺佛名），宝光问维摩（著名居士）：'斋事近如何？'维摩曰：'遇客头如鳖，逢人项似鹅。'"此酒令韵律自然，想象丰富，堪称酒令中的佳品。

骰令，指掷骰子行令，盛行于民间。

通令,又称游戏令,有传花、抛球、划拳等形式,尤以划拳最受老百姓欢迎。

【学生讲坛】

"兴随酒起,诗的灵感从酒中泛出;思与酒来,酒的芬芳在诗中流传。"说说酒与文学结下了怎样的不解之缘?

【技能训练】

[训练项目]中国酒文化赏析。

[实训目标]

1.能够通过图书、期刊、网络等途径收集酒文化资料。

2.能够运用所学知识赏析中国酒文化特色。

[实训内容和方法]

1.5-6人一组,利用图书、期刊、网络收集酒文化资料。

2.分析酒的起源、名酒典故、酒与名人、酒与诗文等中国酒文化内涵,分析酒礼、酒俗等对现代社会的影响。

3.制作中国酒文化赏析PPT演示文稿。

3.每组推荐一位同学,结合PPT介绍中国酒文化。

★学习资源

1.黄志根主编.中华茶文化.杭州:浙江大学出版社,2009

2.中华闲趣编委会.茶文化·酒文化·烟文化.北京:中国经济出版社,1999

3.严英怀,林杰编著.茶文化与品茶艺术.成都:四川科学技术出版社,2003

4.赵珩著.老饕漫笔:近五十年饮馔摭忆.北京:三联书店,2001

5.中华茶文化网 http://www.gdsmart.net

6.中国酒文化网 http://www.jiuwenhua.cn

项目七　神秘莫测的宗教文化

【学习目标】

● 知识目标

1.掌握中国四大宗教创立的时间、创始人、基本教义、供奉对象、主要派别、主要节日、经典及标志。

2.了解中国四大宗教主要的宗教活动。

3.熟悉中国四大宗教代表性景观及其特色。

● 技能目标

1.能运用四大宗教知识去辨析各种宗教场所的特点和标志性建筑。

2.能讲解著名宗教旅游景观的历史文化内涵和特色。

【专项旅游线路推荐】

浙东佛教之旅

第一天:杭州市区早上接团,参观东南佛国千年古刹——灵隐寺。灵隐寺是佛教禅宗十刹之一,深得"隐"字意趣;寺前的飞来峰是我国南方古代石窟艺术瑰宝。下午乘车去奉化弥勒道场雪窦山,游览雪窦寺,礼瞻世界最大的弥勒佛铜像。宿:宁波市区

第二天:上午乘汽车抵舟山,游览"海天佛国"普陀山,礼瞻南海观音佛像,礼拜普陀三大寺,品尝佛家素餐,购买普陀佛茶。下午乘汽车抵宁波,参观日本曹洞宗祖庭,有着"东南佛国"之美誉的天童寺。愉快地结束行程,返回温暖的家。

学习任务 1　佛教文化

【学习导读】

佛教与基督教、伊斯兰教并称为世界三大宗教。佛教公元前 6 世纪创立于古印度,公元 1 世纪前后自西向东传入我国。2000 年来一直是中国人民的主要信仰,其间经历代高僧的弘扬提倡,许多帝王文人也都加入这个行列,终于使佛教深入社会各个阶层。它的信仰深入民间,"家家阿弥陀,户户观世音"正是真实的写照;而佛教的哲理部分则与儒、道等相结合、相融会、相激荡,然后汇入了中华文化源远流长的大海里,形成了中华文化的主流之一,为中华文化放射出灿烂辉煌的光芒。

【学习内容】

一、佛教创立与发展

佛教,有狭义和广义之分。狭义的佛教,就是指佛的言教,也可称作佛法。广义的佛教,是指由释迦牟尼创立的一种宗教,即佛、法、僧三宝。

知识链接:无事不登三宝殿

俗语常说"无事不登三宝殿",说的是没有事不会登门造访,只要登门,必是有事相求。那么三宝殿是什么意思呢? 起源于哪里呢?

"三宝殿"源自佛教,是佛教寺院中的三个主要活动场所。即佛教信徒登场做法事的地点"大雄宝殿";佛家珍藏经书、经典之所"藏经楼";还有僧人"燕息"的宁静禅房。这三处地方,是清净高洁的佛教重地,不可随意乱闯,这是中国这个具有浓重佛教传统国家的习俗。

(一)佛教的创立

佛教创立于公元前6世纪,是世界三大宗教中创立时间最早的一种宗教,广泛传播于亚洲很多国家和地区,发祥地在古印度(今尼泊尔境内)。

公元前6世纪,雅利安人征服了南亚次大陆,民族矛盾尖锐,城邦林立,种姓制将人分成婆罗门(僧侣贵族)、刹帝利(军事和行政贵族)、吠舍(工商业者)、首陀罗(被征服的奴隶)四个等级,各个等级之间矛盾复杂,而婆罗门的反动统治成为其余阶层反对的对象。这样,为佛教的产生创造了有利因素。

佛教创始人乔达摩·悉达多(前565—前485年),教徒尊称其为释迦牟尼,意为释迦族的圣人,是古印度迦毗罗卫国(今尼泊尔南部提罗拉科特附近)的太子。相传,他自幼受传统的婆罗门教育,其父净饭王对他寄予厚望。但他感到人世间充满苦难,为摆脱人世间的苦难,29岁出家苦修六年,35岁时在菩提伽耶的一棵菩提树下悟得人生真谛成佛,创立佛教。得道后,他在鹿野苑初转法轮,弘扬佛法,并在印度北部、中部恒河流域传教,历时四十五年,80岁时在拘尸那迦圆寂(涅槃)。佛教界有"八相成道"的传说:兜率天降、白象入胎、住胎说法、右胁出胎、逾城出家、树下成道、初转法轮、双林入灭。人们将释迦牟尼的出生地蓝毗尼花园、成道地菩提伽耶、初转法轮地鹿野苑、涅槃地拘尸那迦视为佛祖四大圣迹。

(二)佛教在印度的发展

印度佛教的发展历史大致可以分为原始佛教、部派佛教、大乘佛教和密乘佛教四个时期:

1. 原始佛教时期(前6世纪—前4世纪中叶)

这一时期是释迦牟尼创教和他涅槃后的100年时间。这是佛陀及其弟子所宣扬的佛教时期,佛教史上也称其为"和合一味"时期。

2. 部派佛教时期(前4世纪中叶—1世纪中叶)

大约在释迦牟尼涅槃100年后,佛教内部由于对戒律和教义的观点不同,分裂为传统的上座部佛教和改革的大众部佛教。这两部佛教以后又各自分出许多派别。

3. 大乘佛教时期(1世纪中叶—7世纪)

这一时期从大众部佛教演化而成的大乘佛教在印度急剧发展,教化地区亦随之扩张。

原上座部佛教被贬称为小乘佛教（"乘"原为"车辆"之意）。

知识链接：大乘佛教与小乘佛教

大乘佛教，即佛教传入中国后所称的"北传佛教"或"汉地佛教"，认为十方世界都有佛，强调普度众生，修行的果位分为罗汉、菩萨和佛三级，最终目的在于成佛。

小乘佛教，即佛教传入中国后所称的"南传佛教"，认为世界上只有一个佛，即佛祖释迦牟尼，以求自身解脱为满足，修行的最高果位为罗汉。

4. 密乘佛教时期（7世纪—12世纪）

这一时期密教（密宗）在印度佛教中占统治和主导地位。印度密教是大乘佛教部分派别吸收婆罗门教及民间信仰而形成的特殊宗教形态。它以高度组织化了的咒术、仪轨、世俗信仰为其特征。密教自称受法身佛大日如来的"真实"言教，乃大日如来的亲身密传，故名密教。相对而言，其他大乘佛教教派被称为显宗（显教），即受应身佛释迦牟尼所说种种经典的传授。

13世纪，由于印度社会内部的分化和伊斯兰教的传入，佛教在印度彻底消亡。直到19世纪，又从缅甸、斯里兰卡重新传入，印度佛教获得新生。

二、佛教的传播

（一）佛教向世界的传播

印度佛教向世界各地传播，大致可分为北传、南传及藏传三条路线。

1. 北传佛教

从古印度向北传入中亚地区，然后通过中亚、西域传入中国，再由中国传入朝鲜、日本、越南等国，以大乘佛教为主，也包括密乘佛教。其经典主要属汉语，亦称汉语系佛教。

2. 南传佛教

从古印度向南，传入斯里兰卡、缅甸、泰国、老挝、柬埔寨等南亚、东南亚国家以及中国云南傣族等少数民族地区，以小乘佛教（上座部佛教）为主。其经典主要属巴利语，亦称巴利语系佛教。

3. 藏传佛教

由古印度和中国汉族地区传入西藏地区，主要是印度密乘佛教与西藏地区的苯教融合而形成的具有西藏地方色彩的佛教，流传于中国的藏族、蒙古族、裕固族、土族等少数民族地区，还流传于不丹、锡金、尼泊尔、蒙古和俄罗斯的布里亚特等国家和地区。其经典主要属藏文，亦称藏语系佛教。

知识链接：古印度与当今的印度

古印度的地理范围不限于今天的印度，而是指整个南亚次大陆，即包括今天的印度、巴基斯坦、孟加拉、尼泊尔、不丹等国。在古印度，并没有任何一个国家以"印度"作为自己的国名，但波斯人和古希腊人称印度河以东地域为印度，我国的《史记》和《汉书》称之为"身毒"，《后汉书》称之为"天竺"，唐代玄奘在其《大唐西域记》中改称为"印度"。显然，这个名称是从印度河的名称引申而来的。

（二）佛教在中国的传播与发展

中国佛教包容了北传佛教、南传佛教和藏传佛教三大体系。世界上完整的佛教在中国，世界上完整的佛教经典也在中国。可以说，佛教诞生在印度，发展在中国。

1. 汉族地区佛教

（1）佛教的传入

汉哀帝元寿元年（前2年），大月氏使臣伊存向中国博士弟子景卢口授《浮屠经》，佛教开始传入中国，史称这一佛教事件为"伊存授经"。

知识链接："白马驮经"与白马寺

东汉永平七年（64年），汉明帝刘庄因夜梦金人，便派遣使者蔡愔等人出使西域，以求佛法。永平十年（67年），汉使及印度二高僧摄摩腾、竺法兰用白马驮着佛像和经卷，回到洛阳。翌年（68年），汉明帝敕令在洛阳建起了白马寺。白马寺是我国首座佛教寺院，被尊为"释源"。

白马寺

（2）佛教的发展

魏晋南北朝时期，由于社会矛盾激化，再加上统治者有意识地提倡，佛教得到迅速发展。这表现在两个方面：一是大量的佛经被翻译；二是众多寺院的兴建和石窟的开凿。"南朝四百八十寺，多少楼台烟雨中"正是这一时期佛教发展的真实写照。

知识链接：梁武帝《断酒肉文》与僧人吃素

僧人原来是可以吃肉的，佛祖当年托钵乞食，是乞到什么吃什么的。现在汉地佛教僧尼一般都素食，但南传佛教、藏传佛教出家人却可以肉食。日本佛教为汉地佛教文化的传播区，早期僧人亦素食，但近代以来，由于形势的演变，日本佛教界已开放肉食。

汉传佛教僧尼素食是一种特殊的历史文化现象，它的真正贯彻普及以南朝梁武帝的《断酒肉文》颁布为标志。它的颁布使素食成为汉地佛教僧尼必须遵守的一种戒律，对汉地佛教的发展具有重要意义。

（3）佛教的鼎盛

隋唐佛教已进入全面繁荣和鼎盛时期。唐太宗曾得少林僧兵之助，继位后大力扶持佛教。太宗之后的各代皇帝多崇佛教。这一时期佛教繁荣的最主要标志就是众多佛教宗派的形成。它们主要有天台宗、三论宗、法相宗、华严宗、律宗、禅宗、净土宗、密宗等八宗。宗派佛教的出现标志着佛教中国化的过程已经完成。

（4）佛教发展的转折和融合

晚唐、五代至宋，由于"会昌法难"，再加上社会动荡不安，佛教走向了转折。明清之后，除禅宗和净土宗外，其他各宗逐渐衰落。

这一时期，佛教与中国的文化全面结合。一方面，佛教与儒、道融合，成为三教合一历史背景下的佛教；另一方面，佛教借助文学、绘画、雕塑、建筑等形式，成为民间风俗习惯、民族心理与思维乃至语言素材构成的重要有机成分。

知识链接:会昌法难

唐开成五年(840 年),唐武宗继位。次年,改元会昌。武宗本信道教,继位以后,重用道士赵归真。会昌五年(845 年),武宗采纳了道士的建议,下诏废佛。除长安、洛阳各保留四寺,地方各保留一寺外,其余全部拆毁,同时下令离开寺院的僧众还俗。佛教史上把这一浩劫,称为"会昌法难"。

近代,除少数律寺(律宗)和讲寺(天台宗)外,几乎都是禅宗丛林。而禅宗中绝大多数属临济宗,少数属曹洞宗。在修持方面,禅僧又都"禅净双修",禅宗和净土宗的界限已十分模糊。对于佛教的信仰,也逐渐由单纯修来世、求解脱、向往"西方极乐世界",演变为同时追求现世利益、祛病消灾、延年增福。"有求必应"已成为民间佛教徒对佛和菩萨的一种信念。

2. 藏传佛教

藏传佛教,俗称喇嘛教。佛教没有传入西藏以前,藏民信奉原始的苯教。藏传佛教在发展过程中出现两次大高潮,即前弘期和后弘期。7 世纪中叶到 9 世纪中叶的 200 年间为前弘期,佛教从印度、汉地两个方向传入西藏地区,为藏传佛教的形成时期。841 年藏王朗达玛废佛,佛教传播中断 136 年。10 世纪末叶到 15 世纪初的 500 年间为后弘期,这一阶段佛教再次从印度传入,是藏传佛教的大繁荣时期,形成了许多教派。

知识链接:尺尊公主、文成公主与藏传佛教

公元 7 世纪中叶,藏王松赞干布积极发展与邻近地区的友好关系,先后迎娶了尼泊尔尺尊公主和唐朝文成公主。两位公主分别带去了释迦牟尼 8 岁等身像和 12 岁等身像,以及大量佛经。松赞干布在两位公主影响下皈依佛教,在拉萨建大昭寺和小昭寺,佛教正式从尼泊尔和汉地传入西藏。

藏传佛教源于印度,但吸收了原始苯教一些神祇和仪式。在教义上,是大、小乘兼容而以大乘为主。咒术性、对喇嘛异常的尊崇、活佛转世制度和宗教与政治的结合,是藏传佛教的四个特色。

知识链接:活佛转世制度

活佛转世制度为藏传佛教所特有。活佛,藏语为"朱古",意谓神佛化现的肉身,现一般用以称呼大喇嘛死后根据转世制度而取得寺院中首领地位的继承人。活佛转世制度首创于 13 世纪时的噶举派,通过降神、占卜选定灵童,继承法位。活佛转世制度创立后,藏传佛教各教派为了自己的利益,纷纷仿效,相继建立起大大小小的活佛转世系统。据统计,清朝乾隆年间在理藩院正式注册的大活佛就有 148 名。其中,最大的两个活佛转世系统是格鲁派的达赖转世系统和班禅转世系统。达赖活佛是观音菩萨的化身,班禅活佛是无量光佛的化身。从清代顺治、康熙年间开始,达赖和班禅转世灵童的寻找和确认必须经中央政府认可册封。

藏传佛教现在有四大教派,即:宁玛派(因僧人戴红帽,俗称红教)、萨迦派(因寺院围墙涂有红、白、黑三色花纹,俗称花教)、噶举派(因僧人穿白色僧服,俗称白教)和格鲁派(因僧人戴黄色桃形帽,俗称黄教)。格鲁派是 15 世纪初宗喀巴创立的教派,其后世弟子形成达赖和班禅两大活佛转世系统。由于明清两朝的册封、扶持，格鲁派成为藏区执掌政权的教派，势力最大。

上述藏传佛教四派加上当地原始宗教苯教（因僧人穿黑色僧服，俗称黑教）合称为西藏五大宗教。

3. 云南上座部佛教（小乘佛教）

云南上座部佛教主要分布在西双版纳、德宏、思茅、临沧和保山等地，为傣族、布朗族、德昂族、阿昌族和部分佤族群众信仰。大约 7 世纪，佛教由缅甸传入傣族地区。11 世纪因战争原因，佛教也随之而灭。13 世纪左右，佛教再次分别从泰国和缅甸传入云南的西双版纳和德宏一带。

云南上座部佛教具有原始佛教的特点，在信仰上教徒只尊释迦牟尼佛，崇拜佛牙、佛塔、菩提树等佛祖释迦牟尼的纪念物，并且拜佛时不供香烛。上座部佛教对傣、布朗、德昂、阿昌等民族的文化、政治生活和习俗都有深刻影响。傣族每个男子都要遵俗在少年时期必须出家为僧，在寺院中学习文化知识，3—7 年后还俗，有些人成为终生僧侣。

三、佛教的基本教义

（一）三法印

佛教把"诸行无常、诸法无我、涅槃寂静"作为印证佛法、衡量判断佛教真伪的准绳，称之为"三法印"。其最能体现佛教的哲理特色，也是佛教与其他宗教最大的不同之处。

（二）四谛

"四谛"是释迦牟尼最根本的思想，是佛教各派共同承认的基础教义。"谛"即真理之意。"四谛"亦称"四圣谛"，即苦、集、灭、道。苦、集二谛说明人生的本质及其形成的原因；灭、道二谛指明人生解脱的归宿和解脱之路。

1. 苦谛

苦谛就是认为社会人生等一切本性皆苦。佛典有四苦、五苦、八苦、九苦等多种分类法。比较有代表性的说法是人生有所谓的"八苦"即生苦、老苦、病苦、死苦、怨憎会苦、爱别离苦、求不得苦、五蕴炽盛苦。

2. 集谛

集谛是分析造成痛苦的原因。佛教认为世间人生痛苦的根源在于各种贪欲，即佛教通常所说的"业"与"惑"。"惑"是烦恼的总称。"业"是在烦恼基础上所产生的行为。通常说有三业：即身业、口业、意业。佛教对于造成痛苦和烦恼原因的分析，大体概括为"十二因缘说"、"五阴聚合说"、"业报轮回说"。

3. 灭谛

灭谛提出了佛教出世间的最高理想境界——涅槃。"涅槃"是梵文的音译，意译作"灭度"、"圆寂"等。涅槃的根本特点是达到熄灭一切"烦恼"、超越时空、超越生死轮回的境界。

4. 道谛

道谛即消灭痛苦通向涅槃的全部修习方法和途径，被总结为"八正道"。这些途径和方法后来又被简要地归纳为戒、定、慧"三学"。"三学"几乎概括了全部佛教理论的内容，是任何一个学佛者都必须修持的。

知识链接：佛教戒律

佛教戒律有五戒、八戒、十戒、具足戒等多种。"五戒"是佛门弟子的基本戒，不论出家在家皆须遵守，包括不杀生，不偷盗，不邪淫，不妄语，不饮酒。在家居士除终身遵守五戒外，一定的时间还要守八戒；沙弥和沙弥尼要守十戒；比丘和比丘尼要守具足戒，又称"大戒"。

佛教的教义深刻地影响着中国传统文化的发展，它的"来世达彼岸"的思想与儒家的"入世"思想，以及道家的"出世"思想相互融合，形成了"从苦的此岸世界到乐的彼岸世界"的文化心理，并最终达到"三教合流"的结局。这是佛教在中国发展的必然结果，也是中国古代传统文化发展的重要特征。

四、佛教八大宗派及其祖庭

1. 天台宗及其祖庭

天台宗创于隋，盛于唐。创立者为智顗（538—597年），尊印度龙树为初祖。因为创始人智顗长期在浙江天台山传法，故称天台宗。此宗以鸠摩罗什译的《法华经》为主要的教理依据，又称法华宗。

浙江天台山国清寺是天台宗的祖庭，始建于隋开皇十八年（598年）。隋炀帝依照智顗大师遗愿，以"寺若成，国即清"之意敕额"国清寺"。

2. 三论宗及其祖庭

三论宗起源于魏晋之时，实际创立者是隋朝的吉藏（549—632年）。该派因主要依据鸠摩罗什译的《中论》《百论》《十二门论》立宗，故称三论宗。三论宗的理论是直接从印度和西域全盘输入汉地的，其教义主要是宣扬"一切皆空"。

南京栖霞山的栖霞寺是三论宗的祖庭。三论宗初祖僧朗、二祖僧诠、三祖法朗相继住于此寺。

3. 法相宗及其祖庭

法相宗创立者为唐代僧人玄奘（602—664年），因其长住在西安大慈恩寺，又称"慈恩宗"；根据其中心教理"唯识无境"也称之为"唯识宗"。法相宗祖庭在陕西西安的大慈恩寺。

4. 华严宗及其祖庭

华严宗以《华严经》为根本经典，故称华严宗。该宗推杜顺为初祖，又因实际创始人法藏（643—712年），号贤首，故又称贤首宗。该宗认为时间万象，均由物质和精神两个方面构成，这两个方面互相依赖，圆融无碍。

山西五台山的清凉寺是华严宗的祖庭。华严宗的创始人三祖法藏殁后，四祖澄观私淑法藏之学，住五台山清凉寺，撰新译《华严经疏》及《随疏演义钞》。

5. 律宗及其祖庭

律宗以着重研习及传持戒律而得名。律宗实际创始人是唐代的道宣（596—667年），因居终南山，又被称为"南山宗"。祖庭为陕西西安终南山的丰德寺。

6. 密宗及其祖庭

密宗，亦称密教，创始人是号称唐"开元三大士"的印度高僧善无畏、金刚智和不空。因此宗以密法奥秘，不经灌顶、不经传授不得任意传习及显示别人，故称为密宗。

陕西西安大兴善寺是密宗的祖庭。唐开元年间善无畏、金刚智和不空在此译密宗经典

《大日经》、《金刚顶经》而著名。

7. 净土宗及其祖庭

净土宗初祖为东晋僧人慧远,实际创始人为善导(613—681 年)。净土,指佛居住的地方。中国影响最大的是阿弥陀佛西方安乐净土,也称为"极乐世界"。净土宗倡导的是称名念佛,认为只要"一心专念"阿弥陀佛名号,死后便可"往生安乐净土"。由于净土宗提倡的修行方式简便易学,中唐以后广泛流行,后又与禅宗融合,成了汉地民众中最普及的佛教信仰模式——"禅净双修"。这个快速成佛的修炼模式具有典型的中国文化意义,即将出世信仰世俗化,彼岸世界就在此岸世界之中,就在人的内心中。

江西庐山的东林寺是净土宗的祖庭,为传说中初祖慧远邀集十八高贤结"白莲社"发愿念佛的地方。

知识链接:南无阿弥陀佛

"南无",是梵文 Namas 的音译,读作那谟,意为致敬、归敬、归命,是佛教信徒一心归顺于佛的用语,常用来加在佛、菩萨的名称或经典题名之前,表示对佛、法的尊敬和虔信,"南无"为梵语"皈依"的意思。南无阿弥陀佛的通俗解释是:向阿弥陀佛致敬!

8. 禅宗及其祖庭

禅宗是中国化程度最高、流传时间最长、思想影响最大的一派,创始人为南印度人菩提达摩,因主张用禅定概括佛教全部修习,故称"禅宗"。以觉悟众生本有之佛性为目的,故又称"佛心宗"。达摩之后,又历慧可、僧璨、道信、弘忍四代,统称禅宗五祖。

弘忍之后,禅宗分为南北两派。北宗以神秀(606—675 年)为首,力主渐修,被称为"渐悟派"。该派曾得到武则天、中宗、睿宗三代帝王宠信,不久渐趋凋落。南宗以慧能(638—713 年)为首,主张只要有坚定的信仰,一念顿悟,即可解脱而成佛,被成为"顿悟派"。中唐以后,该派受到唐皇室重视,被封为禅宗正统,尊慧能为六祖。

河南嵩山少林寺是禅宗祖庭,是初祖达摩面壁修炼的地方。少林寺有"天下第一名刹"之誉,门额上有清康熙帝亲笔所题"少林寺"三个大字。

知识链接:佛寺参拜礼仪

旅游者参观寺庙要衣着整齐,行为端正,举止文明,不高声喧哗,不随意摆弄、敲打寺内的陈设物和法器。参拜时要庄严,可行"合十"或"五体投地"礼。"合十"是佛教徒的普通礼节,左右合掌,十指并拢,置于胸前,以表由衷的敬意。"五体投地"为佛教最高礼节,也称"顶礼"。行礼方式为:先正立合十,再低头(或问讯),然后右、左掌依次按地,两膝跪下,两肘着地,然后磕头,最后两手掌翻上承尊者之足。礼毕,稍停一会儿再起身,此为一拜。一般有三拜、九拜、十二拜不等。拜完后还要"问讯"(即向佛鞠躬)。参拜完毕,如果要绕佛,应围绕佛右转圈,即按顺时针方向行走,一圈、三圈或更多,表示对佛的尊敬。

五、佛教经典和标志

大乘和小乘佛教的经典,包括经藏(释迦牟尼说法的言论汇集)、律藏(佛教戒律和规章制度的汇集)、论藏(释迦牟尼后来大弟子对其理论、思想的阐述汇集),故称三藏经。藏传佛教大藏经称为《甘珠尔》(佛语部)和《丹珠尔》(论部)。

佛教的旗帜或佛像的胸前,往往有"卐"(或"卍")的标志。这标志武则天将其定音为"万",意为太阳光芒四射或燃烧的火。后来作为佛教吉祥的标记,以表示吉祥万德。

佛教的标志也往往以法轮表示。法轮原为古印度一种无坚不摧的战车,佛教用以比喻佛法。

六、佛教供奉对象

(一)佛

佛是佛陀的简称,梵文的音译,意为自觉、觉他、觉行圆满。佛像头发螺旋,头顶上有圆圆隆起的"肉髻",眉如新月,眉间放白毫光,眼睛广长,耳轮垂长,面颊丰满,两肩圆宽。寺院中经常供奉的佛有:

佛

1. 三身佛

佛有三身,即法身佛毗卢遮那佛,代表佛教真理(佛法)凝聚所成的佛身;报身佛卢舍那佛,指以法身为因,经过修习得到佛果,享有佛国(净土)之身;应身佛释迦牟尼佛,指佛为超度众生,来到众生之中,随缘应机而呈现的各种化身,特指释迦牟尼之生身。寺庙中排列为:

| 释迦牟尼佛 | 毗卢遮那佛 | 卢舍那佛 |

或

| 卢舍那佛 | 毗卢遮那佛 | 释迦牟尼佛 |

2. 三方佛(又称横三世佛)

三方佛体现佛教的净土信仰。佛教称世界有秽土(凡人所居)和净土(圣人所居佛国)之分,每个世界都有一佛二菩萨负责教化。十方世界都有净土,但最著名的净土为西方极乐世界、东方净琉璃世界和上方的弥勒净土。寺庙中排列为:

| 西方极乐世界教主 | 娑婆世界教主 | 东方净琉璃世界教主 |
| 阿弥陀佛 | 释迦牟尼佛 | 药师佛 |

正中为娑婆世界(即我们人类现住"秽土")教主释迦牟尼佛,其左胁侍为文殊菩萨,右胁侍为普贤菩萨,合称"释家三尊"。寺庙中排列为:

| 普贤菩萨 | 释迦牟尼佛 | 文殊菩萨 |

左侧为东方净琉璃世界教主药师佛。其左胁侍为日光菩萨,右胁侍为月光菩萨,合称"东方三圣",或称"药师三尊"。寺庙中排列为:

| 月光菩萨 | 药师佛 | 日光菩萨 |

右侧为西方极乐世界教主阿弥陀佛。阿弥陀佛又称接引佛。其左胁侍为观世音菩萨,右胁侍为大势至菩萨,合称"西方三圣",或称"(阿)弥陀三尊"。寺庙中排列为:

| 大势至菩萨 | 阿弥陀佛 | 观世音菩萨 |

此外,华严宗经典《华严经》特别推崇法身佛毗卢遮那佛。毗卢遮那佛是华藏世界教主,其左胁侍为文殊菩萨,右胁侍为普贤菩萨,合称"华严三圣"。寺庙中排列为:

普贤菩萨	毗卢遮那佛	文殊菩萨

3.三世佛(又名竖三世佛)

三世佛从时间上体现佛的传承关系,表示佛法永存,世代不息。过去世为迦叶佛或燃灯佛,现在佛为释迦牟尼,未来世佛为弥勒佛。弥勒现在还是菩萨,据佛经说,他还在兜率天内院中(即弥勒净土)修行,释迦牟尼预言弥勒将在56.7亿年后降生印度,在华林园龙华树下得道成佛接班,故称未来世佛。寺院中弥勒造像有佛像、菩萨像(天冠弥勒)、化身像(大肚弥勒)三种,其道场在奉化雪窦山。三世佛在寺庙中排列为:

弥勒佛	释迦牟尼佛	迦叶佛(或燃灯佛)

知识链接:大肚弥勒

大肚弥勒的造像由来是根据一个传说:相传五代后梁时,浙江宁波奉化有一契此和尚,形宽体胖,袒胸露腹,开口常笑,言语无定,常以杖荷一布袋,人称布袋和尚。在岳林寺圆寂时口念一偈:"弥勒真弥勒,分身千百亿。时时示世人,世人自不识。"人们方才醒悟其为弥勒佛的化身。

(二)菩萨

所谓菩萨,是指自觉、觉他者。佛教中经常提到的菩萨有"三大士"(文殊、普贤、观世音)、"四大士"(文殊、普贤、观音、地藏,又称"四大菩萨")和"五大士"(文殊、普贤、观音、地藏、大势至)。

菩萨像以释迦牟尼未出家前的王子形象为基础,一般头戴各式宝冠,身穿薄而轻柔的天衣,颈下胸前有璎珞,双手饰有臂钏和腕钏。

文殊菩萨

四大菩萨一览表

名称	别号	法器、坐骑	道场
文殊菩萨	大智菩萨	手持宝剑或宝卷,身骑狮子	山西五台山
普贤菩萨	大行菩萨	手持如意棒,身骑白象	四川峨眉山
观音菩萨	大悲菩萨	左手持净瓶,右手持杨柳枝	浙江普陀山
地藏菩萨	大愿菩萨	手持锡杖,或手捧如意珠	安徽九华山

知识链接:观音菩萨

观世音菩萨,又称作观音菩萨、观自在菩萨等,字面解释就是"观察世间民众的声音"的菩萨。唐朝为避太宗李世民的名讳,改称观音。观音菩萨相貌端庄慈祥,经常手持净瓶杨柳枝,具有无量的智慧和神通,大慈大悲,普救人间疾苦。当人们遇到灾难时,只要念其名号,便前往救度,所以称观世音。观音作为菩萨本无性别,但在南朝后,为更好体现大慈大悲和方便闺房小姐供奉,产生女身观音像。观音有三十二应身,分别度不同根性的人,常见的有:杨柳观音、千手观音、十一面观音、鱼篮观音、水月观音、白衣观音、马兰妇观音等。

（三）罗汉

罗汉全称为"阿罗汉",是指自觉者。他们不再受生死轮回之苦,常住人间,弘扬佛法。寺院中常见的有十六罗汉、十八罗汉、五百罗汉等,民间传说中的济公也被列在罗汉之中。罗汉像是光头的比丘像。

十六罗汉　在佛教中,十六罗汉是指受释迦牟尼的嘱托,常住世间守护佛法、普济众生的大弟子。

十八罗汉　由十六罗汉发展而来。元朝以后,寺院中十八罗汉塑像取代了十六罗汉,成为常见的形式。

五百罗汉　一般指参加释迦牟尼涅槃后第一次结集的五百比丘,包括迦叶和阿难两位大弟子,但大多数已不知姓名。在我国,五百罗汉都有名号,这是宋代人附会的结果。

知识链接:济公

济公法名道济,南宋僧人,俗名李修远,生于浙江台州。济公于杭州灵隐寺出家,因不守佛门戒律,而被赶至净慈寺,圆寂后葬于杭州虎跑寺。民间传说中,济公是个其貌不扬,举止痴狂,言语诙谐,劫富济贫,爱打抱不平的深受下层百姓欢迎的人物。相传他还是降龙罗汉转世,但去罗汉堂报到时已晚,因此,只被安排站在过道上,有的寺院甚至让其蹲在梁上,一张苦笑脸,似嗔似喜。

（四）护法天神

护法天神本是古印度神话中惩恶护善的人物,佛教称之为"天",是护持佛法的天神。著名的护法天神有四大天王、韦驮、密迹金刚、伽蓝神等。护法天神像多为古代武将装束。

1. 四大天王

佛经称,世界的中心为须弥山,须弥山四方有四大部洲,即东胜神洲、南赡部洲（即我们所居世界）、西牛贺洲、北俱卢洲。四大天王的任务就是各护持一方天下,故又称"护世四天王"。

东方持国天王　　　　　　　　　　南方增长天王

四大天王是：东方持国天王，手持琵琶；南方增长天王，手持宝剑；西方广目天王，手缠龙或蛇，有的另一只手持宝珠；北方多闻天王，右手持宝幢，有时左手握银鼠。

西方广目天王

北方多闻天王

东方持国天王的"持国"意为慈悲为怀，保护众生。他用音乐来使众生皈依佛教。南方增长天王的"增长"指能传令众生，增长慧根，护持佛法。西方广目天王的"广目"意为随时观察世界，护持人民。北方多闻天王的"多闻"比喻福、德之名闻于四方。

明清以来，四大天王的法器作了汉语"双关"式的改造，四大天王汉化成了护国安民、风调雨顺的佛教天王。

2. 韦驮

韦驮为佛教护法神，又称韦驮天。韦驮像武士装扮，仪表端庄、威武雄壮，手持金刚杵，面朝大雄宝殿的释迦牟尼。他面如童子，表示对佛的一颗赤子之心。我国佛教寺院中一般以韦驮手中金刚杵的拿法表示该寺院是否为接待寺：如韦驮双手合十，将杵搁于肘间或举起，则表示该寺为接待寺；如韦驮以杵柱地，则该寺为非接待寺。云游僧来寺，得先看杵，而后决定去留。

韦驮

3. 哼哈二将

哼哈二将在印度原为"密迹金刚"，是释迦牟尼五百个金刚卫队的卫队长。最初只有一个，但这不符合中国"成双""成对"的传统习惯，因小说《封神演义》的影响，他被汉化成两个金刚力士，并命名为"哼哈二将"。

4. 伽蓝神

在古印度，伽蓝神有18位之多，地位相当于土地神。关羽是最著名的汉化伽蓝神。传关羽被杀后托梦给湖北当阳玉泉寺普净大师："还我头来，还我头来！"大师点化说，你过五关斩六将，这些人的头向谁去讨还？关羽顿然觉悟，皈依佛门，成了伽蓝神。历史上，关羽还被儒家尊为"武圣"，被道教尊为"关圣帝君"。

七、佛教主要节日

1. 佛诞节

佛诞节又称佛诞会、浴佛节,是为纪念释迦牟尼诞辰而举行的佛事法会。法会中以浴佛为主要内容。佛诞生的时间,佛教中有不同的说法。大乘佛教把佛诞节定为农历四月初八。浴佛的传统起源于佛降生时双龙吐水浴太子身的典故。

2. 成道节

成道节即佛祖释迦牟尼在菩提树下修行成佛的日子,时间在农历十二月初八。成道节的主要内容就是煮腊八粥,源于牧女向佛献乳糜的传说。

3. 盂兰盆节

盂兰盆节也称盂兰盆会,是一种超度历代祖先的佛事。《盂兰盆经》载,释迦牟尼弟子目连得到六神通,用天眼看到死去的母亲已转为饿鬼,饿得皮包骨头。目连盛饭给母亲吃,但饭还没到母亲口中就化为灰炭。目连请求佛救度他的母亲,佛指点他,可以在七月十五,供养三宝,向鬼施食,超荐现世父母及历代祖先。佛教中因此有了农历七月十五的盂兰盆节。

八、佛教寺院

寺院文化是中国佛教文化的重要组成部分,也是我国人文旅游资源的重要表现形态之一。科学地看待佛教、正确地讲解寺院,是对博大精深的中国文化的有力宣传。

(一)佛教寺院的特点

1. 汉地佛教寺院

中国早期佛寺的平面布局,仿照印度的式样,以塔藏舍利,供佛教徒礼拜。佛塔位居佛寺的中心,成为寺院的主体。此后,建佛殿以供奉佛像,塔与殿并重。

隋唐时佛寺逐渐融合了中国宫殿官署的传统建筑形式,采取以殿堂廊庑等组成群落方式,佛殿成了汉地佛寺的主体建筑。总的特点是:由数进四合院组成,具有中轴线,两偏殿对称。

2. 藏传佛教寺院

喇嘛教寺院的建筑特点是佛殿高,经堂大,建筑物多依山而筑。主殿居中,经堂佛殿环绕四周,一般由扎仓(喇嘛学习经文的地方,是寺院的主要建筑)、拉康(佛寺)、囊欠(活佛公署)、印经院、藏经楼、灵塔殿和僧舍等组成。

3. 云南上座部佛教寺院

云南上座部佛教寺院的特点是以佛殿(只供释迦牟尼佛像一尊)为主体,佛殿以外有经堂、佛塔和僧舍。佛殿的屋顶坡度很大,檐口压得很低。最具特色的建筑是佛塔,佛塔千姿百态,是寺院规格高低的重要标志。

(二)汉地佛教寺院的主要殿堂

1. 山门(三门)

因寺院大多位于山林之中,所以寺院的大门又称为山门。一般都是三门并立,分别是空门(中),无相门(东)和无作门(西),象征三解脱,故又称三门。有的寺院虽然只有一扇门,也按习惯称"三门"或"山门"。山门通常建成殿堂式,故又称山门殿。殿内通常塑有两大金刚

（哼哈二将）。

2. 钟楼、鼓楼

鼓和钟楼建筑造型相同,呈对称状。钟楼位于天王殿左(东)前侧,有的寺院还供奉有地藏王菩萨及其左胁侍道明、右胁侍闵公。鼓楼位于天王殿右(西)前侧,有的寺院还供奉伽蓝神关羽及其左胁侍关平、右胁侍周仓。

寺院敲钟和击鼓,是按照佛教的仪式和日常行事来定的。如有重大佛事活动和节日时,钟、鼓都要齐鸣,有"晨钟暮鼓"的说法。

3. 常见的佛殿

(1)天王殿

天王殿为三门内的第二重殿,其正中一般供奉弥勒像,两侧供奉四大天王,弥勒背后为韦驮。

(2)大雄宝殿

大雄宝殿又称正殿、大殿,是寺内的主体建筑。大雄即为"大无畏",是称赞释迦牟尼威德高尚的意思。有供奉一佛、三佛、五佛等情况。供一佛的常见为"释家三尊"或释迦牟尼佛与两位弟子(年老的一位是迦叶,年轻的是阿难),也有的供奉"西方三圣"或"华严三圣"。供奉三尊佛像常见的有"三方佛"、"三世佛"或"三身佛"。佛像背面,一般为海岛观音,两侧是善财童子和龙女;也有的是文殊、普贤、观音三大士像。大殿东西两侧,常供奉十八罗汉或十六罗汉,也有的供二十诸天。

释迦牟尼的各种塑像

塑像		姿　势
坐像	成道像	结跏趺坐,左手为"定印",表示禅定;右手为"触地印",表示释迦牟尼佛为了众生解脱,牺牲自己的一切,惟有大地能够证明。
	说法像	结跏趺坐,左手为"定印",右手为"说法印"。其意为佛正在给弟子们讲经说法。
旃檀像(立像)		双脚并立莲花台上,左手为"与愿印",表示能满足众生愿望;右手为"施无畏印",表示佛陀能使众生心安、无所畏惧。
涅槃像(卧像)		侧身而卧,两脚并拢直伸,左手置于身体上,双目微合,自在安详。

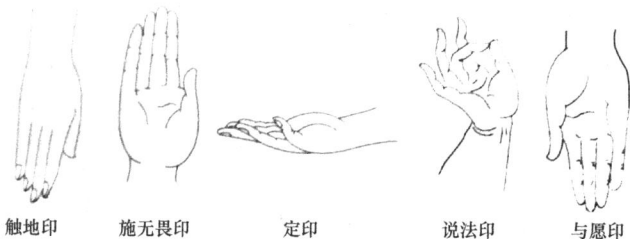

触地印　　施无畏印　　定印　　说法印　　与愿印

(3)东西配殿

伽蓝殿:位于大殿东边。殿正中供奉的是波斯匿王,左边供奉祇多太子,右边供奉给孤独长者,此三者在佛教初传时期功德很大。

祖师殿:位于大殿西边。以禅宗寺院最为常见,殿正中是禅宗初祖达摩禅师,左边是六祖慧能禅师,右边是唐时建立丛林制度的百丈怀海禅师。其他宗派的寺院也往往仿效。

（4）观音殿

观音殿又名"圆通殿"、"大悲殿",供奉观音菩萨。

4. 法堂（讲堂）

法堂一般位于大雄宝殿之后,是宣讲佛法和传戒集会的场所,又称讲堂。堂内也供奉一些佛像,但堂中设法座,座前有讲台、香案,两侧列置听法席。

5. 方丈室

方丈室,佛教原指寺院的长老或住持所居之处。《维摩诘经》载,身为菩萨的维摩诘居士,其卧室一丈见方,但能广容大众。寺院里沿用此说,因此得名。至唐代,怀海(720—814年)建立住持制度后,方丈专指住持的居室,并用为一般寺院内主持僧的尊称。

6. 藏经楼

藏经楼一般位于寺院的中轴线的最后,有两层。殿内主要收藏佛教经典书籍,本寺的文物、珍宝也都收藏于此。

另外还有佛塔、罗汉堂、经堂、斋堂、西净（厕所）、放生池等建筑。各个寺庙的情况不尽相同。

九、佛教石窟和摩崖造像艺术

石窟原是印度的一种佛教建筑,我国石窟仿印度的石窟开凿,主要用来供奉佛和菩萨。我国佛教石窟和摩崖造像遍布全国各地,拥有极其丰富的石雕、泥塑和壁画,著名的有甘肃敦煌石窟、天水麦积山石窟、山西大同云冈石窟,河南洛阳龙门石窟、四川大足石窟、乐山大佛和杭州飞来峰造像等,具有极高的艺术价值和研究价值。

1. 敦煌石窟

敦煌石窟位于甘肃省敦煌地区,包括莫高窟、西千佛洞和榆林窟,其中以莫高窟规模最大、内容最丰富。莫高窟,俗称千佛洞,位于鸣沙山东麓的断崖上,始凿于北魏,后历经隋、唐、五代、宋、元等朝代相继凿建,到唐时已有1000余窟龛,经历代坍塌毁损,现存洞窟492个,保存着历代彩塑2400多尊,壁画4.5万余平方米,是我国也是世界上现存规模最大的佛教艺术宝库,被誉为"东方艺术明珠",1987年被列入《世界文化遗产名录》。

敦煌石窟以彩塑和壁画闻名于世,展示了延续千年的佛教艺术。石窟内容的主题是佛教,但是它同时反映了中国古代的政治、经济、军事、文化、艺术、宗教、民俗等社会生活的各方面,是一部反映中国古代社会的历史全书。

莫高窟彩塑

知识链接：道士王圆箓与莫高窟

光绪二十六年(1900年)道士王圆箓在莫高窟发现了"藏经洞",洞内藏有经书、文书和文物4万多件,成为20世纪世界文化史上最有价值的发现之一。藏经洞发现大量佛经宝物的消息,在当时的中国并未引起高度重视,却屡遭各国冒险家和文物贩子的掠夺,文物大量流失海内外。直至 1943 年，莫高窟归为国有，设立了敦煌艺术研究所，才开始对莫高窟进行保护和研究。

2. 云冈石窟

云冈石窟位于山西省大同市以西的武周山南麓，始建于 460 年，由当时的佛教高僧昙曜奉旨开凿。石窟依山而凿，东西绵延约 1 公里，气势恢弘，内容丰富，现存主要洞窟 45 个，大小窟龛 252 个，造像 5.1 万余尊，代表了公元 5 至 6 世纪时中国杰出的佛教石窟艺术。其中的昙曜五窟，布局设计严谨统一，是中国佛教艺术第一个巅峰时期的经典杰作。云冈石窟也是世界闻名的石雕艺术宝库之一，在雕刻技法上，继承和发展了中国秦汉时期艺术的优良传统，又吸收了印度犍陀罗艺术及波斯艺术的精华，创造出云冈独特的艺术风格。2001 年被列入《世界文化遗产名录》。

3. 龙门石窟

龙门石窟位于河南洛阳，始开凿于北魏孝文帝迁都洛阳（493 年）前后，历经东西魏、北齐，到隋唐至宋等朝代又连续大规模营造达 400 余年之久。现存窟龛 2345 个，题记和碑刻 2680 余品，佛塔 70 余座，造像 10 万余尊。奉先寺是龙门唐代石窟中规模最大的一个窟，其中的卢舍那雕像，是一件精美绝伦的艺术杰作。佛像高达 17.14 米，丰颐秀目，嘴角微翘，呈微笑状，头部稍低，略作俯视态，宛如一位睿智而慈祥的中年妇女。

龙门石窟·卢舍那

龙门石窟展现了中国北魏晚期至唐代期间，最具规模和最为优秀的造型艺术。与早期石窟造像艺术的神秘色彩相比，呈现出世俗化和民族化的趋势，尤其是唐代的石刻造像，更是达到了神形兼备的水平，体现了唐代雕刻艺术的极高水准。2001 年被列入《世界文化遗产名录》。

4. 麦积山石窟

麦积山石窟位于甘肃天水。始凿于十六国后秦（386—417 年）时期，后经北魏、西魏、北周、隋、唐、五代、宋、元、明、清等十余个朝代 1600 余年的不断完善，形成一座造像与壁画连续不断、不同时期艺术特征明显的艺术宝库。现存窟龛 194 个，泥塑和石造像 7000 余尊，壁画 1300 多平方米。

麦积山石窟共分东、西两部分。历代石窟的开凿都在距山基几十米高的悬崖上，层层相叠，密如蜂房。由于麦积山山体为第三纪沙砾岩，石质结构松散，不易精雕细镂，故以精美的泥塑著称于世。塑像有强烈的民族意识和世俗化的趋向，逐渐摆脱外来艺术的影响，体现出汉民族的特点。

麦积山石窟

5. 大足石刻

大足石刻位于重庆市大足县，境内摩崖造像分布 40 余处，以宋代造像为主，总称为大足石刻。大足石刻创建于唐代末期，经五代而盛于两宋，属于晚期石窟艺术杰作。它以规模宏大、雕刻精美、题材多样、内涵丰富而著称,集佛教、道教、儒家"三教"造像艺术的精华,以鲜明的民族化和生活化特色,成为我国石窟艺术中一颗璀璨的明珠,从不同侧面展示了9世纪末至13世纪中叶我国石刻艺术的风格和民间宗教信仰的发展变化。

大足石刻的精华部分集中在北山和宝顶山。北山集唐、宋时期的作品于一处,其中的普贤菩萨,面部丰润、眉清目秀,体态健美修长,被誉为"东方维纳斯"。宝顶山石刻全部建成于宋代,展示了大足石刻各个时期作品风貌。1999年被列入《世界文化遗产名录》。

6. 飞来峰造像

飞来峰造像位于浙江杭州灵隐寺前的飞来峰上,是五代至元代时期的佛教石刻造像。飞来峰现有造像345尊,其中年代最早的是青林洞入口靠右侧岩石上的"西方三圣",为951年所凿。卢舍那佛会浮雕是宋人造像中最精致的作品。南宋大肚弥勒像是飞来峰造像中最大的一尊。我国大型的石窟造像主要分布在北方,在唐末随战乱而衰落,而飞来峰造像弥补了我国石窟历史上的部分欠缺,尤其是元代"梵式"造像,不仅基本上保存完好,而且风

飞来峰·大肚弥勒

格柔和圆润,雕刻精美,内容丰富,数量集中,成为研究元代美术史、宗教史的宝贵资料。

7. 乐山大佛

乐山大佛位于四川乐山市东,系唐代依山岩凿成的一尊弥勒坐像,通高71米,是我国也是世界最大的石刻佛像。佛像神情庄严肃穆,气势恢宏,充分体现了盛唐文化的宏大气势。1996年,峨眉山－乐山大佛被列入《世界自然与文化遗产名录》。

【学生讲坛】

1. 讲述释迦牟尼"八相成道"的故事。

2. "菩提本无树,明镜亦非台。本来无一物,何处惹尘埃?"这是禅宗六祖慧能大师著名的四句偈语。你如何理解这四句偈语?

3. 走进莫高窟,怎么也避不开道士王圆箓。在余秋雨的《道士塔》中,他被定为"敦煌石窟的罪人"。而甘肃人民出版社1997年出版的《美丽的敦煌》则认为他"苦守莫高窟30多年,把毕生精力献给了本不属于他的圣地"。请说说道士王圆箓与莫高窟的故事。

【技能训练】

[训练项目]佛教寺院赏析。

[实训目标]

1. 能够运用所学佛教文化知识,赏析佛教寺院。

2. 能够辨别各种佛教造像的特征和位置。

[实训内容和方法]

1. 5－6人一组,上网查找或实地游览一处佛教寺院,画出寺庙布局示意图。

2. 辨析寺院内佛、菩萨、罗汉、护法神等各种造像的位置及其特征。

3. 概括该寺院的建筑特色和历史文化内涵。

学习任务2　道教文化

【学习导读】

道教是我国土生土长的宗教,东汉时形成,到南北朝时盛行起来,距今已有1800余年的历史。它的教义与中华本土文化紧密相连,深深扎根于中华沃土之中,具有鲜明的中国特色,并对中华文化的各个层面产生了深远影响。

【学习内容】

一、道教的起源与发展

道教是我国土生土长的传统宗教。道教的内容十分庞大,主要是在三种社会思想的基础上衍化而来:一是古代的原始巫教;二是先秦的神仙学说;三为两汉的黄老思想。

(一)道教的起源

作为有组织的宗教实体,道教创立于东汉。东汉永和六年(141年),江苏丰县人张陵(一名张道陵)在蜀中鹤鸣山创立五斗米道,这是最早的道教宗教团体。道教中称张陵为天师,所以五斗米道又叫天师道。张陵第四代孙张盛徙居江西龙虎山。自此,道教的重心逐渐移向我国东南地区。早期道教除五斗米道外,东汉时张角创立了另一派别太平道,但随着他领导的黄巾起义的失败,太平道便销声匿迹了。

(二)道教的发展

魏晋南北朝时期,道教经过近四百年的改造发展,其经典教义、修持方术、科戒仪范等渐趋完备,新兴道派滋生繁衍,并得到统治者的承认,从早期民间宗教演变为成熟的正统宗教,成为足以与儒释并论的宗教。葛洪、寇谦之、陆修静、陶弘景等都是这一时期的重要人物。

知识链接:山中宰相陶弘景

陶弘景(456—536年),字通明,号华阳隐居,丹阳(今南京)人。隐居茅山,屡聘不出,梁武帝常向他请教国家大事,人称"山中宰相"。陶弘景为道教思想家、医药家、炼丹家、文学家,南朝齐梁时期的道教茅山派代表人物之一。

(三)道教的鼎盛

隋唐北宋时期,由于统治阶级的尊崇,道教极为兴盛。尤其是在唐朝,李世民为了提高李氏皇族的社会地位,巩固自己的统治,自称是老子的后代。因此唐代释、儒、道虽都被信奉,但道教的位置更在释、儒之上。李唐王朝的崇道,极大地促进了道教的发展,道教盛极一时,几乎成为国教。到了宋朝,宋真宗、徽宗,也都是崇信道教的著名皇帝,他们编造天神天书降临故事,优待道士,编修《道藏》,修造宫观,使道教的社会影响大为扩展。唐末五代著名道人杜光庭(浙江缙云人)评定洞天福地,全国十大洞天中浙江有三,三十六小洞天中浙江有九,七十二福地中浙江有十七。

知识链接：十大洞天

洞天福地就是地上的仙山，包括十大洞天、三十六小洞天和七十二福地。其中十大洞天依次为：王屋山洞（在河南王屋县）、委羽山洞（在浙江黄岩）、西城山洞（在陕西终南山）、西玄山洞（在青海）、青城山洞（在四川青城县）、赤城山洞（在浙江天台县）、罗浮山洞（在广东博罗县）、句曲山洞（在江苏句容县）、林屋山洞（在江苏太湖洞庭山）、括苍山洞（在浙江仙居县）。

（四）道教的衰落

明清两代，随着中国传统封建社会进入晚期和日趋腐朽没落，作为传统文化三大支柱的儒、释、道三教也陷入停滞僵化，趋于衰落。

二、道教的教义

道教追求的理想境界是双重的。它主张在世俗生活中以道教教义建立一个理想王国，人人安居乐业，尽其天年，没有天灾，没有人祸，没有疾病。与此并行的另一种理想境界叫"仙境"。得道成仙就可以超脱世俗，不为物累，长生不死，住在洞天福地，过的是仙人生活。道教的基本信仰和教义是：

1."道"崇拜

道教信仰的核心是"道"，并将"道"宗教化、神格化。道教认为，道是宇宙的本原、宇宙的主宰，是产生和支配天地万物的造物主，是至高无上的人格化的神，是最值得崇敬的。

2."三清"崇拜

"三清"是由"道"人格化的尊神，是道教的最高层神团，即玉清元始天尊、上清灵宝天尊和太清道德天尊。其中元始天尊地位最高，但影响最大的却是道德天尊。他们统御诸天神灵，为神王之宗、飞仙之祖，宇宙万物皆为其所创。

3. 追求长生成仙

道教与其他宗教的根本不同之处，是强调以生为乐，重生恶死。道教认为，凡是修炼成道、神通广大、变化无方、长生不老的人，都可以成仙。正因为道教乐生、重生，所以众多修道之士积极寻求能使人长寿的方法，发展出一整套健身长寿的养生术。其中既有吐纳导引、服食金丹、养气练气等养形方术，又有"存想"、"存神"、"主静"、"坐忘"等养神方法。

4. 天道循环，善恶报应

道教认为前人的过失要由后人承受，前人惹祸，后人遭殃，祸福的根源便循环不已。要断止承负免除厄运，只有修行真道，行善事，积善成仁，才能为子孙造福，不受因果报应之苦。

三、道教的流派

金元以来至今，全国道教形成全真道与正一道两大教派。目前，全国道教宫观大部分属全真道，正一道主要流行在江南和台湾省。

1. 全真道

王重阳在金初创立了全真道。全真道主张道、儒、佛三教合一。在修行方法上，重内丹修炼，不尚符箓，不事黄白之术（冶炼金银之术），以修真养性为正道。在元代，王重阳的七大弟子又分别开创全真道七个支派，其中以长春子丘处机开创的龙门派势力最大，至今全真道仍以龙门派人数最多。

2. 正一道

正一道为元代形成的道教宗派。元成宗大德八年(1304 年),授江西龙虎山三十八代天师张与材"正一教主,主领三山符箓"。正一道的形成,实际上就是江南道教的统一命名,统归龙虎山天师府领导,并以此与北方的全真道相对。正一道集符箓派之大成,以行符箓为主要特征(画符念咒,驱鬼降妖,祈福消灾),奉持的主要经典为《正一经》。道士可以有家室,可不出家,不住宫观,清规戒律也不如全真道严格。

四、道教的经典和标志

《道藏》是道教经书的汇编,道教经典的精华。《道藏》之名始见于唐代,我国现存最早的《道藏》是明英宗正统十年(1445 年)刊成的《正统道藏》。其内容十分庞杂,除与道教有关的经、论、戒律、符诀、法术、威仪与斋醮等内容外,还涉及中国古代的医学、化学、生物、体育、天文、地理等,是中国古代文化遗产的重要组成部分。

道教的标志为太极八卦图,具有镇妖降魔之功能。它鲜明地反映了道教追求吉祥如意、长生不老羽化登仙等思想。

太极八卦图

五、道教供奉对象

(一)尊神

三清:是道教的最高神,分别是元始天尊,居于玉清境,手持宝珠,居中;灵宝天尊,居于上清境,手持如意或手捧阴阳镜,居左;道德天尊(即老子),居于太清境,手持扇子,居右。

太清道德天尊　　玉清元始天尊　　上清灵宝天尊

四御:是辅佐三清的四位天帝,分别是:总御万神的玉皇大帝、总御万星的紫薇北极大帝、总御万灵的勾陈南极大帝、总御万类的后土皇地祇(女神)。四御的地位仅次于三清,是实际执政者。其中以玉皇大帝地位最高,是众神之王,是天上的皇帝、仙界的主宰。

三官:天官、地官、水官。道教认为,世间一切众生,都由天、地、水三官统摄,他们是主宰人间祸福之神。向三官祈祷,就可以祛病、消灾、避祸、降福。在民间,三官有时是福、禄、寿三星,分别象征幸福、官禄和长寿。因此,三官殿往往是香火最旺盛的一个殿。

四方之神:即东青龙、西白虎、北玄武、南朱雀。道教以此四神为护卫神,以壮威仪。

此外,王母娘娘、星辰之神等也属于尊神。

(二)神仙

神仙,民间俗称仙人,是道教理想中修真得道、神通广大之长生不死者。最初流传的神仙多为上古传说中的人物,如赤松子、彭祖、广成子、黄帝、西王母、东王公、玄女等。汉魏之后,多为道教人物之仙化,如三茅真君(茅盈、茅固、茅衷)、阴长生等。唐宋以来,则多为历史人物之被仙化者,如八仙中之铁拐李、汉钟离、张果老、何仙姑、蓝采和、吕洞宾、韩湘子、曹国舅等。此外还有宁封真人(制陶神)、黄大仙、天妃娘娘等。

知识链接:八仙及暗八仙

"八仙"为传说中道教的八位神仙,即铁拐李、汉钟离、张果老、何仙姑、蓝采和、吕洞宾、韩湘子、曹国舅。民间流传的"八仙过海,各显神通"的故事发生在山东蓬莱。

八仙所持的法器暗指八仙,所以又称"暗八仙",即汉钟离持扇,吕洞宾持剑,张果老持鼓,曹国舅持玉板,铁拐李持葫芦,韩湘子持箫,蓝采和持花篮,何仙姑持荷花。道教宫观常将这八件法器画成图案作为装饰。

(三)俗神

俗神,指流传于民间而道教信奉的神祇。其品级不高,但因为其职能与老百姓的日常生活息息相关,因而广泛流传于民间,影响很大,称为俗神。其中有与自然现象相关的自然神,如雷公、风伯等;有带着明显人间特征的英雄神、文化神,如关帝、魁星、文昌帝君等;有被认为专门保护个人、家庭和城乡公众安全的守护神,如门神、灶神、城隍爷、土地公等;有被认为有特定职能的行业神和功能神,如药王、财神等。

知识链接:文财神、武财神

文财神有两种说法。一曰比干。据司马迁《史记·殷本论》载,比干是殷纣王的叔父,对纣王忠心耿耿。他进忠言想劝阻纣王的荒淫无道,但却落了个剖膛挖心的下场。由于他心地纯正、忠耿无私,老百姓不愿意让他有那样悲惨的下场,于是便有了一个说法:在比干被摘心后,来到民间,被姜子牙所救,便没有死。他散尽家财,从此隐身乡野,后来成了商人们的保护神,因为他没有心,所以办事公道,是一个君子,商人们在他手下营生可以免于相互之间的坑蒙拐骗,因为在比干眼皮底下,大家都要诚实,这样可使大家发财。二曰范蠡。他是春秋时越王勾践的重要谋臣,范蠡早就看出勾践是一个可以同苦而不能共甘的君主,于是在打败吴国后便早早地逃离了是非之地。据说他到了齐国,经商发了大财,成了富有的"陶朱公"。但他并不是一个为富不仁的人,经常接济穷朋友。他的行为深受各界欢迎,后来便被奉为财神。

武财神也有两种说法:一曰赵公明;二曰关公。

(四)护法神将

如马赵温关四大元帅、王灵官、三十六天将、龟蛇二将等。

六、道教的修炼

道教修炼就是通过一定的方式和方法,对精神和肉体进行自我控制,达到"我命由我不由天"的崇高目的。就其修炼内容来看,最具特色和影响的主要有外丹、内丹、服食和房中术等。

修外丹。就是用丹炉或鼎烧炼铅汞等矿石,制作能"长生不死"的灵丹。《抱补子》中说:"金丹之为物,炼之愈久,变化愈妙。黄金入火,百炼不消,埋之毕天不朽,服此二药,炼人身体,故能令人不老不死,此盖假求于外物而自固。"可见当时人们对金丹的作用是深信不疑的。

修内丹。外丹见不到效果,于是在三教合流的趋势下,道教也转向了修炼内丹,即以人体为炉鼎,通过行气、导引、呼吸吐纳之类的方法,使精气神在体内凝结成丹而达到长生不死的目的。

服食。是指服食药物以求长生。此法在魏晋时期风靡于上层社会,如服食"五石散"就是受道教服食之风的影响。服食修炼中,流传久远的有"食气辟谷法"和"鼓漱功"。这些方法对促进中医学的发展和增强个人保健都有积极作用。

房中术。又称"黄赤之道"、"男女合气"之术,起源于战国方术,其理论是通过男女性结合而形成人道合一。房中术,有其糟粕的方面,也有其合理的性卫生知识,不能简单地视为纵欲之术。

七、道教主要节日

道教的节日与道教的神仙信仰和宗教生活密切相关,一般以神仙诞辰为纪念节日,要举办相应的斋醮法事,引来大量的朝观香客,风俗相沿,形成"庙会"。道教的节日很多,主要有:正月初九玉皇大帝诞辰、正月十五上元节(天官圣诞)、正月十九丘处机真人诞辰、二月初三文昌帝君诞辰、二月十五太上老君诞辰、三月初三真武大帝诞辰、三月十八三茅真君诞辰、四月十四吕祖纯阳诞辰、七月十五中元节(地官圣诞)、七月十八王母娘娘诞辰、九月十七财神诞辰、十月十五下元节(水官圣诞)、十一月冬至元始天尊诞辰、十二月廿二王重阳祖师诞辰、十二月廿三灶神升天日等。

八、道教宫观

道教祀神和作法事的场所称作宫观,是道宫和道观的合称。一般来说,规模较大的称宫观,规模较小则称道院。受中国传统建筑理念的影响,道教的主要建筑也都布于中轴线上,一些辅助建筑如客堂、斋堂、厨房等生活设施则布于两侧,而在建筑群附近往往还建有园林。道教宫观在中轴线上一般建有山门、灵官殿、三清殿、纯阳殿等建筑。著名道观主要有:

1. 楼观台

楼观台在陕西省周至县终南山北麓,被称为"天下第一福地",相传为老子讲经之处。

2. 永乐宫

永乐宫位于山西省芮城县永乐镇。相传为吕洞宾诞生地,吕升仙后,将其原居宅建吕公祠以祀之,金末扩建为观,元世祖中统三年(1226年)改名大纯阳万寿宫,后称永乐宫。永乐宫为全真道三大祖庭(芮城永乐宫、卢县重阳宫、北京白云观)之一。

3. 重阳宫

重阳宫亦称重阳万寿宫、祖庵,位于陕西卢县祖庵镇。原为道教全真道创始人王重阳埋藏"遗蜕"之处。元时,其徒王处一奏建灵虚观,丘长春(丘处机)请改名为重阳宫。元世祖至元二年(1226 年)改名为重阳万寿宫。该宫内有祖庵碑林,碑刻有关于全真道的宝贵史料。

4. 白云观

白云观位于北京西直门外。白云观是在唐玄宗开元二十七年(1167 年)建,名十方大天长观,著名道士孙明道曾在此编修《大金玄都宝藏》。金章宗泰和三年(1203 年)又改名太极宫。元太祖二十二年(1224 年),全真龙门派创始人丘处机主持太极宫,元太祖谕旨改太极宫为长春宫。明正统八年(1443 年)改称"白云观",号称全真天下第一丛林。

5. 抱朴道院

抱朴道院位于杭州西湖北岸葛岭上。该山因东晋著名道士葛洪在此炼丹修道而得名。据说葛洪在此山常为百姓采药治病,并在井中投放丹药,饮者不染时疫,开通山路以利行人往来,因此人们将他住过的山岭称为葛岭,并建"葛仙祠"奉祀。明代重建改称"玛瑙山居",清代以葛洪道号"抱朴子"而称"抱朴道院"沿用至今,被列为全国重点宫观之一,杭州市道教协会所在地。

6. 黄大仙祖宫

黄大仙祖宫,又称赤松宫,位于浙江金华市双龙景区内,被誉为江南道观之冠。道教第三十六洞天金华山,是黄大仙圣道的发祥地。黄大仙在东南亚一带华人中有着极大的影响,有"侨仙"之美誉。

知识链接:天妃宫

天妃宫又称天后宫、朝天宫,俗称妈祖庙,是沿海地区渔民、船夫、水手们祭祀海神天后的神庙,广布于浙、闽、台等沿海各地。妈祖,原名林默娘,福建莆田人,生于宋太祖建隆元年(960 年)农历三月廿三。因她出生时不啼不哭,直到满月也不哭叫一声,故取名"默娘"。她自幼聪颖,能诵诗作文,13 岁学道,救助了不少遇难的渔民和航船。宋雍熙四年(987 年)九月初九去世。后为纪念她,在湄州岛立庙奉祀,由此湄州妈祖庙也成为世界各地妈祖庙的祖庙。

【学生讲坛】

1.说说"八仙过海"的故事。

2.说明道教两大流派的区别。

【技能训练】

[训练项目]洞天福地和道观建筑赏析。

[实训目标]

1.能够运用所学道教文化知识,赏析洞天福地和道观。

2.能够辨别道教各种供奉对象的特征。

[实训内容和方法]

1.5—6 人一组,上网查找一处洞天福地和著名道观。

2.分析洞天福地对于道教修行的意义。

3.辨析道观内各种供奉对象的特征。

4.概括该道观的建筑特色和历史文化内涵。

学习任务3 基督教文化

【学习导读】

基督教是以信仰耶稣基督为救世主的宗教,是世界上拥有信徒最多、影响最广泛的世界性宗教,分布的国家和地区达150多个,教徒超过16亿,约占世界人口的1/4。天主教、新教、正教(东正教)为基督教的三大教派。在中国,基督教往往特指新教。

【学习内容】

一、基督教的起源与发展

基督为"基利斯督"的简称,意为上帝差遣的救世主。基督教起源于公元1世纪亚洲西部巴勒斯坦地区的犹太人中间,相传为拿撒勒人耶稣所创,其思想的中心在于"尽心尽意尽力爱上帝"及"爱人如己"两点,宣讲天国的福音。由于门徒犹大告密,罗马帝国驻犹太的总督彼拉多将耶稣逮捕,钉死在十字架上。信徒们组成彼此相爱、奉基督之名敬拜上帝的团体,就是基督教会。基督教与犹太民族的宗教犹太教有着血缘关系。公元1—2世纪,随着一些中上层人士的加入并取得领导地位,基督教的影响越来越大,并渐渐在地中海沿岸各地流传开来。

在基督教发展的历史上,发生了两次大的分裂,因而形成天主教、正教(东正教)、新教三大教派。

知识链接:耶稣

耶稣是基督宗教教义的中心人物,也是基督教的创始人。在基督教中,耶稣也称为耶稣基督。在他遇难的前夕,耶稣和他的门徒们在耶路撒冷相会共进晚餐,庆祝犹太教的逾越节。从此以后,基督徒们用定期的圣餐仪式来纪念这顿晚餐(基督徒们称之为"最后的晚餐")。晚餐后,耶稣就被非法逮捕,最终被钉在十字架上处死。由于耶稣遇难的这天是星期五,共进晚餐时有13人,因此,以后人们将星期五和13视作不吉利的象征。

二、基督教在中国的传播

1. 基督教一传中国

指流行于中亚的基督教聂斯脱利派教徒从波斯来华传教,适逢唐朝"贞观之治",获得"景教"之名。后在唐武宗崇道毁佛的风云中,景教被作为"胡教"与其他外来宗教一起遭到厄运。

2. 基督教二传中国

指景教在元朝的复兴和罗马天主教教徒来华传教,主要是对蒙古民族产生了文化影响,在当时称"也里可温教"。随着元朝的灭亡,其传播也迅即消失。

3. 基督教三传中国

指明清之际以天主教耶稣会士为首的西方传教士在华展开的广泛而深入的传教活动。之后天主教内部爆发"中国礼仪之争",因罗马教皇和康熙皇帝的干预,导致双方直接冲突,康熙遂宣布禁教、驱逐传教士。

4. 基督教四传中国

指鸦片战争后,西方基督教各派传教士蜂拥来华,在不平等条约保护下强行传教,并取得成功。

新中国建立后,基督教倡导自治、自传、自养的"三自"爱国运动,从此,基督教各教派走上健康发展的道路。

三、基督教的基本教义及仪式

（一）基督教基本教义

1. 上帝创世说

在《圣经·创世纪》中,基督教认为,在宇宙造出之前,没有任何物质存在,包括时间和空间都没有,只存在上帝及其"道"。上帝就是通过"道"创造一切,包括创造地球和人。故上帝是全能的,是真善美的最高体现者,是人类的赏赐者。人们必须无条件地敬奉和顺从上帝,否则就要受到上帝的惩罚。

2. 原罪救赎说

基督教宣称,上帝创造人类的始祖亚当和夏娃,他们被安置在伊甸园过着无忧无虑的生活。但亚当和夏娃经不起蛇的引诱,偷吃了伊甸园中知善恶树上的禁果,因而被驱逐出园。亚当和夏娃的罪世世代代相传,成为整个人类的原始罪,也是人类一切罪恶和灾难的根源。即使刚出生的婴儿也有原始罪。这种原罪,人类无法自救,只有忏悔,基督即可为之赎罪。

3. 天堂地狱说

天堂,是上帝在天上的居所,是极乐世界,信仰上帝而灵魂得救的人,都能升入天堂。地狱,是魔鬼及其邪恶使者的烈火之境,不信仰上帝,不思悔改的罪人,死后灵魂受惩罚下地狱。天主教和东正教认为世人生前犯有未经宽恕的轻罪或已蒙宽恕的重罪及各种恶习,其亡灵在升入天堂之前,必须在炼狱(涤罪所)内暂时受苦,炼净灵魂,罪恶赎完,可再升入天堂。

知识链接:圣父、圣子、圣灵"三位一体"

基督教认为上帝只有一个,包括圣父、圣子、圣灵三个位格。圣父是万有之源、造物之主,圣子是太初之道而降世为人的基督耶稣,圣灵受圣父之差遣运行于万有之中。这三者仍是同一位上帝——三位格、一本体,简称"三位一体"。

（二）基督教主要仪式

基督教仪式很多,较为常见的有以下几种:

1. 洗礼

洗礼为基督教入教仪式,其目的是洗去入教者的"原罪"和"本罪",并赋予"恩宠"和"印号"，使其成为教徒，以后有权领受其他圣事。洗礼分为两种类型：一为"点水礼"，即由神职人员将水点在受礼者的额上或者在额上用水画上一个"十"字。另一是"浸入礼"，即受礼者必须全身浸在水中。

2. 礼拜

《新约》记载，耶稣受难后在星期日复活，所以选择这一天举行礼拜，称为"主礼拜日"。后来，礼拜逐步发展到每周一次的综合性宗教活动，多在教堂中举行，由牧师主礼，包括祈祷、读经、唱诗、讲道以及祝福等内容。

3. 告解

基督教认为告解是耶稣基督为赦免教徒在领受洗礼后对上帝所犯各种"罪"，使他们重新获得上帝恩宠而设立的。举行告解时，由教徒向神父告明对上帝所犯的罪过，以表示忏悔。神父对教徒所告各种罪过应严守秘密，并指示应如何做礼赎而为自己赎罪。礼赎指以忏悔、修行的方式赎罪。

4. 圣餐（弥撒）

弥撒分为两部分：祈祷和领圣体。第一部分称预祭，包括诵读《圣经》和讲道；第二部分为圣体圣事，包括奉献（即奉献饼和酒）、弥撒正祭和领圣体圣血。其起源和耶稣最后的晚餐有关。天主教认为举行此仪式，是以不流血的方式，重复进行耶稣在十字架上对圣父的祭献，并认为经过祝圣的饼和酒，实质上已变成了耶稣基督的真正身体和血。

四、基督教的经典和标记

基督教的经典为《圣经》，由《旧约全书》和《新约全书》两部分构成。《旧约全书》记载了人类和世界的起源、犹太民族的历史及人物传记、先知的言论以及一些文学作品；《新约全书》分为福音书、保罗书信、使徒书信和启示录四部分，内容包括耶稣的传记、早期基督教会的历史以及耶稣门徒们的神学主张和政治态度等。

基督教的标志为十字架，是为了纪念耶稣替世人赎罪，被钉于十字架上而死。

五、基督教的主要节日

1. 复活节

复活节是为了纪念耶稣被钉死在十字架后第三日"复活"。时间在 3 月 21 日至 4 月 25 日之间，每年春分月圆后的第一个星期日。

2. 圣诞节

耶稣的诞辰日，时间为 12 月 25 日。原为罗马神话中太阳神阿波罗的生日；罗马帝国以基督教为国教后将此日改为纪念耶稣基督诞辰。圣诞节的活动从 12 月 24 日便开始了，即平安夜。据《圣经》记载，耶稣降生当夜，便有天使来到人间传递佳音。

六、基督教教堂

教堂是基督教进行宗教活动的场所，源于希腊，原意为上帝的居所。基督教传入中国后，其建筑类型与风格也传入中国。我国较有代表性的教堂建筑有哥特式、罗马式、拜占庭式。

1. 哥特式教堂

尖拱是哥特式建筑最显著的特点。哥特式教堂以其外表直升的线条、巍峨的外观和内部高广的空间，给人一种至高无上的感觉，加上内部色彩绚丽的玻璃镶嵌壁画，使教堂充满了神秘和庄严的宗教气氛。德国科隆大教堂、法国巴黎圣母院都是哥特式教堂的典型代表。我国上海徐家汇天主教堂，为典型的哥特式建筑，始建于 1906 年，1910 年竣工。钟楼高约 60 米，堂内可容纳 3000 余人。现为天主教上海教区的主教座堂。

徐家汇天主教堂

2. 罗马式教堂

罗马式建筑因其模仿古罗马凯旋门、城墙、古堡等建筑式样，采用古罗马式的券、拱等，故名。罗马式教堂的特点是墙体厚实沉重，常常用拱券式门窗；半圆屋顶置于建筑中央，门道和小窗均用圆弧形的拱环；装饰上朴实无华。著名的罗马式教堂有意大利比萨大教堂、德国的美因兹主教堂等。我国上海松江佘山天主教堂，素有"远东之冠"之称，为一座较典型的罗马式建筑。

佘山天主教堂

圣索非亚中央教堂

3. 拜占庭式教堂

拜占庭式建筑因东罗马帝国的首都拜占庭而得名。拜占庭式教堂主要特点是采用"集中式"和"希腊十字形平面式"布局，屋顶作穹隆形，由独立的支柱加帆拱来构成。位于哈尔滨市内的圣索菲亚教堂，是哈尔滨市十七座教堂中规模较大和较早建成的一座，是远东地区最大的东正教堂。中央一座主体建筑有标准的大穹隆顶，是拜占庭式建筑的典型代表。

【学生讲坛】

1. 谈谈什么是原罪，伊甸园是怎样的生活状态？

2.说说基督教的重要节日及其主要活动。

【技能训练】

［训练项目］基督教教堂赏析。

［实训目标］

1.能够判断教堂的建筑类型。

2.能够运用所学基督教文化知识,赏析基督教教堂。

［实训内容和方法］

1.2 人一组,上网查找不同类型教堂建筑的精美图片。

2.分析各类基督教堂的建筑特点。

3.分析教堂中十字架标志的含义。

4.概括该教堂的建筑特色和文化内涵。

学习任务4　伊斯兰教文化

【学习导读】

伊斯兰教在我国旧称"回教"、"回回教"、"清真教"等,是 7 世纪初阿拉伯半岛麦加人穆罕默德所创立的神教。伊斯兰系阿拉伯语音译,原意为"顺从"、"和平",指顺从和信仰宇宙独一的最高主宰安拉及其意志。信奉伊斯兰教的人统称为"穆斯林"(Muslim,意为"顺从者")。

【学习内容】

一、伊斯兰教产生与传播

（一）伊斯兰教的创立

伊斯兰教创建于公元 7 世纪初,创始人为穆罕默德。穆罕默德是一位宗教家、思想家、政治家和军事家,生于阿拉伯半岛麦加,40 岁时在麦加宣布自己受到天启,被安拉选为使者,受命传播一种新的宗教——伊斯兰教。622 年,由于遭到贵族的反对和迫害,他从麦加迁到麦地那,继续传教,并建立起了政教合一的宗教公社组织。公元 630 年,他亲自率领万人组成的穆斯林大军攻克麦加城,并以麦地那为中心,统一了阿拉伯半岛,建立了政教合一的国家。632 年 6 月 8 日,穆罕默德于麦地那归真(逝世),葬于麦地那大清真寺。

知识链接:麦加

伊斯兰教有三大圣地:麦加、麦地那和耶路撒冷,麦加是穆罕默德的出生地,被称为第一圣地。城中心的麦加大清真寺是伊斯兰教著名圣寺,是世界各国穆斯林去麦加朝觐礼拜的主要圣地。穆罕默德规定,穆斯林不论身居何处,礼拜时都要面向麦加圣寺克尔白。中国古代所称的"天方",就是今天沙特阿拉伯的圣城麦加。

伊斯兰教的主要贡献在于:通过宗教将松散的部落文化联合起来,并通过各种方式(包括征战、商业、政治、移民等)使各个地区的文化得以传播、交流。中国古代的四大发明、印度的阿拉伯数字、西方世界的哲学都由穆斯林的足迹所传播,并由阿拉伯人进行完善、总结、归纳。830年,哈里发马蒙建立了翻译机构"智慧宫",从而孕育了被西方人称为"知识爆炸的时代"。在"智慧宫",哈里发马蒙为了得到珍贵的典籍,不惜以与著作等质量的黄金作为酬劳。

知识链接:穆罕默德的名言

1. 学者的墨汁浓于烈士的鲜血。

2. 求学是每个男女穆斯林规定的主命。

3. 愚昧是最卑贱的贫穷;智慧是最宝贵的财富;骄傲是最令人难受的孤独。

4. 求学从摇篮到坟墓。

5. 学问虽远在中国,亦当求之。

6. 修辞中有魔力;知识中有愚昧;诗歌中有哲理。

7. 勤俭持家是生活的保障;诚恳待人是明智的表现;善问是治学的决策。

8. 有钱拖债是迫害,克扣工资是大罪。

9. 宽恕人者愈高贵,虚心者愈进步,施济者愈富有。

10. 人类皆弟兄,无论愿意与否。

11. 谁有理,就有发言权。

12. 胃是百病之府,贪食是百病之根,节食是百药之首。

13. 计划是最聪慧的理智;谨慎是最坚固的防御;美德是最高尚的门弟。

14. 如果你有两块面包,你要用其中的一块去换一朵水仙花。

(二)伊斯兰教在中国的传播和发展

1. 伊斯兰教在中国传播路线

唐永徽二年(651年),伊斯兰教传入中国。历史上伊斯兰教传入中国的路线有两条:

(1)丝绸之路(陆路)

即从大食(今阿拉伯),经波斯(今伊朗),过天山南北,穿过河西走廊,进入中原,沿着丝绸之路而传入。

(2)香料之路(海路)

即从大食,经印度洋,到天竺(今印度),经马六甲海峡,到我国东南沿海广州和泉州等地,沿着香料之路而传入。

2. 伊斯兰教在中国发展

(1)唐五代——播种萌芽时期

公元7世纪中叶伊斯兰教开始传入中国,传入的方式和途径主要是阿拉伯和波斯穆斯林商人(称为"蕃商"或"胡贾")在华经商并留居。唐末,中原地区战事频繁,在五代十国尤为剧烈,长江流域以南则相对安宁。于是,伊斯兰教的中心由西部转移到南部。

(2)宋代——发展时期

宋代,伊斯兰教得到了进一步的发展。宋代穆斯林多是"土生蕃客",世居中国。由于宋代中国经济的发展,外国穆斯林也不断向中国移居。宋代的穆斯林主要从事商业活动,包括海外贸易和舶货销售。宋代穆斯林开始自觉系统地接受中国传统文化的熏陶和培养,有的地方出现了只招收或主要招收蕃客后代的专门学校——"蕃学",穆斯林可以参加科举考试。如果说伊斯兰教在唐代多少还有点侨民宗教的性质,那么在宋代,伊斯兰教已经是中国人的宗教了。

(三)元代——繁荣时期

元代是中国伊斯兰教的繁荣时期。在元朝,色目人(穆斯林是其主要成分)属于统治阶层,其地位仅次于蒙古人,高于汉人。在政治上,穆斯林是蒙古贵族的依靠对象。因此,元代的伊斯兰教几乎覆盖全中国,史称"元时回回遍天下"。

(四)明清——衰落时期

到了明代,伊斯兰教有了较固定的称呼——"回回教门"、"回回教"、"回教"等,他们也拥有了坚实的社会载体——"回回民族"。这是中国伊斯兰教发展史上里程碑式的重大事件。明王朝建立后,明初的政治氛围很不利于伊斯兰教和穆斯林。《明律》规定,禁止蒙古人、色目人自相婚配。明初的社会整体环境、舆论倾向都对中国伊斯兰教及穆斯林增加了压力。

清代对于回教的防范始终多于信任。清中叶后对伊斯兰教的限制、歧视日趋严重。穆斯林因不堪压迫,多次举起反清义旗,但均遭镇压。新中国成立后,我国政府实行宗教信仰自由政策,信仰伊斯兰教同样受到尊重。1953年,我国成立了全国性统一的伊斯兰教宗教团体——"中国伊斯兰教协会"。

二、伊斯兰教教义

伊斯兰教教义由三部分组成:

(一)六大信仰

1. 信安拉(即真主)为唯一的主宰

穆斯林相信除安拉之外别无神灵,安拉是宇宙间至高无上的主宰。《古兰经》称:安拉是真主,是独一的主,他没生产,也没有被生产;没有任何物可以做他的正敌。信安拉是伊斯兰教信仰的核心,体现了其一神论的特点。

2. 信使者

使者隶属于安拉,是安拉的忠诚使者和人类的朋友;穆罕默德为使者之集大成者,是封印使者。他专门传达主意、开导世人,因此服从安拉的人,应无条件地服从穆罕默德。

3. 信天使

天使是安拉用光创造出来的一种纯粹的精灵和妙体,无性别之分,人的肉眼看不见;他们长有翅膀,飞行神速,神通广大,遍布天上人间。如有传授"天启"的边伯利天使,观察宇宙、掌管人间衣食供养的米卡伊勒天使,等等。

4. 信经典

《古兰经》是该教的根本经典,也是伊斯兰教国家立法、道德规范和思想学说的基础,必须无条件信仰,并以此作为最高办事准则。

5. 信前定

世间一切事物均由安拉前定,无法改变,承认和顺从是唯一的出路。

6. 信后世

在今世和后世之间,为世界末日。世界末日来到时,所有死去的人灵魂复活。安拉根据天使的记录,表现好的入天国,表现坏的下地狱。

（二）五功

1. 念功

伊斯兰教信徒必须颂读"万物非主,惟有真主;穆罕默德是主的使者",以表白自身信仰。中国穆斯林称其为"清真言"。

2. 拜功

一日五次礼拜,即晨拜、晌拜、哺拜、昏拜、宵拜。礼拜必须面向沙特阿拉伯境内的圣城麦加。

3. 斋功

每年伊斯兰教教历九月全月斋戒,昼间禁止饮食,并禁房事。病人、旅行者、孕妇、哺乳者,或延缓补斋,或施舍罚赎。

礼拜

知识链接:斋月的起止日期

斋月,是伊斯兰教九月。斋月的开始和结束都以新月牙的出现为准,伊斯兰教教长在清真寺的宣礼楼上遥望天空,如果看到了纤细的新月,斋月即开始。由于看到月牙时间不一,不同伊斯兰国家进入斋月的时间也不完全一样。同时,因为伊斯兰教历每年约355天,与公历相差10天左右,所以斋月在公历中没有固定的时间。不论入斋和开斋的时间一样或不一样,封斋都要够一个月。在这个月里,穆斯林人人争先为善,戒绝为恶。

4. 课功

缴纳定量课税。当今,有的国家以自由施舍代之,有的国家以一定税率征收国家宗教税,比如应缴全年结余的2.5%,用以救济穷人等。

5. 朝功

凡身体健康、旅行方便,并具有经济能力的穆斯林,一生中至少应去麦加克尔白朝拜一次,也可由别人代朝拜。

遵守五功是穆斯林信仰虔诚的基本体现。五功中"念"为本,"拜"为纲,五功互为因果,相辅相成,构成了系统完整的伊斯兰教功修制度。

（三）善行

善行指穆斯林必须遵循的道德规范。

上述"六大信仰",是属于世界观、理论和思想方面的;"五功"、"善行"则属于实践和行为方面,这两方面的结合构成伊斯兰教基本教义。

四、伊斯兰教的经典和标志

伊斯兰教的最高经典是《古兰经》。它是穆罕默德在610—632年这23年的传教活动中,根据宗教和政治的需要,以奉真主颁降的名义,陆续发表的有关宗教和社会主张的言论的汇编。《古兰经》内容相当广泛,包括伊斯兰教基本信仰、宗教制度、对社会状况分析、社会主张、道德伦理规范、早期制定的各项政策、穆罕默德及其传教活动、当时流行的历史传说和寓言、神话、谚语等。在伊斯兰教国家,《古兰经》中不少的规定已成为人们日常生活中约定俗成的法则。

伊斯兰教的标志为新月。

五、伊斯兰教主要流派

1. 逊尼派

逊尼派是伊斯兰教中人数最多的一派。中国伊斯兰教大多属于逊尼派。

2. 什叶派

什叶派是伊斯兰教中人数较少的一派,主要分布在伊朗、伊拉克、巴基斯坦、也门。我国新疆塔吉克族也属于什叶派。

六、伊斯兰教主要节日

1. 开斋节

开斋节为伊斯兰教历 10 月 1 日,我国新疆穆斯林称肉孜节。节日期间,穆斯林沐浴盛装,到清真寺举行会礼,较富裕的穆斯林要施舍。会礼后,亲友互访,互赠礼品,举行庆祝活动。

2. 宰牲节

宰牲节为伊斯兰教历 12 月 10 日,又称古尔邦节。这一天是朝觐活动的最后一天,届时要举行会礼、宰牲献祭等活动。据说易卜拉欣梦见安拉命其杀儿献祭,以考验他对安拉的忠诚。当易卜拉欣遵命举刀的一瞬间,安拉派遣特使牵着一只羊匆匆赶到现场,命以宰羊代替献子。此后,穆斯林为了表示对安拉的感谢,每年都在这一天举行宰牲献祭仪式。

3. 登霄节

登霄节为伊斯兰教历 7 月 27 日,以纪念传说中穆罕默德夜晚上天朝觐安拉。登霄节夜晚,穆斯林举行礼拜、祈祷等活动。

4. 圣纪节

圣纪节为伊斯兰教历 3 月 12 日,是穆罕默德诞生和归真的日子。穆斯林沐浴净身后,到清真寺举行圣会,集体诵读《古兰经》,宣扬穆罕默德的生平业绩。

七、伊斯兰教清真寺

"清真"是阿拉伯语意译,"清"是指安拉的超然无染,"真"含有安拉无可比拟、永存常在的意思。我国早期兴建的伊斯兰教寺庙在命名时比较集中地选用了"清"、"真"、"净"、"觉",最终"清真"的连用形式由于最能体现伊斯兰教的"至清至真,独得其正"而被广泛采用。

中国清真寺一般都有坐西向东的礼拜大殿、宣教的邦克楼或六角形观望斋月出入的望月楼、供做礼拜净身沐浴的浴堂,另外还有供学习、接待、休息和阿訇居住的设施。其建筑风格可分为中国传统建筑和阿拉伯式建筑,具有下列共同特点:

(1)礼拜寺的朝向皆为面东背西

从方向上看,无论寺址位于东南西北哪个方向,其礼拜大殿一律建在面东背西的方向,圣龛均背向西面。这是因为位于中国西方的麦加克尔白是伊斯兰教朝向,全世界穆斯林礼拜时都必须面向它。

（2）礼拜殿的面积比较庞大

伊斯兰教徒除每日礼拜五次以外，每周五为聚礼日，所有教徒须集中在礼拜寺礼拜，因此礼拜殿必须保证有足够的面积。

（3）邦克楼形式多样化

教徒每日五次礼拜，分晨、晌、哺、昏、宵五礼，礼拜时由阿訇在寺中一高塔形建筑上呼唤，称为"叫邦克"，因此伊斯兰教清真寺中的高层邦克楼是具有特色的建筑。在我国由于各地风俗习惯及传统技法的影响，邦克楼形式亦有变化。维吾尔族建筑的邦克楼与大门结合在一起，成为大门形体构图的一部分。回族建筑的邦克楼多与望月结合，又称望月楼；或与二门相结合，形成一种多层门楼式建筑。

（4）礼拜殿内不设偶像

伊斯兰教教义认为真主是独一无二的，能创造一切，主宰一切；而真主又是无形象、无方所的，因此教徒要做到"心里诚信"，但又不做偶像崇拜。

（5）建筑装饰独具特色

装饰图案以几何纹、植物纹及阿拉伯文字图案为主，没有动物纹样。为适应这类纹样的特点，多为平面化的装饰手法，很少用立体的高浮雕装饰。伊斯兰教建筑装饰效果较为清新、明快，生活气氛强烈，没有佛道建筑装饰中表现出的神秘怪诞的气氛。

我国古代四大清真寺，即泉州清净寺、广州怀圣寺、杭州凤凰寺、扬州仙鹤寺，代表早期清真寺阿拉伯建筑风格。其中，泉州清净寺始建于北宋大中祥符二年（1009 年），是我国现存最古老的典型的阿拉伯式清真寺。西安化觉巷清真寺为中国传统式建筑，规模宏大，是我国现存规模最大、保存最完整的清真寺。

泉州清净寺内部装饰

知识链接：进入清真寺注意事项

清真寺是穆斯林举行宗教仪式、传播宗教知识的圣洁之地。人们进入清真寺，要注意衣着端正、洁净，不露"羞体"，不袒胸露臂，不穿短裤，不穿短裙，不抽烟，不高声喧哗，更不能唱歌跳舞，不能讲污秽言语。进入清真寺的穆斯林，要互道"色兰"问候；进入礼拜大殿要脱鞋。一般非穆斯林不要进入礼拜大殿，更不能在里面放置有偶像的东西。

【学生讲坛】

1.比较分析伊斯兰教与基督教传入中国的途径和方式。

2.结合泉州清净寺，谈谈清真寺的建筑特点。

【技能训练】

［训练项目］伊斯兰教清真寺赏析。

［实训目标］

1.能够赏析清真寺建筑布局特点。

2.能够说明清真寺建筑装饰特征。

[实训内容和方法]

1.2人一组,网上查找中国著名的清真寺精美图片。

2.分析清真寺建筑布局特点。

3.分析伊斯兰教建筑的装饰特征。

4.概括该清真寺的建筑特色和历史文化内涵。

★学习资源

1.何云著.佛教文化百问.北京:今日中国出版社,1999

2.卢国龙著.道教知识百问.北京:今日中国出版社,1989

3.秦学顾著.宗教文化赏析.北京:旅游教育出版社,2005

4.沈祖祥,李萌主编.旅游宗教文化.北京:旅游教育出版社,2009

5.中国佛教网　http://www.zgfj.cn

6.中国宗教网　http://www.chinareligion.cn

7.中国佛教音乐网　http://www.fjyy.org

项目八　流光溢彩的旅游文学艺术

【学习目标】

● 知识目标

1.了解中国旅游文学的发展轨迹,中国旅游文学特点。

2.掌握中国旅游文学的类别、审美特征。

3.掌握中国书法、绘画和戏曲的艺术特色和审美特征。

4.认识旅游文学艺术与旅游的密切关系。

● 能力目标

1.能够赏析旅游诗词、游记散文、名胜楹联等旅游文学作品。

2.能够欣赏各种书体、绘画艺术代表作,并能说出其艺术特征。

3.能够欣赏京剧等戏曲艺术,并能区分不同戏曲的艺术特征。

【专项旅游线路推荐】

"唐诗之路"精华游

"唐诗之路"指的是古代剡中一条唐代诗人往来比较频繁,对唐诗发展有着重大影响的古代旅游风景线。这是晋唐以来文人墨客畅游的一条古道,由绍兴镜湖向南经曹娥江沿江而行,入浙江名溪剡溪,溯江而上,经新昌沃洲、天姥,最后至天台山石梁飞瀑,全长约200公里。据学术界粗略统计,在《全唐诗》中记载的2200余位诗人中,有300余位颇有声望的诗人在这条路上盘桓、酬唱,写下了1000余首佳作。

第一天:抵新昌县,游览沃洲湖景区。该景区主要由沃洲湖、天姥山、三十六渡等组成,是唐诗之路精华段,以风光秀丽和文化内涵深厚著称。白居易称誉:"东南山水,越为首,剡为面,沃洲天姥为眉目。"李白的《梦游天姥吟留别》,展现出的是一幅瑰丽变幻的天姥山奇景。

第二天:游览新昌大佛寺景区。大佛寺内最著名的是依山开凿的弥勒石窟造像,距今已有1600多年历史,被誉为"江南第一大佛"。六朝时期这里就是佛教文化交流中心,王羲之、李白、孟浩然、米芾等文人墨客在此吟诗题联百余处。

学习任务 1　旅游文学

【学习导读】

智者乐山,仁者乐水。中国旅游文学主要是指山水诗词、游记、碑刻及名胜楹联等。它们从不同的角度,以不同的题材赞颂了我国的自然山水风光、历史名胜古迹和各地风土人情,是我国旅游资源的重要组成部分,也是体现旅游景观文化内涵的重要因素。

【知识储备】

一、中国旅游文学的发展轨迹

(一)先秦:旅游文学的奠基时期

《诗经》与《楚辞》是中国古代文学的源头,诗中出现了山水景物,但往往只是生活的衬景或比兴的媒介。

先秦旅游散文比较简略,一般未独立成篇,主要出现在三类著作中:历史散文,在记人记事中描写"旅游"情节;诸子散文,多为精心构撰的寓言故事,如《庄子·秋水》中"望洋兴叹";杂著,代表作为《穆天子传》,全书六卷,前五卷记录周穆王驾八骏西游故事。

先秦《山海经》是一部富于神话传说的最古老的地理书,对山水景观的记载细致入微。如《山海经》中的《西山经》中写道:"又西六十里,曰太华之山,削成而四方,其高五千仞,其广十里,鸟兽莫居。"

(二)秦汉:旅游文学的形成时期

秦代旅游文学成就以旅游碑文为主,丞相李斯随秦始皇巡行天下,为歌颂秦始皇功德而在泰山、琅琊、之罘、会稽等地刻石为文,对后世碑文、尤其是碑刻记游诗文有一定的影响。

汉代旅游文学最突出的是旅游赋。汉赋是汉代最流行的文学形式,介于诗与文之间,其中有很多旅游之作,如司马相如《上林赋》、张衡《归田赋》、蔡邕《述行赋》、王粲《登楼赋》等。

汉代旅游散文传世不多,其中马第伯《封禅仪记》被誉为中国旅游文学史上单篇登山游记的开山之作。此文详实地记载了建武三十二年(56年)正月廿八至二月廿五日,作者随从光武帝刘秀登泰山封禅的经历和感受,文辞精练,写景状物抒怀,首创日记体游记格式,为后代沿用。

汉代旅游诗多与帝王游宴风气及吟诗传统相关。汉代还出现了乐府民歌和五言诗两种新诗体。此外,四言诗数量仍相当众多,其中曹操《观沧海》是中国文学史上第一首完整的山水诗。

(三)魏晋南北朝:旅游文学的兴盛时期

魏晋南北朝是中国旅游文学的兴盛期,其标志是:第一,以山水游览为主体,自觉而积极地产生各种旅游活动并形诸文学作品,已经成为知识分子阶层的普遍风气;第二,涌现出一批以旅游文学著称的名家名篇。

魏晋社会盛行游山玩水,宴乐聚会,产生了以走向山水大自然为乐的人生取向,这促进了旅游文学的兴盛。汉末魏初的"建安文学"时期,诗歌创作出现了高潮。东晋旅游文学成就最高者当数陶渊明,其《桃花源记》描绘出一幅没有压迫剥削、生活无忧、安居乐业、理想的社会生活画卷。

南北朝是中国旅游文学史上一个承前启后的重要时期。刘宋年间山水诗兴起,将山水作为独立的审美对象,逐渐形成一个独立的门类,既开拓了旅游诗的表现领域,更提高了旅游诗的艺术品位。谢灵运是文学史上第一个大量创作山水诗的著名作家。

北魏出现了郦道元的《水经注》。郦道元在历年实地勘察的基础上,广泛收集各种资料,撰写出《水经注》,有大量山河景色的描写,具有非常高的地理文献和旅游文献价值及文学艺术价值。

(四)唐宋:旅游文学的繁荣时期

唐宋是中国文化发展的昌盛期,也是中国旅游文学创作繁荣期。

1. 隋唐五代旅游文学

旅游诗在这一时期达到了创作的黄金时代。初唐旅游诗个性鲜明,体例主要是五言、七言律诗,代表作有杜审言《登襄阳城》、王绩《野望》、张若虚《春江花月夜》、王勃《送杜少府之任蜀川》等。盛唐是中国诗歌的巅峰期,出现了山水田园诗派(代表作家孟浩然、王维等)和边塞诗派(代表作家有高适、岑参等);出现了众多伟大的诗人如李白、杜甫、白居易、韩愈、柳宗元、刘禹锡、李贺、孟郊等,旅游佳作不断。

唐代旅游文赋数量激增,佳作迭出,王勃《滕王阁诗序》、王维《山中与裴秀才迪书》、李白《春夜宴从弟桃花园序》、元结《右溪记》、白居易《庐山草堂记》等皆为古代游记中的佳作。柳宗元"永州八记"构思新巧,抒情言志,写景状物尤为传神,更为经典佳作。

2. 宋代旅游文学

宋代旅游词就内容而言,大体上可以分为:抒发旅游情绪类,如柳永《安公子·远岸收残雨》、秦观《踏莎行·郴州旅舍》等;描绘自然景物类,如李清照《怨王孙·湖上风来波浩渺》、苏轼《念奴娇·赤壁怀古》等;凭吊、咏叹历史古迹类,如辛弃疾《水龙吟·登建康赏心亭》、孙浩然《离亭燕·一带江山如画》、吴潜《满江红·豫章滕王阁》等。

宋代旅游诗数量也特别多,广泛反映社会生活和山川风物,如欧阳修《丰乐亭游春三首》、苏轼《游金山寺》、黄庭坚《雨中登岳阳楼望君山》、杨万里《晓出净慈寺送林子方》、陆游《醉中下瞿塘峡中流观石壁飞泉》、文天祥《扬子江》等流传一时,是公认的优秀旅游诗作。

宋代旅游文赋较唐代发展更为突出,游记文学十分普及,篇数猛增,名家名作荟萃,苏轼、苏舜钦、欧阳修、范成大、陆游、朱熹、陆九渊、范仲淹、王安石等佳作不断,如《赤壁赋》、《石钟山记》、《沧浪亭记》、《醉翁亭记》、《峨眉山行记》、《入蜀记》、《游褒禅山记》等等,而且还出现了日记体游记,如范成大《吴船录》。

(五)元明清:旅游文学的持续发展时期

1. 元代旅游文学

元代的代表文学是元曲。旅游散曲借记事写景以抒情言志,语言清新通俗,句型长短参差,佳作如关汉卿《一枝花·杭州景》、白朴《天净沙·秋》、马致远《天净沙·秋思》、张养浩《山坡羊·潼关怀古》等。

旅游词不乏佳作,如元好问《游黄华山》,气势磅礴,意境壮阔;萨都剌《百字令·登石头城》,借景怀古,风格豪迈,气势宏大。

2. 明代旅游文学

明代旅游文学创作十分普及,而且出现了一批旅游作家,产生了大批作品,如《徐霞客游记》被誉为“千古奇书”。文学流派、创作群体迭起,使得旅游文学创作流派纷呈、各具特色。

明代小说创作繁盛,以旅游为主要或相关情节的小说数量激增,且由笔记小说、短篇小说发展为长篇小说,如余象斗《南游记》、罗懋登《三宝太监下西洋》等,还出现了白话小说,如“三言二拍”中《转运汉巧遇洞庭红》、《施润泽滩阙遇友》、《程元玉店四代偿钱》等作品通俗易懂。

3. 清代旅游文学

清代旅游文学中诗词文赋等继续发展,小说、戏曲与楹联大量出现。清代旅游文学具有几个典型特色:一是明末清初,涌现出一批爱国作家,如顾炎武、王夫之、黄宗羲等,创作了许多慷慨悲壮的爱国旅游诗文;二是清代文学流派意识更为浓厚,争奇斗胜,繁荣了旅游文学的创作;三是旅游作品更加贴近生活,内容丰富。

鸦片战争后,旅游文学随时代的变化而发生一些转变:忧患意识强烈,充满爱国主义精神,如林则徐《出嘉峪关感赋四首》抒发了忧国忧民的情感;反映海外旅游的文学作品数量大增,如黄遵宪《日本国志》、张德彝《航海述奇》、斌椿《乘槎笔记》、康有为《欧洲十一国游记》、梁启超《新大陆游记》、王韬《扶桑游记》等。

(六)现代:旅游文学的突变时期

现代旅游文学发生了根本性的转变。在文学宗旨上,提倡以世界先进文化为借鉴,中国人不断走出国门,从事外交、留学、考察、商贸、观光等活动,写下了不计其数的旅游作品,或传播西方文明,如朱自清《莱茵河》、徐志摩《我所知道的康桥》;或颂扬东方名胜古迹,如季羡林《琼楼玉宇,高处不胜寒》;或凭吊胜地、名人故居,如瞿秋白《到达莫斯科》;或歌颂祖国河山,如刘白羽《长江三日》等。

旅游文学题材上,除了表达传统的山水风光、名胜古迹、闲情逸致内容外,还以普通大众的旅游活动为对象,反映了海内外生活美、社会美、自然美的多层次性,大大拓展了旅游文学的多元性和表现领域。

二、中国旅游文学特点

(一)作家的群体性和风格的多样性

旅游文学以山水名胜古迹为依托,作家慕其名而来,作品又为山水名胜古迹之名而增色。因此凡有名气的景观必然吸引着一代又一代的名人,人因景至,景因人名,于是发生良性循环,使该景点的文化内涵愈益厚重。

知识链接:白帝城

白帝城位于长江三峡瞿塘峡口,东依夔(kuí)门,西傍八阵图,三面环水,雄踞水陆要津,为历代兵家必争之地。西汉末年公孙述据蜀,在山上筑城,因城中一井常冒白气,宛如白龙,他便借此自号白帝,并名此城为白帝城。白帝城是观“夔门天下雄”的最佳地点,也是三国故事中"刘备托孤"的地方,因历代著名诗人李白、杜甫、白居易、刘禹锡、苏轼、黄庭坚、范成大、陆游等都曾登白帝,游夔门,留下大量诗篇,故白帝城有"诗城"之美誉。

历代著名文学家都写过许多歌咏山水的佳篇,但每人都能自出机杼,独具慧眼,写出具有自己独特风格的作品来,从而使得游记诗词呈现出多种多样的风格。比如同样描写长江三峡,李白笔下的"朝辞白帝彩云间,千里江陵一日还。两岸猿声啼不住,轻舟已过万重山"(《早发白帝城》),那是悠扬轻快,锋棱挺拔;杜甫笔下则是:"白帝城中云出门,白帝城下雨翻盆。高江急峡雷霆斗,古木苍藤日月昏"(《白帝》),那是气骨劲健,景象奇险;而白居易的《夜入瞿塘峡》"岸似双屏合,天如匹练开。逆风惊浪起,拔埝(niàn)暗船来",则是平易晓畅,比喻新巧。又如同是歌颂庐山,李白的《望庐山五老峰》:"庐山东南五老峰,青天削出金芙蓉。九江秀色可揽结,吾将此地巢云松。"作者善譬巧誉,庐山五色斑斓。苏轼《题西林壁》:"横看成岭侧成峰,远近高低各不同。不识庐山真面目,只缘身在此山中。"写景之余却富含哲理,奇妙说明"当局者迷",自然而不露痕迹。

（二）关注现实和寄托理想

在诸多歌颂人文景观的诗文中,关注现实尤为突出。隋代大运河大开凿,耗费巨大,尽管其有沟通南北航运五大水系的积极意义,但也给当时的百姓带来沉重的负担。为此,有许多文人写了大量的诗文,关注大运河的利弊。写其弊的,如"汴水通淮利最多,生人为害亦相和。东南四十三州地,取尽脂膏是此河"(唐·李敬方)。"入郭登桥出郭船,红楼日日柳年年。君王忍把平陈业,只博雷塘数亩田"(唐·罗隐)。写其利的,如唐代诗人皮日休曾写《汴河铭》,称赞运河:"北通涿郡之渔商,南运江都之转输,其为利也博哉!"明代于慎行《谷山笔麈》评述颇为公允,说隋炀帝"为后世开万世之利,可谓不仁而有功矣"。

很多文人用山水诗歌来寄托自己的思想。如范仲淹的《岳阳楼记》,表达"先天下之忧而忧,后天下之乐而乐"的高尚理想;白居易的"朱门酒肉臭,路有冻死骨",表明对当时社会不满和愤慨。

（三）记实和写意有机融合

山水诗文既可以用文字重现山水景观,也可抒发作者的内心情怀,注重主观"意"和客观"境"的有机融合,创造出饱含诗人主观感情的理想景观。

如白居易的《江南忆》(其一):

江南好,风景旧曾谙。日出江花红胜火,春来江水绿如蓝。能不忆江南?

不过只用了最具特色的"江花"、"江水",受着红日普照,春风轻抚,于是天工造化,画面色彩"花红似火"、"水绿如蓝",这互为背景又互为主景的江南景准确、形象、鲜明地表露出来。如果不是有高度纪实写意的技巧,谁能仅用十四字就表达出这色彩绚丽、耀人眼目的阔大图景?

又如朱熹《春日》:

胜日寻芳泗水滨,无边光景一时新。等闲识得东风面,万紫千红总是春。

这是一首游春诗,作者不是进行具体形象的纪实,而是高屋建瓴,抓住春日之魂,浓缩概括,只以"万紫千红"四字,便写出了春天的百花争艳,更写出了蓬勃生气、无限春光,其"寻芳"暗含求圣人之道,"万紫千红"暗含其"道"的生意盎然。

三、中国旅游文学欣赏

（一）旅游诗词欣赏

1. 刚柔并济的山水诗词

山水诗以山川湖海为主要描写对象。有的诗描写雄奇壮丽的山川景物，表现其阳刚之美，总体艺术风格豪放高远，意境开阔。例如被称为中国文学史上第一首完整山水诗的《观沧海》（三国·曹操）：

> 东临碣石，以观沧海。水何澹澹，山岛竦峙；树木丛生，百草丰茂。秋风萧瑟，洪波涌起。日月之行，若出其中；星汉灿烂，若出其里。幸甚至哉，歌以咏志。

诗歌描绘了壮美的沧海景观，充分展现了作者"老骥伏枥，志在千里；烈士暮年，壮心不已"的壮阔胸怀。整首诗气势磅礴。

又如《望岳》（唐·杜甫）：

> 岱宗夫如何？齐鲁青未了。造化钟神秀，阴阳割昏晓。荡胸生层云，决眦入归鸟。会当凌绝顶，一览众山小。

全诗以"望"字统摄，形象鲜明，写出了东岳泰山巍峨高大、神奇秀丽。字里行间洋溢着青年诗人朝气蓬勃的灵气，有勇登绝顶、俯视一切的气魄。

有的诗描写优美秀丽的湖光山色，表现其阴柔之美。白居易的"几处早莺争暖树，谁家新燕啄春泥"（《钱塘湖春行》），"松排山面千重翠，月点波心一颗珠"（《春题湖上》）；苏轼的"水光潋滟晴方好，山色空濛雨亦奇"（《饮湖上初晴后雨》），"卷地风来忽吹散，望湖楼下水如天"（《六月二十七日望湖楼醉书》）都表现出了杭州西湖的柔美之态，艺术风格清新纤巧，俊逸淡雅。

又如柳永的《望海潮》：

> 东南形胜，三吴都会，钱塘自古繁华。烟柳画桥，风帘翠幕，参差十万人家。云树绕堤沙，怒涛卷霜雪，天堑无涯。市列珠玑，户盈罗绮，竞豪奢。
>
> 重湖叠𪩘清嘉，有三秋桂子，十里荷花。羌管弄晴，菱歌泛夜，嬉嬉钓叟莲娃。千骑拥高牙，乘醉听箫鼓，吟赏烟霞。异日图将好景，归去凤池夸。

词人以白描的手法、灵动的笔墨写杭州之形胜与都市之繁华，刚柔并济。西湖的美景、钱江潮的壮观、杭州市区的繁华富庶、当地上层人物的享乐、下层百姓的劳动生活，都一一注于词人笔下，摹写出一幅幅优美壮丽、生动活泼的画面。"三秋桂子，十里荷花"巧妙地摄住西湖景色的诗意灵魂，成为传诵千古的名句。

2. 恬静淳朴的田园诗词

东晋末的诗人陶渊明一生不愿降志辱身，为五斗米折腰，于是"开荒南野际，守拙归田园"（《归园田居》），创作大量诗歌以表达其对纯洁田园的热爱，开田园诗词创作之先河。如《饮酒》（其五）：

> 结庐在人境，而无车马喧。问君何能尔？心远地自偏。采菊东篱下，悠然见南山。山气日夕佳，飞鸟相与还。此中有真意，欲辨已忘言。

"采菊东篱下，悠然见南山"以自然之笔摹写自然之景，已成为归隐田园的代名词。

唐代，王维和孟浩然沿袭古风，变化创新，将田园诗词推向高峰。如孟浩然的《过故人庄》：

> 故人具鸡黍，邀我至田家。绿树村边合，青山郭外斜。开轩面场圃，把酒话桑麻。待到重阳日，还来就菊花。

诗中融幽美的乡村景色、纯真的朋友情谊、浓郁的田家生活气息为一体，俨然一幅简朴、可爱的田园风景画。

3. 苍凉豪放的边塞诗词

边塞诗词的兴起当归功于"初唐四杰"王勃、杨炯、卢照邻、骆宾王，他们的作品主要描绘边塞的苍凉与战争的残酷，表达自己为国立功的雄心壮志。成就最高的当数岑参，他的《白雪歌送武判官归京》：

> 北风卷地白草折，胡天八月即飞雪。忽如一夜春风来，千树万树梨花开。散入珠帘湿罗幕，狐裘不暖锦衾薄。将军角弓不得控，都护铁衣冷犹著。瀚海阑干百丈冰，愁云惨淡万里凝。中军置酒饮归客，胡琴琵琶与羌笛。纷纷暮雪下辕门，风掣红旗冻不翻。轮台东门送君去，去时雪满天山路。山回路转不见君，雪上空留马行处。

起首四句"北风卷地白草折，胡天八月即飞雪。忽如一夜春风来，千树万树梨花开"，以奇瑰的想象描绘出一场边塞大雪，瞬间将读者带到气势雄浑的北国之地。

4. "不以物喜，不以己悲"的咏史怀古诗词

这类作品通常是作者在名胜古迹之地登临凭吊，抒发怀古、感叹史事之情的作品。陈子昂登幽州台，高歌"前不见古人，后不见来者。念天地之悠悠，独怆然而涕下"（《登幽州台歌》）；辛弃疾于建康（今南京市）赏心亭，"把吴钩看了，栏杆拍遍"，仍是"无人会，登临意"（《水龙吟·登建康赏心亭》），因而潸然泪下。而苏轼泛舟赤壁，则写下了千古绝唱——《念奴娇·赤壁怀古》：

> 大江东去，浪淘尽，千古风流人物。故垒西边，人道是，三国周郎赤壁。乱石穿空，惊涛拍岸，卷起千堆雪。江山如画，一时多少豪杰。
>
> 遥想公瑾当年，小乔初嫁了，雄姿英发。羽扇纶巾，谈笑间，樯橹灰飞烟灭。故国神游，多情应笑我，早生华发。人生如梦，一尊还酹江月。

整首词描绘了赤壁雄奇壮丽的江山胜景与功耀史册的英雄人物相互辉映，展现了作者振兴国势的壮志雄心，气势磅礴，动人心魄。

知识链接：赤壁

历史上对于赤壁之战的发生地一直颇多争论，大抵认为古战场在今湖北蒲圻一带。相传赤壁火攻时，东吴统帅周瑜站在矶头指挥，忽见冲天火光把断崖照耀得通红一片，不觉豪兴大发，当场写下"赤壁"两个楷书大字，令人刻石纪念。此传说虽不可靠，但它揭示了"赤壁"命名的由来。

而宋代文学家苏轼笔下的赤壁则位于湖北黄州。当时苏轼被贬黄州，于是借题发挥写下《念奴娇·赤壁怀古》和前、后《赤壁赋》，由此产生了一个声名堪比真正赤壁的东坡赤壁。

(二)游记散文欣赏

游记散文是指旅游文学中除诗、词、曲以外的写景并在写景基础上抒情、言志的文学作品。游记散文是旅游文学的一个大类,在旅游文学中占有重要的位置。

1. 真实生动的写实性游记散文

这类作品是对客观的自然景物和人文景观作真切生动的描绘,通过这种描绘,再现大自然的壮美、秀丽和风土人情。如清代桐城派宗师姚鼐(nài)的《登泰山记》,文章主要记述作者在隆冬十二月廿八日,从泰山南麓的中岭登日观峰的路程、沿途观感、在日观亭守岁以观日出的豪情壮志、归途所见以及冰雪泰山的肃杀寂静。此文记路程清楚求实,述古今简略平实,写景物形似有神,无一字议论,无些许自诩,泰山日出之阳刚,日落之阴柔尽展无余。

又如沈括的《雁荡山》(节选):

……予观雁荡诸峰,皆峭拔险怪,上耸千尺,穹崖巨谷,不类他山,皆包在诸谷中。自岭外望之,都无所见;至谷中,则森然干霄。原其理,当是为谷中大水冲激,沙土尽去,唯巨石岿然挺立耳。如大小龙湫、水帘、初月谷之类,皆是水凿之穴。自下望之,则高岩峭壁;从上观之,适与地平,以至诸峰之顶,亦低于山顶之地面。世间沟壑中水凿之处,皆有植土龛岩,亦此类耳。今成皋、陕西大涧中,立土动及百尺,迥然耸立,亦雁荡具体而微者,但此土彼石耳。既非挺出地上,则为深谷林莽所蔽,故古人未见,灵运所不至,理不足怪也。

作者围绕长期未被发现及雁荡山的特殊地貌进行了分析,具有准确性和严肃性。

2. 融情于景的抒情性游记散文

抒情性散文往往借景抒情,以丰富、真挚的感情来吸引、打动读者。如唐代刘禹锡脍炙人口的《陋室铭》,作者以理想来写陋室,借陋室以表现理想,表现他对陋室门前屋内别致幽雅的景致、知交相聚相友相慰的纯洁人情的追求。历代读者无不为刘禹锡这种不羡慕荣华富贵、不同流合污于腐朽权贵的至尊至洁的高尚情操而感动。

又如唐代王勃的《滕王阁序》,因钱别而作,但对宴会之盛仪略叙,数笔带过,而倾力写登阁所见之景、因景而生之情。先用一连串短句抒发感叹:"时运不济,命途多舛。冯后易老,李广难封。"而后长短结合,抒发自己的愤郁悲凉:"屈贾谊于长沙,非无圣主;窜梁鸿于海曲,岂乏明时?"最后又用先短后长的一组对偶表明心志:"孟尝高洁,空余报国之情;阮籍猖狂,岂效穷途之哭?"铿锵的语调表达了不甘沉沦的决心。

3. 寓理于景的说理性游记散文

说理性散文虽然也描摹山水,但其主要目的不在于赏景,而是为了说明一个深刻的道理。这类游记以议论取胜,寓理于景。例如王安石的《游褒禅山记》(节选):

其下平旷,有泉侧出,而记游者甚众,所谓"前洞"也。由山以上五六里,有穴窈然,入之甚寒。问其深,则虽好游者不能穷也,谓之"后洞"。予与四人拥火以入,入之愈深,其进愈难,而其见愈奇。有怠而欲出者,曰:"不出,火且尽。"遂与之俱出。盖予所至,比好游者尚不能十一,然视其左右,来而记之者已少。盖其又深,则其至又加少矣。方是时,予之力尚足以入,火尚足以明也。既其出,则或咎其欲出者,而予亦悔其随之,而不得极夫游之乐也。

作者借游褒禅山洞的经历,阐明了一个深刻的道理:"世之奇伟、瑰怪、非常之观,常在于险远"。而要达到这个境界,就必须有"志、力、物"三个条件。这两点见解至今还指导着游客不畏艰难险阻、勇攀奇伟境界。

(三)名胜楹联欣赏

楹指堂屋前部的柱子。楹联,又称对联或对子,是指挂在或贴在柱子上的对偶语句。名胜楹联不仅对环境起烘托和渲染作用,而且其本身就是一道难得的风景线,成为我国旅游资源的一大特色。

对联要符合字数相等、词性相同、句式相应、平仄相对,而且上下联的字不能重复。对联必须竖写、竖读、竖贴。一般上联在右,最后一个字是仄声;下联在左,最后一个字是平声。

知识链接:横批

横批,又称"横幅"、"横额",是指挂贴于一副对联上头的横幅,由四个字组成。所谓"横",指的是横写的书写方式;"批",含有揭示、评论之意。横批是对联内容的高度艺术概括,好的横批能起到画龙点睛的作用。例如:康熙题故宫乾清宫联,上联:表征万邦,慎厥身修思永;下联:弘敷五典,无轻民事惟难。横批:正大光明。

对联的艺术手法多种多样,通常采用的有嵌字、叠字、拆合、顶真、回文、谐音、集句、用典、设问等。

1. 嵌字:把有关的人名、物名或其他名字嵌在对联中,使对联意中有意。如:河北秦皇岛山海关联:

> 群山尽作窥边势;
> 大海能消出塞声。

上海豫园得月楼联:

> 得好友来如对月;
> 有奇书读胜观花。

2. 叠字:将联中的某些字重叠起来使用,形成反复重叠的艺术效果。如黄文中题杭州西湖天下景亭联:

> 水水山山处处明明秀秀;
> 晴晴雨雨时时好好奇奇。

3. 拆合:将联中某一合体字拆成几个独体字或把某几个字合成一个字,构成字面上的对偶,同时也蕴含某种意思。如杭州西湖天竺顶竺仙庵联:

> 品泉茶三口白水;
> 竺仙庵二个山人。

上联"品"字解释为"三口","泉"拆成"白水"。下联"竺"字解释为"二个","仙"字拆成"山人"。据说庵中住有两人,故有"二个山人"之说。

纪晓岚题河北承德避暑山庄万壑松风亭联:

> 八十君王,处处十八公,道旁介寿;

九重天子,年年重九节,塞上称觞。

"八十君王"指乾隆活了 89 岁。"十八公"即"松",与"万壑松风"的景物松相应。

4.顶真:将前一个分句的句末字,作为后一个分句的句头字,使相邻的两分句首尾相连。如北京潭柘寺和杭州灵隐寺内的弥勒佛像前皆有的一副对联:

大肚能容,容天下难容之事;

开口便笑,笑世间可笑之人。

又如:

天心阁,阁落鸽,鸽飞阁未飞,

水陆洲,洲停舟,舟走洲不走。

这副对联曾流行于长沙,说的是长沙的天心阁和水陆洲(即橘子洲)两个景点。

5.回文:对联的上下两句首尾循环,或单联首尾循环。如浙江新昌大佛寺联用了回文、顶真两种手法:

客上天然居,居然天上客;

人过大佛寺,寺佛大过人。

6.谐音:利用同音字,使语带双关。如明代文人陈治曾对联:

两船并行橹速不如帆快;

八音齐奏笛清难比箫和。

上联中的"橹速"谐音"鲁肃","帆快"谐音"樊哙",言下之意为文官不如武将;下联中的"笛清"谐音"狄青","箫和"谐音"萧何",意思正好和上联相反。

又如:

因荷而得藕;

有杏不须梅。

荷、藕、杏、梅另有谐字,第二层意思是:因何而得偶;有幸不须媒。

7.集句:撷取前人的诗文名句成联。如江苏扬州平山堂联:

衔远山,吞长江,其西南诸峰,林壑尤美;

送夕阳,迎素月,当春夏之际,草木际天。

上联集范仲淹《岳阳楼记》、欧阳修《醉翁亭记》,下联集王禹偁(chēng)《黄冈竹楼记》、苏轼《放鹤亭记》。

扬州瘦西湖联:

碧瓦朱甍照城郭;

浅黄轻绿映楼台。

上联为杜甫诗句,下联为刘禹锡诗句。

8.用典:对联中使用诗文典故、历史典故等。如赵朴初题杭州岳王庙联:

观瞻气象耀民魂,喜今朝祠宇重开,老柏千寻抬望眼;

收拾山河酬壮志,看此日神州奋起,新程万里驾长车。

此联用了五个典。"老柏"指岳飞墓前的精忠柏,传为岳飞忠魂所化。"抬望眼"、"收拾山河"、"壮志"和"驾长车",均出自岳飞《满江红》词。作者将这些典用得自然而贴切,即使未读过《满江红》,也照样可以理解。

郑板桥题苏州网师园濯缨水阁联:

曾三颜四;

禹寸陶分。

"曾"即孔子弟子曾参。他说过:"吾日三省我身,为人谋而不忠乎? 与朋友交而不信乎? 传不习乎?"意思是每日反省自己的忠心、守信、复习三个方面,此为"曾三"。"颜"为孔子弟子颜回,他有四勿,即"非礼勿视,非礼勿听,非礼勿言,非礼勿动",故称颜四。"禹寸",是说大禹珍惜每一寸光阴。《游南子》中写:"大圣大责尺壁,而重寸之阴"。陶分,指东晋学者陶侃珍惜每一分时光。他说过,"大禹圣者,乃惜寸阴,至于众人,当惜分阴"。郑板桥化古人之名言,以最简练的语句,囊深邃之内容,此联在于激励人们,珍惜时光,思想积极,值得效仿、学习。

9. 设问:以设问方式,上联发问,下联回答,如成都杜甫堂联:

异代不同时,问如此江山,龙蟠虎卧几诗客?

先生亦流寓,有长留天地,月白风清一草堂。

知识链接:趣联——杭州灵隐寺冷泉亭联

浙江杭州灵隐寺冷泉亭前有明代大书画家董其昌题的一副对联:"泉自几时冷起? 峰从何处飞来?"此联以对联的形式发问,引得后人纷纷作答。清末文人俞樾答:"泉自有时冷起;峰从无处飞来。"俞樾之妻答:"泉自冷时冷起;峰从飞处飞来。"俞樾之女俞绣孙答:"泉自禹时冷起;峰从项处飞来。"左宗棠答:"在山本清,泉自源头冷起;入世皆幻,峰从天外飞来。"可谓各有其理,妙趣横生,一时传为美谈。

【学生讲坛】

1. 请以"文学增添了自然的魅力"为主题,谈谈旅游文学与旅游的关系。

2. 谢灵运是中国文学史上第一个大量创作山水诗的著名作家,请介绍他的生平及文学成就。

【技能训练】

[训练项目] 旅游文学作品赏析。

[实训目标]

1. 能够利用网络、书刊资料收集当地主要的旅游文学作品。

2. 能够运用所学知识,赏析旅游文学作品。

[实训内容和方法]

1. 按生源所在地5—8人一组。

2. 查阅相关资料,收集生源所在地主要的旅游文学作品。

3.背诵几篇著名的旅游文学作品。

4.通过旅游文学作品,分析相关景观的美学内涵和旅游吸引力。

学习任务 2　书画艺术

【学习导读】

世界各国都有绘画艺术,却没有书法艺术。中国书法艺术已有 3000 多年的历史。书法是以汉字为载体,以线条造型为表现形式的艺术。中国书法在长期的发展过程中,就字体而言,由象形演变成篆书、隶书、楷书、草书、行书五大类,各具不同的风格特色。中国画又称"国画",以墨线为主要的表现手法,充分发挥毛笔、水、墨和宣纸的特殊性能,诗、书、画、印有机结合。在题材上有人物画、山水画和花鸟画之分,在表现形式上又可分为工笔画和写意画两种。

【知识储备】

一、笔补造化的书法艺术

(一)汉字书体的演变及代表作

汉字有着悠久的历史,从汉字的发展来看,可分为古文字时期和今文字时期。古文字时期指自甲骨文至小篆,今文字时期指从草书、隶书到楷书。

1. 古文字

(1)甲骨文

殷墟甲骨文是迄今为止所发现的最古老的成熟的汉字体系。在世界四大古文字体系中,古埃及的象形文字、古巴比伦的楔形文字和印第安人的玛雅文字均已失传,惟有甲骨文延续至今。从甲骨文的结构来看,已体现线条美、单字造型的对称美,标志着中国书法艺术的产生。

甲骨文

(2)金文

商周时期,铸在青铜器上的古代文字叫"金文",又叫"钟鼎文"、"铭文"。金文笔画丰腴,体势凝重,《毛公鼎》、《散氏鼎》等铭文是其代表作。

(3)篆书

篆书是大篆、小篆的统称。广义的大篆指先秦所有的文字,包括甲骨文、金文、籀文和春秋战国时代通行于各国的文字。狭义的大篆专指周宣王太史籀厘定的文字,即"籀文"。《石鼓文》是籀文的代表之作,为大篆之典范,被称为"书家第一法则"。它刻于十个鼓形石上,是我国现存最早的刻石文字,结体方正匀整,舒展大方,线条饱满圆润。

小篆,是秦国的通用文字,大篆的简化字体。秦统一后,推行"书同文"的政策,丞相李斯在秦大篆的基础上吸收各国文字整理而成。小篆是中国文字史上最早的规范文字。秦始皇巡幸各地时,李斯用小篆书写各种颂扬秦始皇丰功伟绩的石刻,如《泰山刻石》《会稽刻石》等是小篆的代表作。

石鼓文

《张迁碑》(局部)

2. 今文字

(1)隶书

隶书是经过简化、草化篆书演变而来的一种书体,出现于秦代,成熟于汉代,书界有"汉隶唐楷"之称。隶书变篆书圆转的线条为方折,比篆书的笔画大为减少,几乎摆脱了图案化,变成符号化的线条。笔画有轻有重,讲究"蚕头燕尾"、"一波三折"。隶书上承篆书,下启楷书,用笔通行草,提高了汉字的书写效率是汉字书写的一大进步,也是书法史上的一次革命,不但使汉字趋于方正,而且为以后各种书体流派奠定了基础。汉隶的代表作有《衡方碑》、《张迁碑》、《曹全碑》、《礼器碑》、《石门颂》等。

(2)楷书

楷书是从隶书发展演变而来的,兴于汉末,一直沿用至今,是通行时间最长的标准字体。钟繇为楷书之祖,变隶书平扁成楷书的方正。楷书便于书写,堪为学字的楷模,故称"楷书"又为"正书"或"真书"。欧阳询、

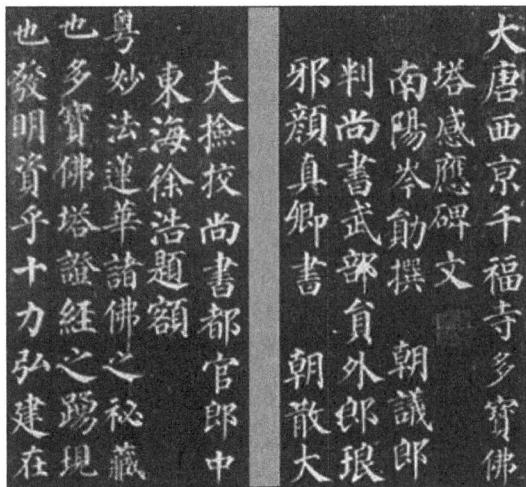

颜真卿《多宝塔碑》(局部)

颜真卿、柳公权与元代的赵孟頫并称为"楷书四大家"。楷书的代表作有欧阳询的《九成宫醴泉铭》、褚遂良的《雁塔圣教序》、颜真卿的《多宝塔》、柳公权的《玄秘塔碑》等。

知识链接：颜真卿及其《多宝塔碑》

颜真卿，唐朝后期最重要的书法大家，书体革新领袖。其书法以篆、隶笔法入楷，方严正大、拙朴雄浑、气势磅礴，人称"颜体"。

《多宝塔碑》即《大唐西京千佛寺多宝塔感应碑》，立于天宝十一年（752年）四月二十。此碑岑勋撰文，颜真卿书，史华刊石，高285厘米，宽102厘米，三十四行，每行六十六字，是颜真卿的早期代表作，现藏于西安碑林。

（3）草书

草书是隶书、楷书的快写，起源于西汉，称为"隶草"；东汉时盛行，称为"章草"。章即规矩之意。它保存了汉隶的波磔，虽有连笔，但字字独立。东晋以后楷书的草体，称"今草"。今草自章草变化而来并有所改变，形式连绵，字字顾盼呼应，贯通一气，笔画连写，多省略，书写简易快速，但不易辨认。

汉代的张芝被誉为"草圣"。唐代的张旭、怀素擅长狂草，有"张颠素狂"之说。草书的代表作有张旭的《古诗四帖》、怀素的《自叙帖》、北宋黄庭坚的《诸上座帖》等。

知识链接：张旭及其《古诗四帖》

张旭，唐代中期书法家，为人狂放不羁，又号"张颠"，有"草圣"之誉。其草书连绵回绕，起伏跌宕。所谓"张妙于肥"，是说他的草书线条厚实饱满，有提按顿挫。

《古诗四帖》，纸本，五色笺，狂草书，纵28.8厘米，横205厘米，现藏于辽宁博物馆。笔法奔放不羁，用笔圆转流利，俯仰有度，进退有序，令人叹为观止。

张旭《古诗四帖》（局部）

（4）行书

行书产生于东汉末年，是介于草书和楷书之间的一种书体，以简易为宗旨，实用性强，便于流行。一般称接近楷书的行书为行楷，接近草书的行书为行草。行书近楷而不拘，近草而不放，笔画连绵，各字独立，成为魏晋以后日常使用的主要字体。

东晋王羲之被后人尊为"书圣"，他的《兰亭序》被誉为"天下第一行书"；王羲之和他的儿子王献之被后人称为"二王"，对后世书法影响甚大。唐代颜真卿行书代表作《祭侄文稿》，变二王之妩媚为挺拔、苍劲，被称为"天下第二行书"。北宋苏轼、黄庭坚、米芾、蔡襄书法卓有成就，人称"宋四家"。

知识链接：王羲之及其《快雪时晴帖》

王羲之草书浓纤折衷，楷书势巧形密，行书千变万化而体势自然。

《快雪时晴帖》，现藏于台北故宫博物院。纸本行书四行，共28字，是王羲之致山阴张侯的一封书札，其内容是作者写他在大雪初晴时的愉快心情及对亲人的问候。该帖书法精美，久负盛名，历经多人题跋、藏鉴。

王羲之《快雪时晴帖》

（二）中国书法艺术欣赏

中国书法以简练的线条造型，表现各种复杂的意境和情趣，它不仅是中国造型艺术精神的灵魂，而且是典型的东方美的艺术代表。

1. 欣赏书法作品应把握三"性"

（1）书法作品的抒情性

中国书法家"登山则情满于山，观海则意溢于海"，总是情真意切地将书写性情作为艺术的灵魂和最佳境界。"书者，抒也"，"书者，心画也"。书圣王羲之的《兰亭序》抒发的是一种寄情于山水之间的洒脱之情；而颜真卿的《祭侄文稿》则抒写的是一种慷慨悲壮的情怀；草圣张旭更是"脱帽露顶王公前，挥毫落纸如云烟"，挥笔如流星，将情感的宣泄发挥到了极致，才达到了"变动似鬼神，不可端倪"的艺术境界。

（2）欣赏进入的同步性

书法艺术兼具时、空两大属性，它的生存形态是空间性的，但它的表现形态却更多地渗入了时间性。这就要求我们在欣赏静止的书法作品时采用"同步式"的欣赏，即细心揣摩、体会书法家在写作时的动作、心理、情感、个性等各方面，如见作者挥笔时的动作、表情、神态，做到与作者的感情息息相通、心心相印，去追索、去发掘作者丰富的心灵世界和抒情过程，这样才是一种真正的体验。

（3）书法感受的双重性

所谓"书法家"，除了其在艺术上必须有造诣独到之处，还必须在文学（学问）上有所建树。著名的书法家无一不是诗文素养雄厚之大家，其原因很简单，因为书法写的是字，不懂字或不懂文学的人，很难理解字兼有艺术与文学的双重性。一幅成功的书作不但在艺术技巧上无懈可击，而且在文字内容上也应提供一种优美的意境。书法欣赏不单单是"字"的欣赏，更是"书艺加文学"的欣赏。

2. 欣赏中国书法应把握"五美"

（1）书法作品的线条美

线条是书法的基础，是书法的灵魂。书法同绘画的主要区别就在于，绘画所表现的是自然界实物的造型，书法所表现的则是抽象线条的造型，也正因为如此，书法美的表现形式，是线条造型的美，表现在以下三个方面：

一是圆厚的立体感。没有圆厚的线条是单调、平面的。书法家在运笔时让笔形成一种

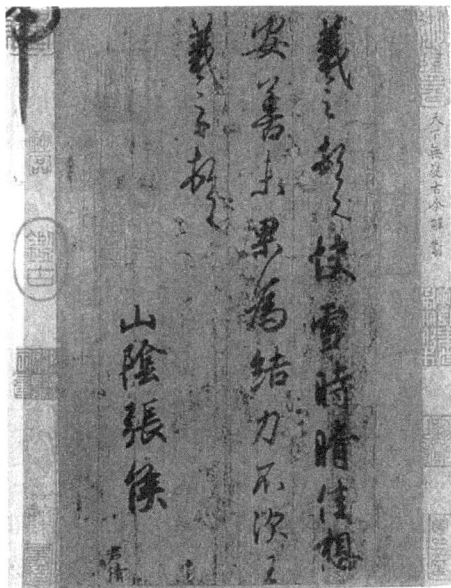

笔尖在中线运行的状态,即"中锋运笔",这样线条中心是骨,四周是肉,肉附与骨。沈括:"映日照之,线条中心有一缕浓墨,日光映之不透。"这便是线条之骨。只有骨确立了,线条才饱满,才有生命力。

二是笔力的力量感。所谓笔力,并不是一种蛮力,而是对毛笔得心应手的一种控制。在传统书法中,常用"屋漏痕"来形容这种艺术效果。所谓"屋漏痕"是说水滴从屋顶沿墙漏下,不是顺顺当当地一泻无余,而是一面要去克服墙面阻力,一面要缓缓滴下。"唯笔势欲行,如有物拒之,竭力与之争,斯不期而涩矣"。这样写出的线条沉着、凝重、老辣、苍劲,有如"万岁枯藤"。

三是起伏的节奏感。线条变化的节奏感是线条活泼的一种力的表现,一幅书法作品线条有粗有细、有曲有直、有肥有瘦、有浓有淡、有虚有实,运行过程有疾有涩、有轻有重、有连有断,这些阴阳变化形成一种节奏的美。

(2)书法作品的结体美

一是和谐自然之美。细究汉字每个字的构造,几乎没有一笔是横平竖直。但整个字看起来重心平稳、均衡、稳定。横画都呈左低右高之势,而且平行的横画与平行的竖画也多不平行,总有斜侧的细微变化,这样平行而不雷同,产生了一种笔画的节奏感和韵律感。

二是流转变化之美。书法的结体美具有富于变化的特点。王羲之《兰亭序》20个"之"字无一雷同,这种避免一字万同的创造精神、审美意识是难能可贵的。

(3)书法的章法美

所谓章法,即表现在一篇书法作品中字与字、行与行乃至通篇的互相关系的法则。我们在欣赏一幅字时,首先注意的不是点画笔势,也不是单字结构,而是整幅作品带给我们的总感觉。在书法艺术中,线条美、结体美属于局部美,章法则是整体美。一幅优秀的书法作品从第一字的第一笔到最后一字的最后一笔,总是有起有伏,有行有止,笔意相连,气脉贯通。章法追求的就是黑白两色在空间分隔中的无尽变化,书法之妙也在于黑与白的无穷变化,书法家要有意识精心留白,计白当黑,虚实相生。

(4)书法的墨法美

笔情墨趣可以说是中国书法的主要特征。中国书法为什么能被不认识的欧洲人、美洲人所接受?原因正在于中国书法这一特殊的由文字书写演变而成的独立艺术,透过笔墨的变化表现了书法家心灵波动起伏的轨迹,它像抽象绘画和无标题音乐一样能拨动观赏者的心弦,引起他们的共鸣。

(5)书法作品的神韵美

书法与书法家的禀赋、气质、阅历、见识、才学、修养、志趣、情操、心理直接相关。所谓"见字如其人"讲的就是这个道理。

"喜气画兰,怒气画竹,各有所宜",我们欣赏书法作品时,要因人及书,因书观人。如王羲之、虞世南,其书举止安和,秀逸潇洒;张旭、怀素,其字渴骥奔泉,气势如虹,龙飞凤舞,尽情地展示生命的活力;柳公权心正笔正;欧阳询之字险劲秀拔,鹰击长空,英武之气咄咄逼人;李白之字超凡脱俗,飘飘然有仙风道气;黄庭坚之字清瘦洒脱,超卓之中寄深远之意;颜真卿之字雄浑天成,精深博大,冠绝古今。

二、似神取胜的绘画艺术

(一)中国绘画艺术源流

中国画历史悠久,最早可追溯到新石器时代的彩陶纹饰和岩画。战国时期的帛画《龙凤人物图》是今天可以看到的最早的古代绘画实物。

魏晋南北朝时期,绘画作为一门独立的艺术出现,出现了我国历史上第一批有记载的著名画家。三国时吴国的曹不兴是第一个画佛画的画家。东晋时期的顾恺之专擅人物画,在我国绘画史上第一个明确提出"以形写神"的主张,代表作有《女史箴图》、《洛神赋图》。

隋唐时国家统一,社会相对稳定,经济比较繁荣,对外交流活跃,绘画艺术取得了令后世惊叹的艺术成就。主要表现在三个方面:一是以敦煌莫高窟为代表的壁画;二是山水画、花鸟画在唐代独立形成画类;三是涌现出一批蜚声中外的艺术大师。王维倡导"诗中有画,画中有诗",形成融诗、书、画为一体的独特风格,被后人奉为文人画的始祖。吴道子是中唐最负盛名的画家,他的画风格豪放,有"吴带当风"之誉,被后人尊为"画圣",传世作品有《天王送子图》等。名家还有阎立本、展子虔、张萱、李思训等。

五代的西蜀和南唐,宫廷中设有"图画院",是中国历史上正式设立画院的开端。南唐顾闳中擅长画人物,《韩熙载夜宴图》是其传世佳作。

两宋是中国历史上宫廷画最为兴盛时期,画院日趋完备,"画学"也被正式列入科举之中。张择端的《清明上河图》把北宋的民俗画推向高潮,在美术史上享有盛誉。宋徽宗赵佶也擅长工笔山水和花鸟。北宋文人画声势逐起,主张即兴创作,不拘泥于物象的外形刻画,要求达到"得意忘形"的意境。苏轼、文同的墨竹皆以意趣为长,米芾、米友仁父子则善于运用水墨横点,以表现烟雨迷蒙的景象。南宋的李唐、刘松年、马远、夏圭号称"南宋四家"。

知识链接:清明上河图

《清明上河图》是中国十大传世名画之一,绢本,宽 24.8 厘米,长 528.7 厘米,是北宋画家张择端仅存于世的一幅精品。《清明上河图》生动地记录了中国 12 世纪城市生活的面貌,这在我国乃至世界绘画史上都是独一无二的。画中描绘的是汴京清明时节的繁荣景象,是汴京当年繁荣的见证,也是北宋城市经济情况的写照。《清明上河图》全图可分为三个段落,首段是汴京郊野的春光,中段是繁忙的汴河码头,后段是汴京市区的街景。

元代文人画盛行,形成了写意画派。诗、书、画进一步结合起来,体现了中国画的又一次创造性的发展。其最重要的画家有赵孟頫、"元四家"(黄公望、倪瓒、王蒙、吴镇)等。

明出现了一些以地区为中心的名家与流派,如以戴进为代表的浙派,以"明四家"(沈周、文征明、唐寅、仇英)为代表的吴门画派,以董其昌、陈继儒等人为代表的松江派等。明代花鸟画派有以徐渭、陈淳为首的"水墨写意派"和以周之冕为代表的"钩花点叶派"。较有特色的人物画家是陈洪绶,他的《西厢记》等木刻插图,在民间受到广泛的欢迎。

清代初期,"四王"(王时敏、王鉴、王翚、王原祁)画派占据画坛的主体地位。江南则有以"四僧"(朱耷、石涛、弘仁、髡残)为代表的遗民画家,他们在绘画艺术上反对"四王"的摹古之风,提倡不为成法所束缚。清代中期,在扬州出现了以"扬州八怪"为代表的文人画派,追求个性,力主创新,对近现代的绘画影响极大。

知识链接：郑燮与扬州八怪

"扬州八怪"究竟指哪些画家，说法不尽一致。据各种著述记载，计有十五人之多。因清末李玉芬《瓯钵罗室书画过目考》是记载"八怪"较早而又最全的，所以一般人还是以其所提出的八人为准，即汪士慎、郑燮、高翔、金农、李鱓、黄慎、李方膺、罗聘。"八怪"一词，在扬州话里有"奇形怪状"之意。他们在绘画艺术上大胆革新，不和当时画坛流行的尚古模拟之风，诗人视为"怪物"，遂有"扬州八怪"之称。

郑燮（音 xiè），号板桥，是"扬州八怪"的主要代表。郑板桥画竹有"胸无成竹"的理论，他画竹并无师承，多得于纸窗粉壁日光月影，直接取法自然。针对苏东坡"胸有成竹"的说法，板桥强调的是胸中"莫知其然而然"的竹，要"胸中无竹"。这两个理论看似矛盾，实质却相通，同时强调构思与熟练技巧的高度结合。

鸦片战争后，各地画家流入上海，"海上画派"随之出现，主要代表人物是赵之谦、任伯年、吴昌硕等。他们借鉴民间与西洋绘画艺术，对传统中国画进行大胆的改革创新，作品体现时代气息，雅俗共赏。

（二）中国绘画艺术特征

1. 中国画的造型规律：以线造型、以形写神

中国画是以线存型的，通过线勾出轮廓、质感、体积来，无论对山水的破线或是衣服的纹线，都积累了非常丰富的线型，巧妙地描绘着各种形象。

"以形写神"是晋代画家顾恺之的一句名言。中国画造型上不拘于表面的肖似，而讲求"妙在似与不似之间"。其形象的塑造以能传达出物象的神态情韵和画家的主观情感为要旨，因而可以舍弃非本质的或与物象特征关联不大的部分，而对那些能体现出神情特征的部分，则可以采取夸张甚至变形的手法加以刻画。此外，中国画在画人物时，也不讲求人体各部分之间的比例关系。

2. 中国画的构图法则：散点透视、计白当黑

中国画在构图方法上不受焦点透视的束缚，多采用散点透视法，使得视野宽广辽阔，构图灵活自由，冲破了时间与空间的局限。例如五代后梁画家荆浩的山水名作《匡庐图》，就是一幅全景式的绢本水墨画，将崇山峻岭、飞瀑流泉、屋宇庭院、行人小船都巧妙地组织在一个完整的画面里，构图上错落有致，变化丰富，形成一个全景山水的壮观场面。又如五代南唐画《百花图卷》，把不同季节的四季花卉参差错综地组织在一张画幅上，突破了时间和空间的约束。

中国画在空白处尤其注意经营，常常借用书法上的"计白当黑"，即没有画面的部位要像有画面的部位一样作认真的推敲和处理。如齐白石画的虾，大片空白可当水；在马远的山水图中，大片空白可当水天。

3. 中国画的色彩法则：随类赋彩、以墨代色

中国画的色彩，不拘泥于光源冷暖色调的局限，比较重视物体本身的固有色，而不去强调在特殊光线下的条件色。

中国画以墨代色，运用烘、染、泼、积等墨法，使墨色产生丰富而细微的色度变化，也就是常讲的"墨分五彩"（指墨色的焦、浓、重、淡、清等五种不同的色度）或"兴彩"（上述"五彩"再加上宣纸的白色），使得以墨代色的中国画具有独特而丰富的艺术表现力。

4. 中国画的意境:气韵生动、情景相生

中国画最玄最难的是气韵。气韵生动是画家所创造的艺术灵境,是画家对于超越画面形貌之外的神态神气的追求。如果没有表现出如此生动、如此韵味丰富的内涵,当然,就不能给予人这些感受,而达不到中国画富有引人入胜的意境。

作者在绘画时,往往注入了自己的主观色彩。如画家笔下冰雪中的梅、松和菊,象征着不畏严寒,敢于与险恶环境作斗争的精神;南宋的山水画家马远、夏圭突破全景程式而画边角之景,因而被称为"马一角"、"夏半边",在构图上开创了以少胜多、空灵深远的格局。这种画风往往使人联想到南宋的"半壁江山"。

所谓意境是指画面所描绘的生活图像和画家所表达的思想感情融合一致而形成的艺术境界。如魏晋南北朝的宗教画和宋代的宫廷画,给人一种堂皇的气象;元人的山水画,具有一种清高的境界。意境不可能全在画面,一半在画面上,一半在画外,一半在画家心灵中,一半在观者心灵中,没有两种心灵的结合,就谈不上欣赏意境。

5. 中国画的独特形式:诗、书、画、印、纸、笔

中国画以画为主,并将诗文、书法、篆刻有机地结合为一体,构成中国绘画艺术的独特形式。画中题诗,往往是画家对画中景物的描写,或抒发作画心境,或画赠友人的酬唱。书画相通,许多画家本来就是书法家,以书入画。画、印同辉,在画上钤印的意义不在于留名,一方红印盖在画上,与墨色交相辉映,使画面更富艺术效果。中国画家追求诗、书、画、印四绝,这一方面的名家高手有吴昌硕、齐白石等人。

中国画的工具和材料之性能,也决定着中国画的特色。中国画是运用绢和纸作画,特别是宣纸的出现,更加发挥了笔趣和墨彩。宣纸的渗性,毛笔的尖锥,使得笔锋无穷变化,产生出奇妙的效果。

(三)中国绘画艺术赏析

(1)人物画

人物画是以人物形象为主体的绘画统称,大体分为道释画、仕女画、肖像画、风俗画、历史故事画等。人物画较山水画、花鸟画出现早,历汉魏、六朝渐趋成熟。人物画表现上力求传神、气韵生动、形神俱备。

如《洛神赋图》,中国十大传世名画之一,东晋顾恺之根据曹植著名的《洛神赋》而作,为顾恺之传世精品。绢本,设色,纵 27.1 厘米,横 572.8 厘米,现北京故宫博物院珍藏(宋摹)。全卷分三个部分,采用连环画的形式,随着环境的变化让曹植和洛神重复出现。原赋中对洛神的描写,如"翩若惊鸿,宛若游龙","仿佛兮若轻云之蔽月","皎若太阳升朝霞"等,以及对人物关系的描写,在画中都有生动入神的体现。全画用笔细劲古朴,恰如"春蚕吐丝"。山川树石形态古拙,与画史所记载的"人大于山,水不容泛"的时代风格相吻合。

如《韩熙载夜宴图》,中国十大传世名画之一,五代南唐顾闳中所绘。绢本,纵 28.7 厘米,横 335.5 厘米,现藏于北京故宫博物院。全画为"听乐"、"观舞"、"歇息"、"清吹"、"散宴"共五段,记述了韩府夜宴的全过程。五段画面情节的间隔和相联,通过室内的屏风来分隔,既连续又独立,人物内心活动的刻画极为传神。在构图、造型、用笔、设色等方面都显示了画家的深厚功力和高超技巧,为中国人物画的鸿篇巨制。

东晋·顾恺之《洛神赋图》(局部)

五代·顾闳中《韩熙载夜宴图》(局部)

知识链接：吴带曹衣

"吴带曹衣"，系"吴带当风"和"曹衣出水"的合称，是中国古代人物画中两种相对的衣服褶纹的表现程式。唐代画家吴道子，擅画佛像，他笔势圆转，衣带飘举，后人称为"吴带当风"。南朝画家曹仲达，将印度佛像雕塑中"薄衣贴体"、"立褶衣纹"的技巧，移用到中国绘画中，独创了"曹衣出水"的画法，笔法稠密重叠，衣服紧窄。这两种风格，也流行于古代雕塑、铸像。

(2)山水画

山水画是以描写山川自然景色为主体的绘画。魏晋南北朝逐渐发展，但大多作为人物画的背景；隋唐时开始独立，五代、两宋山水画兴盛，名家纷起，达到鼎盛；元代山水画趋向写意，侧重笔墨神韵，开创新风；明清及近代继续发展。山水画表现上讲究经营位置和表达意境。

如《潇湘奇观图》，南宋米友仁所绘。纸本，纵 19.8 厘米，横 289.5 厘米，现藏于北京故宫博物院。米友仁是米芾长子，世称"小米"。米氏父子开创的"米氏云山"画风和技法，划时代地确立了文人画的审美视角和情感意境。《潇湘奇观图》着力描绘江山云雾变幻的奇景，主要运用泼墨法和破墨法，依仗水墨的晕染来塑造形象，很少用线勾勒，浓淡、虚实的墨色使景致时隐时显，迷蒙又富有变化。

南宋·米友仁《潇湘奇观图》(局部)

如《富春山居图》，中国十大传世名画之一，元代画坛宗师、"元四家"之首黄公望晚年的杰作，也是中国古代水墨山水画的巅峰之笔。纸本，纵 33 厘米，横 848 厘米。它以长卷的形式，描绘了富春江两岸初秋的秀丽景色，峰峦叠翠，松石挺秀，云山烟树，沙汀村舍，布局疏密有致，变幻无穷，以清润的笔墨、简远的意境，把浩渺连绵的江南山水表现得淋漓尽致，达到了"山川浑厚，草木华滋"的境界。该画于清代顺治年间曾遭火焚，断为两段，后段（长段）现藏于台北故宫博物院。前段（短段）被另行装裱，重新定名为《剩山图》，现藏浙江省博物馆。

元·黄公望《富春山居图》（局部）

知识链接：分居两岸的《富春山居图》

画卷本是黄公望为挚友无用师所绘。但几经辗转流离，明朝末年，传至收藏家吴洪裕手中。他痴迷到决定死前焚图殉葬，是其侄子火中取画，才救下了这幅绝世佳品。但画卷从此成残卷，并一分为二。

火烧之前，画卷由 8 张画纸连成，全长 848 厘米。火烧之后，毁坏 5 尺，焚成两截。前段较小，只有 51.4 厘米，因画中正好有一山一水一丘一壑之景，定名为"剩山图"，流落民间；后段画幅较长，大约有 6 张画纸，长 636.9 厘米，现通称为"无用师卷"，后被清廷收藏。1933年，为避日军战火浩劫，"无用师卷"随故宫重要文物南迁，十五年间辗转于四川、贵州、南京，最终被运至台湾，藏于台北故宫博物院。而"剩山图"也在几经流沛后，于 1956 年走进浙江省博物馆，成为该馆半个世纪以来的"镇馆之宝"。

（3）花鸟画

花鸟画是以描绘花卉、瓜果、竹石、鸟兽、鱼虫为主体的绘画，为中国绘画的一大画科。在花鸟画科花卉分科中，以梅、兰、竹、菊"四君子"画最为常见。

如《五牛图》，中国十大传世名画之一，唐代著名的宰相韩滉所绘。麻纸本，设色，纵28.8 厘米，横 139.8 厘米，无作者款印，现珍藏于北京故宫博物院。《五牛图》是目前所见最早作于纸上的绘画。图画五牛姿态各异。作者以简洁的线条勾勒出牛的骨骼转折，筋肉缠裹，笔法老练流畅，线条富有力度和精确的艺术表现力。作品完全以牛为表现对象，无背景衬托，造型准确生动，设色清淡古朴，浓淡渲染有别，画面层次丰富，达到了形神兼备之境界。

唐·韩滉《五牛图》

如《芙蓉锦鸡图》，北宋徽宗赵佶所绘。绢本，设色，纵
81.5厘米、横53.6厘米，现藏于故宫博物院。这幅画笔法
工细，设色典雅。画上有芙蓉二枝，锦鸡一只。芙蓉枝叶繁
茂，花朵盛开，蝴蝶翩翩起舞，锦鸡昂首挺立，一派生机盎然
的景象，生动表现出锦鸡的动态和景物的呼应。赵佶自题：
"秋劲拒霜盛，峨冠锦羽鸡，已知全五德，安逸胜凫鹥。"

【学生讲坛】

1.说说"张芝池水尽墨"、"王羲之爱鹅"等书坛佳话。

2.浙江东阳横店影视城的清明上河图景区，是参照张择
端的《清明上河图》风俗画而建，生动再现了北宋都城汴京的
繁华景象及市井生活、民俗风情，会使您产生"一朝步入画
中，仿佛梦回千年"之感。请结合该景区谈谈影视文化旅游。

【技能训练】

北宋·赵佶《芙蓉锦鸡图》

[训练项目]摩崖石刻、碑刻作品赏析。

[实训目标]

1.能够利用网络、书刊资料、实地走访等途径，收集当地主要的摩崖石刻、碑刻作品。

2.能够运用所学知识，赏析摩崖石刻、碑刻作品。

[实训内容和方法]

1.按生源所在地5—8人一组。

2.查阅相关资料或实地走访，收集生源所在地主要的摩崖石刻、碑刻作品。

3.分析相关书法家的书法艺术成就。

4.分析这些摩崖石刻、碑刻作品的美学内涵和旅游吸引力。

学习任务3　戏曲艺术

【学习导读】

戏曲艺术对游客有很大的吸引力,是旅游中"娱"的主要内容。中国戏曲与古希腊悲喜剧、印度梵剧并称为世界三大古老戏剧,有着悠久的历史。古希腊悲喜剧、印度梵剧都已成为历史的遗迹,惟有中国戏曲不但流传下来,而且在发展中日臻完善,显示出顽强的生命力。

【知识储备】

一、中国戏曲艺术的发展历史

大约在春秋战国时期,楚国人优孟善于音乐和表演,他常在谈笑间规劝教育别人,于是"优孟衣冠"成为后世戏剧扮演的同义词,戏台上就有"舞台方寸悬明镜,优孟衣冠启后人"之说。最早的戏剧为汉代"角抵戏",演员三三两两,头戴牛角相抵,这颇合"戏剧"的原义,"戏"从"戈","剧"从"刀",繁体字两字都从"虎",披着虎皮持着刀枪决斗,不过是模仿战争和决斗。这种形式在汉代十分时兴。

唐代出现了参军戏。参军戏一般有两个演员:参军和苍鹘。参军呆笨,苍鹘机灵。后来这两个角色发展为戏剧中的净和丑,一人扮演戏弄者,一人扮演被戏弄者,多为嘲弄赃官,形式犹如今天的相声。

戏曲形成是在封建社会后期,其发展过程经历了宋、金、元时期的南戏与北杂剧,明清时传奇与杂剧,清代地方戏三个阶段。宋杂剧是各种滑稽表演、歌舞、杂技的统称。元代杂剧是用元曲演唱的戏曲形式,是在金院本和诸宫调的基础上广泛吸取了多种词曲和技艺发展而成的,优秀作品有关汉卿的《窦娥冤》、王实甫的《西厢记》、纪君祥的《赵氏孤儿》等,多方面反映了当时的现实生活。

明清戏曲高潮迭起。明清的传奇是以演唱南曲为主的一种戏曲形式,优秀作品有汤显祖的《牡丹亭》、孔尚任的《桃花扇》、李玉的《精忠谱》等,流传久远。明嘉靖到清乾隆年间形成了五大声腔系统:高腔、昆腔、弦索、梆子、皮黄。从乾隆至道光,各大声腔在"合班"演出中相互影响,形成新的大型剧种——京剧。

清末时,民间地方戏纷纷崛起,花鼓戏、采茶戏、花灯戏、秧歌戏都是很有影响的地方戏。可以说,清代戏曲是整个古代文学艺术的总结。

知识链接:唐明皇和"梨园"的来历

人们常把戏曲艺人称作"梨园弟子",把几代人从事戏曲艺术的家庭称为"梨园世家",戏曲界称为"梨园界"或"梨园行",河南卫视的戏曲栏目也冠名"梨园春"。

梨园始自唐代,唐玄宗选定宫庭内的一片梨园作为排练歌舞的场所。《新唐书·礼乐志》载:"玄宗既知音律,又酷爱法曲,选坐部伎弟子三百,教于梨园。声有误者,帝必觉而正之,号'皇帝梨园弟子'。"可以说,梨园是我国历史上第一所既培养演员(弟子)又兼演出的综合性的皇家戏曲学院。唐玄宗不仅自己担任院长,还亲自创作加工整理节目,如《甘州》、《霓裳羽衣曲》等。因此,历代的戏曲艺人都把唐明皇尊为梨园领袖。

二、中国戏曲艺术的审美特征

(一)戏曲艺术的综合性

戏曲是一门综合性的艺术,它是由文学、音乐、舞蹈、绘画、雕塑、武术、杂技等艺术元素融合而成的一个有机的统一体。文学为戏曲的演出提供了剧本,绘画的美体现在脸谱、戏装和舞美设计上,而舞台上人物的"亮相"则具有一种雕塑美,音乐美则体现在唱腔与念白的韵味上,而舞台上人物的举手投足是舞蹈化的,武打场面中的翻、扑、跌、转等大幅度的动作又是借鉴了杂技与武术的技巧。

(二)戏曲艺术的虚拟性

与西方戏剧的写实不同,中国戏曲是写意的,是借助于虚拟和假定创造超越实境的审美意境。戏曲舞台上的虚拟主要表现在以下几个方面:

一是时间和空间的虚拟。戏曲舞台上的时空安排是灵活自由的,可以根据剧情的需要而任意地伸缩和变化。比如,在舞台上,演员跑个场就表示已经走了千里的路,演员手持没有点亮的蜡烛或布制的灯笼就表示天黑了,而唱了一段后,吹灯就表示天已经亮了。在《三岔口》一剧中,演员在灯光耀眼的舞台上,表演摸黑格斗,通过打斗的表演和细微的面部表情,只用了十几分钟的时间,就把任堂惠和刘利华在漆黑的店房里肉搏了一整夜的惊心动魄的情景表现得淋漓尽致。

二是道具、布景的虚拟。舞台上并无门窗,但演员做出开门、关门、开窗等虚拟性的动作,就能使观众感觉到门窗的存在;一块画了城墙和城门的大布就可以表示一座真的城市;演员手持马鞭,配合相应的身体动作就可以表现上马、下马、慢走、快跑等。

三是人物的虚拟。在舞台上,四个或八个画着同样的面孔、穿着相同服装、做着相同的动作的龙套演员,他们代表的不是一个人,而是一群人,如他们穿上相同的兵装就代表了千军万马,穿上了相同的宫装就是皇宫内的宫女或侍从,这种人物的虚拟堪称中国戏曲独创。

(三)戏曲艺术的程式性

程式是指戏曲表演时要遵循的一定的规程范式。

在表演方面,就是一系列有一定内涵的程式动作,如"起霸"就是用一整套有许多基本功的动作和技巧合成的连续的舞蹈动作来表示武将出征前整理盔甲,以表现其威武、勇猛;"走边"就是用一系列夸张化的动作来表现人物在夜晚曲折的小路上疾行。

在行为方面,戏曲用生、旦、净、末、丑等行当分别来表演不同类型的角色。"生"扮演的是沉稳、端庄的男性,分老生和小生。"旦"扮演的是女性角色。饰演大家闺秀和有身份的妇女称为"正旦";饰演天真活泼或放荡泼辣的妇女称为"花旦";饰演擅长武艺的青壮年妇女称为"武旦"或"刀马旦"。"净"扮演的是刚烈暴躁的男性,脸部化妆最为丰富,用各种色彩和图案勾勒脸谱,俗称"花脸"。"末"扮演思维糊涂,生活在底层的老人。"丑"扮演滑稽、幽默的男性。

在戏曲化妆方面,一般旦行和生行采用"俊扮"的方法。即以脂粉涂面,用红色涂两腮,用墨描画眉眼,给人以面色红润、五官端正的感觉;丑行和净行主要采用脸谱化妆方法,即在面部按一定的谱式画上各种颜色的图案、花纹,将人物的五官相貌加以夸张。脸谱化妆在形式、色彩和类型上有一定的格式,借以突出人物的性格特征,具有"寓褒贬、别善恶"的艺术功能。

在服饰穿戴方面,戏曲人物要严格地按照其身份地位来穿戴,因此戏曲界有句行话:"宁穿破,不穿错"。

三、中国戏曲艺术的最高形式——京剧

京剧是中国的国粹,京剧表演讲究唱、念、做、打并重,常用虚拟动作,重视情景交融,声情并茂。京剧传统剧目流行的有《将相和》《群英会》《空城计》《贵妃醉酒》《三岔口》《拾玉镯》《打渔杀家》等。

(一)京剧的诞生

京剧的产生源于四大徽班进京。乾隆五十五年(1790 年),适逢皇帝八十寿辰,闽浙总督指令浙江盐务当局承办祝寿典礼,决定选派徽班进京参加庆贺演出。四大徽班是三庆班、春台班、四喜班与和春班。他们祝寿演出结束后,便留在北京进行民间演出,很快占领了北京舞台。为了立足北京,徽班还进行了创新,使徽调逐步"京化"。

1820－1832 年间,大批汉调演员也来到北京,他们大都加入徽班演出。汉调是流行于湖北长江、汉江流域的地方戏。入京后,徽汉两班演员密切合作,更促进了两调的合流,约在1840 年前后,形成了以西皮和二黄为主要声腔的新剧种——皮黄戏,即后来的京剧。

"京剧"这一名称,从现有的资料来看,最早出现在 1876 年上海著名的报纸《申报》上,这一称谓体现了其鲜明的地域特色。京剧虽不是北京土生土长的地方戏,但是在北京生产和发展起来的,因而受到北方观众的欢迎。同时,京剧又是脱胎于南方的徽、汉两剧,仍然保留有两剧的一些特色,因而又受到南方观众的欢迎。最终,京剧这一晚出的剧种红遍中国,成为"国剧",并与中医、国画并称为中国的三大"国粹"。

知识链接:京剧"四大名旦"

在京剧旦行中,有梅兰芳、荀慧生、程砚秋和尚小云四位杰出的表演艺术家,合称"四大名旦"。他们以各自的风格特色,各自的代表剧目,创立了梅荀程尚四大流派,改变了老生唱主角的一统天下,形成了旦角挑班唱戏的新局面,创造了京剧舞台争奇斗艳、绚丽多姿的鼎盛年华。"四大名旦"的称谓来自 1927 年北京《顺天时报》举办的一次名伶新剧评选活动。他们的出现标志着中国京剧黄金时代的到来。

(二)京剧的四大艺术手段

唱、念、做、打是京剧的四大艺术手段,也是一个京剧演员必须具备的四大基本功。

唱,主要表现在唱词和唱腔两个方面。唱词由于受到唐诗宋词的影响,讲究押韵,节奏鲜明,朗朗上口。唱腔主要为"西皮""二黄"两大系统,"西皮"高亢激越、活泼明快,适于表现喜悦激昂之情;"二黄"苍凉深邃、凝重浑厚,长于表现悲愤沉郁之情。

念,又叫"道白"。道白按音韵可以分为韵白和京白两种。韵白给人以沉稳、矜持的感觉,一般用于正面人物与上层人物。京白则采用京腔京味十足的北京方言,给人以亲切、自然、诙谐、幽默的感觉,一般用于地位较低的人物。

做，又叫"做派"，泛指表演的技巧，包括身段、表情等。戏曲演员的表演讲究手、眼、身、法、步五种技法，称为"五法"。其中，手指手势，如旦角用的"兰花指"，旦角将食指直伸以示愤怒的"怒指"等；眼指眼神，京剧演员常用笑眼、怒眼、醉眼、嗔眼等不同的眼神来传递；身指身段，演员在台上通过起落、进退等做出各种优美的身段动作；法统指表演的技术方法与规格，如水袖功、口功、甩发功、手帕功等；步指台步，如花旦走轻盈的碎步，生净抬腿、跷脚迈方步等。

打，分为空手对打和使用武器对打两种。京剧的武打动作不仅有章法，而且难度高，如"朝天蹬"就要求一条腿独立，用手将另一条抬起的腿拖住，使脚和头贴在一起，稳稳站立，因此京剧演员往往从小就接受严格、艰苦的训练。

（三）京剧脸谱

京剧脸谱不仅是京剧化装的一种方法，还是京剧文化的一种象征，具有夸张性和象征性的特点。

京剧脸谱的夸张性是依据面部肌肉的纹理和五官的轮廓界线，用浓重的色彩将人物的相貌加以夸张变形。如在现实生活中，你看不到像关公那么红的脸，像包公那么黑的脸，像曹操那么细长眼角长着奸纹的三角眼。而通过脸谱加以夸张之后，就可以突出人物的特征。

京剧脸谱又是象征性的，有"心灵的画面"之称。不同的颜色往往象征着人物的不同性格、气质和类型，红色表示正面人物的忠勇正义，黑色表示人物的刚烈或粗鲁，紫色代表沉勇刚毅，白色代表阴险狡诈，蓝色和绿色表示勇猛粗豪，金色和银色代表神仙、妖怪。京剧脸谱的图案也是具有象征性的，如姜维脑门上画的太极图就表示他知阴阳、善八卦，宋帝赵匡胤的脸谱上绘有龙额日角（在一只眉上画有一条草龙）以表明帝王之相。

四、丰富多彩的地方戏

（一）昆　曲

昆曲，又称昆剧、昆山腔，有"百戏之祖，百戏之师"之称，元末明初之际发源于江苏昆山一带，至今已有 650 多年历史。最初，它只是地方民间的清曲、小唱，明嘉靖年间，戏剧音乐家魏良辅改编了它的唱腔，使之由俗变雅，由简陋变精细。其弟子梁辰鱼谱写的第一部昆腔传奇《浣纱记》轰动朝野，从此流传江浙各地并远至北京。大量文人雅士撰写昆剧剧本，使昆曲有了浓重的文人化倾向，汤显祖的《牡丹亭》、孔尚任的《桃花扇》相继搬上台。昆剧成了明代中叶至清代中叶影响最大的声腔剧种，因其气质高雅清秀，有"中国戏曲的幽兰"之称。

在 18 世纪后期，地方戏兴起。由于昆曲过于文雅和繁难，逐渐脱离了下层观众，在反映大众化审美趣味的地方戏冲击下，走向衰落。新中国成立后，国家对几乎绝迹于舞台的昆曲采取了保护的措施。1956 年，浙江昆剧团改编演出的《十五贯》在全国产生了广泛的影响，周总理曾感慨地说："一出戏救活了一个剧种。"之后，全国许多地方相继恢复了昆曲剧团，一大批表演艺术家重回昆曲表演舞台。2001 年 5 月 18 日，昆曲入选联合国教科文组织的"人类口述和非物质遗产"。

昆曲的特点是歌舞合一，讲究"词到、乐到、舞到"。悠扬舒展的笛声，莺啼燕啭般的水磨腔，华丽典雅的词唱与念白共同构成了昆曲清晰、委婉、柔美的艺术风格。

昆曲对后世戏曲产生了全方位的深刻影响，中国近代地方戏中，有很多都是经它的滋润哺育而发展起来的，因而它又有"母剧"之称。由于昆曲变化较少，对戏曲传统特点保留较多，又有"活化石"之誉。昆曲主要剧目有《浣纱记——寄子》、《宝剑记——夜奔》、《牡丹亭》、《渔家乐》、《长生殿》等。

（二）越剧

越剧是我国的第二大剧种，广泛流传于浙江、上海、江苏、江西、安徽一带。越剧起源于清末浙江嵊县（今嵊州市）一带盛行的说唱艺术"落地唱书"，因其地处古越国而得名。

越剧长于抒情，以唱为主，唱腔委婉清丽，表演真切细腻，舞美贴切动人，极具江南地方色彩。越剧演员初由男班出演，后改为女班或男女混合班，现多由女班来演。越剧主要剧目有《梁山伯与祝英台》、《祥林嫂》、《西厢记》、《红楼梦》、《五女拜寿》等。

（三）黄梅戏

黄梅戏，流行于安徽、江西、湖北，因源于湖北黄梅一带的采茶调而得名。黄梅戏曲调悠扬、抒情又富有韵味，唱腔优美婉转、带有乡野气息和民歌风味，唱词和念白具有生活化、民间化特色，特别是一些衬词、垫词，如"呀子依，依子呀"等的使用，更给人一种亲切自然、活泼生动的感觉，形成了黄梅戏真切、淳朴的田园式抒情风波。黄梅戏主要剧目有《女驸马》、《天仙配》、《牛郎织女》、《打猪草》、《夫妻观灯》等。

（四）豫剧

豫剧，又称河南梆子、河南高调，俗名"靠山吼"。它是河南省的地方戏曲，流行于河南、陕西、甘肃、山西等地。豫剧唱腔高亢激昂，吐字清晰，行腔醇畅，节奏鲜明，唱词口语化，具有浓郁的地方特色和朴实亲切的艺术风格。豫剧"一代宗师"常香玉，9岁学戏，13岁成名，一生奉行"戏比天大"的艺术箴言，执着于豫剧艺术改革与创新，首创真假声"混合唱法"，为豫剧唱腔的统一合流做出了杰出贡献。豫剧主要剧目有《对花枪》、《花木兰》、《铡美案》、《十二寡妇征西》、《朝阳沟》等。

（五）评剧

评剧是中国北方地区的代表戏种之一，主要在华北、东北等地流行。评剧1910年前后形成于河北唐山，脱胎于冀东的莲花落，基本唱腔中带有浓厚的冀东语言风格，后来又不断吸收带有天津语言特色的数唱莲花落、京韵大鼓、河北梆子等的唱腔和京剧的唱腔，至20世纪30年代，评剧音乐的剧种风格最终确立。评剧表演自然化、生活化，表演程式较其他剧种要少，唱腔以"怎么唱观众爱听，就怎么唱"为原则，对白也尽量做到生动有趣。评剧主要剧目有《花为媒》、《刘巧儿》、《杨三姐告状》、《打金枝》、《秦香莲》等。

（六）秦腔

秦腔，又称"乱弹"，源于西秦腔，流行于我国西北地区的陕西、甘肃、青海、宁夏、新疆等地。表演朴实粗犷、高昂激越。尤其是花脸的演唱，更是扯开嗓子大声吼，当地人称之为"挣破头"。喷火是秦腔的传统绝技，其重要性有如变脸之于川剧，一般多用于有妖怪、鬼魂出现的剧目中。秦腔脸谱绘制风格古典独特，体系完整，与京剧脸谱、川剧脸谱并称中国三大脸谱系统，且对国粹京剧脸谱的形成与发展影响深远。秦腔的剧目，多取材于历史故事，如"列国"、"三国"、"杨家将"、"说岳"等，也有神话、民间故事和各种公案戏。

（七）粤剧

粤剧，有"南国红豆"的美称，是两广地区最大的戏曲剧种，流行于广东、广西、香港、澳门和海内外华侨居住地区。该剧受西洋文化影响较深,有别于一般传统戏曲文化。其唱腔音乐安排采取板腔体和曲牌体混合使用的方法,乐器不但有二弦、沙鼓等民族乐器,而且有小提琴、萨克斯等中低音西洋乐器;表演艺术、舞美和灯光又较多吸收话剧、电影、西洋歌剧特长。主要剧目有《宝莲灯》、《平贵别窑》、《柳毅传书》、《帝女花》、《紫钗记》等。

（八）川剧

川剧,流行于四川、云南、贵州等地,是由外省传入的昆腔、高腔、胡琴、弹戏和四川的灯戏五种声腔艺术逐渐合流而形成。川剧语言生活气息浓厚,有较高的文学价值和幽默风趣的特色;表演细腻真实,有完整的自成体系的程式动作,尤其是变脸的表演特技,表现人物内心极度恐慌或愤怒,而且瞬时即变,动作敏捷,扑朔迷离,匪夷所思。主要传统剧目有"五袍":《猜袍记》、《黄袍记》、《白袍记》、《绿袍记》,"四柱":《碰天柱》、《水晶柱》、《炮烙柱》、《五行柱》等。

知识链接:川剧变脸

川剧变脸是川剧表演的特技之一,用于揭示剧中人物内心及思想感情的变化,即把不可见、不可感的抽象情绪和心理状态变成可见、可感的具体形象"脸谱"。变脸的手法大体上分为三种,分别是"抹脸"、"吹脸"和"扯脸"。

"抹脸"是将化妆油彩涂在脸的某一特定部位上,到时用手往脸上一抹,便可变成另外一种脸色。"吹脸"只适合于粉末状的化妆品,在舞台的地面上摆一个很小的盒子,内装粉末,演员到时做一个伏地的舞蹈动作,趁机将脸贴近盒子一吹,粉末扑在脸上,立即变成另一种颜色的脸。"扯脸"是比较复杂的一种变脸方法,事前将脸谱画在一张一张的绸子上,剪好,每张脸谱上都系一把丝线,再一张一张地贴在脸上。丝线则系在衣服的某一个顺手而又不引人注目的地方(如腰带上)。随着剧情的进展,在舞蹈动作的掩护下,一张一张地将它扯下来。

【学生讲坛】

1.日常生活用语中,如"跑龙套"、"喝倒彩"、"唱高调"、"打圆场"、"唱红脸"、"唱白脸"等,都是从戏曲中引借而来的。请你说说戏曲对中华文化深刻的影响和渗透。

2."不在梅边在柳边,个中谁拾画婵娟? 团圆莫忆春香到,一别西风又一年。"这是《红楼梦·梅花观怀古》里的诗句,借猜谜而感叹《牡丹亭》。昆曲《牡丹亭》是中国戏曲史上的巅峰之作,是最能体现昆曲精致浪漫的一部剧目。请讲述《牡丹亭》的唯美爱情故事。

【技能训练】

[训练项目]地方戏曲赏析。

[实训目标]

1.能够利用网络、书刊资料收集整理当地地方戏曲知识。

2.能够运用所学知识,赏析地方戏曲。

[实训内容和方法]

1.按生源所在地组合成5—8人的协作团队。

2.通过网络、书刊,收集生源所在地地方戏曲的相关资料。

3.分析该地方戏曲唱腔、表演等艺术特色,制作PPT演示文稿。

4. 小组交流。

★学习资源

1. 李洪波主编. 诗词楹联赏析. 北京：旅游教育出版社，2005

2. 朱耀廷主编. 中国古代游记. 北京：北京大学出版社，2007

3. 诗词在线　http://www.chinapoesy.com

4. 中华楹联网　http://www.lnyl.com

5. 华夏戏曲网　http://www.xiqu8.com

参考文献

[1] 李光羽著.旅游文化精典.上海:上海辞书出版社,2003

[2] 国家旅游局人事劳动教育司编.导游知识专题.北京:中国旅游出版社,2004

[3] 周敷源主编.旅游文化.杭州:浙江大学出版社,2005

[4] 郭万平编著.世界自然与文化遗产.杭州:浙江大学出版社,2006

[5] 苏旅编著.实用导游文化鉴赏.北京:中国旅游出版社,2007

[6] 浙江省旅游局编.导游文化基础知识.北京:中国旅游出版社,2010

[7] 蔡敏华主编.旅游文化.北京:高等教育出版社,2010

[8] 邱德玉编著.中国旅游文化(第2版).北京:科学出版社文,2010

[9] 魏凯,方颖主编.导游基础知识应用.上海:上海交通大学出版社,2011

[10] 蔡宗德主编.中国历史文化.北京:旅游教育出版社,1998

[11] 姚延申编著.点击历史常识.北京:旅游教育出版社,2005

[12] 韩欣编.中国名山.北京:东方出版社,2008

[13] 韩欣编.中国名水.北京:人民出版社,2008

[14] 纪江红编.游遍中国.北京:华夏出版社,2008

[15] 杨永生主编.中国古建筑之旅.北京:中国建筑工业出版社,2003

[16] 王其均,谢燕著.民居建筑.北京:中国旅游出版社,2006

[17] 房厚泽编著.凝固的历史　中国建筑故事.北京:北京出版社,2007

[18] 周武忠著.寻求伊甸园.南京:东南大学出版社,2001

[19] 翟文明主编.话说中国园林.北京:中国和平出版社,2006

[20] 黄震宇,唐鸣镝编著.古建园林赏析.北京:旅游教育出版社,2006

[21] 严英怀,林杰编著.茶文化与品茶艺术.成都:四川科学技术出版社,2003

[22] 黄志根主编.中华茶文化.杭州:浙江大学出版社,2009

[23] 杜福祥,王九柱编著.指点天下美食.北京:旅游教育出版社,2005

[24] 蒋耀仁主编.美食家走遍中国.银川:宁夏人民出版社,2007

[25] 姜若愚,张国杰主编.中外民族民俗.北京:旅游教育出版社,2004

[26] 陶犁主编.民族民俗风情赏析.北京:旅游教育出版社,2006

[27] 朱越利,毛公宁,刘万庆编.少数民族宗教信仰与禁忌.北京:民族出版社,2007

[28] 香港中国旅游出版社编著.中国少数民族风情游(南方卷).汕头:汕头大学出版社,2008

[29] 卢国龙著.道教知识百问.北京:今日中国出版社,1989

[30] 何云著.佛教文化百问.北京:今日中国出版社,1992

［31］沈祖祥著.旅游宗教文化(第2版).北京:旅游教育出版社,2003

［32］秦学颀编著.宗教文化赏析.北京:旅游教育出版社,2005

［33］李洪波主编.诗词楹联赏析.北京:旅游教育出版社,2005

［34］赵桂毅主编.旅游文学.北京:中国财政经济出版社,2006

［35］朱耀廷主编.中国古代游记.北京:北京大学出版社,2007